KB202736

파이썬과 함께 하는
수학 어드벤처

파이썬과 함께 하는
수학 어드벤처

파이썬과 프로세싱으로 수학 개념 이해하기

피터 파렐 지음 윤정미 · 김지연 옮김

i!i
에이콘

 에이콘출판의 기틀을 마련하신 故 정완재 선생님 (1935-2004)

나에게 많은 가르침을 준 내 소중한 학생들에게 이 책을 바친다.

지은이 소개

피터 파렐 Peter Farrell

케냐에서 평화봉사단의 자원봉사자부터 시작해 8년간 수학 교사로 재직했으며, 그 후 3 년동안 컴퓨터 공학 교사로 재직했다. 시모어 페퍼트Seymour Papert의 『Mindstorms』을 읽고 한 학생에게 파이썬에 대해 들은 후, 수학 수업에 프로그래밍을 도입할 영감을 받았다. 컴퓨터를 활용해 수학 학습을 좀 더 의미 있고 흥미로우면서도 도전적으로 만드는 것에 큰 관심이 있다.

감사의 글

나에게 실용 수학^{real math}을 배우는 것이 얼마나 재미있고 도전적인 것인지를 보여준 진정한 수학인 돈 코헨^{Don Cohen}과, 코딩이 수학의 영역에 속한다는 것을 보여준 시모어 페퍼트^{Seymour Papert}, 내 아이디어를 행동에 옮길 수 있도록 기회를 준 마크 밀러^{Mark Miller}, 학생들과 함께 재미있는 코딩을 계속 할 수 있도록 지원해준 theCoderSchool의 헨젤 린^{Hansel Lynn}과 웨인 텅^{Wayne Teng} 그리고 내 프로젝트를 학교에서 공유해준 켄 호손^{Ken Hawthorn}에게 모두 감사한다. 더 나은 책을 만드는데 도움을 준 No Starch의 편집자인 애니 최^{Annie Choi}, 리즈 채드윅^{Liz Chadwick}과 멕 스니어링저^{Meg Sneeringer}에게 감사한다. 당신들의 도움 없이는 이 책이 존재하지 못했을 것이다. 또한 "안돼"라고 말해 나에게 계속 나아갈 수 있는 에너지를 줬던 모든 이에게 감사한다. 마지막으로 항상 나를 믿어주는 루시^{Lucy}에게 진심으로 감사한다.

기술 감수자 소개

패디 고트 Paddy Gaunt

IBM PC와 관련 MS DOS가 출시되고 몇 주 후에 엔지니어링을 졸업했다. 경력의 대부분은 실제 소프트웨어에서 수학적 또는 기술적 개념을 구현하는 데 중점을 두고 있다. 최근에는 라즈베리 파이Raspberry Pi 컴퓨터에서 실행되도록 설계된 3D 그래픽용 파이썬 모듈인 pi3d의 수석 개발자가 되면서 영국의 케임브리지대학교와 연계하고 있다.

옮긴이 소개

윤정미(kjbyjm@yuhan.ac.kr)
가톨릭대학교에서 수학 전공으로 학사를, 이화여대대학원에서 컴퓨터 전공으로 석사를 마쳤다. 이후 The Graduate Center of the City University of New York에서 컴퓨터공학 전공으로 박사 학위를 받았다. 이후 몇 개의 대학에 출강하여 데이터베이스와 시뮬레이션 등을 강의하였고, 1990년부터 현재까지 유한대학교 IT소프트웨어공학과 교수로 재직 중이다.

「병렬 컴퓨터 상에서 GPSS 구현을 위한 알고리즘」, 「통계 기반 교통시뮬레이션의 애니메이션화」 등 다수의 논문을 썼고, 그 외에 『쉽게 풀어 쓴 비주얼 베이직』(생능출판사, 2008), 『오라클』(기한재, 2015), 『파이썬으로 풀어보는 회귀분석』(에이콘, 2019) 등 몇 편의 저서가 있다. 지난 몇 년간 교내의 파이썬 동아리를 지도하며 파이썬 프로그래밍과 파이썬의 실무 및 응용분야에 많은 관심을 가져왔다.

김지연(kimjiye772@gmail.com)
보안 컨설팅 전문 회사에서 정보 보안 컨설턴트로 재직하고 있으며, 웹 및 모바일 애플리케이션 등의 다양한 영역에서 취약점 점검 및 모의해킹 업무를 수행하고 있다. 아직 국내에 잘 알려지지 않은 보안 지식을 다양한 독자들에게 공유하고 이해시키고자 개인 블로그 및 해외 서적 번역을 통해 노력 중이다. 앞으로도 계속 보안 기술을 탐구하고 알리는 데 노력할 것이다. 번역한 책으로 『Spring Security 3/e』(에이콘, 2019)이 있다.

옮긴이의 말

이 책은 다양한 분야에 활용할 수 있으며, 머신러닝, 그래픽, 웹 개발 등 여러 업계에서 선호하는 언어로 꾸준히 성장하고 있는 파이썬을 사용했다. 간결한 문법으로 입문자가 이해하기 쉽게 프로그래밍의 기본 문법뿐만 아니라 수학, 과학, 예술 사이의 연관성을 발견하면서 도전적이고도 재미있게 파이썬을 활용할 수 있게 한다.

문제 해결 결과를 조금 더 시각화하기 위해 그래픽과 도형, 동작, 색을 제공하는 프로세싱Processing을 파이썬과 같이 사용한다. 파이썬은 https://www.python.org/에서 무료로 제공된다. 개발자나 아티스트가 역동적이고 상호 작용하는 예술 작품이나 그래픽을 만들기 위해 사용하는 그래픽 라이브러리인 프로세싱은 https://processing.org/download/에서 다운로드해 사용할 수 있다.

이 책은 3개의 Part로 나뉘어 있다. Part 1에서는 주로 파이썬의 기본 문법을 다루고, Part 2에서는 파이썬과 프로세싱을 이용해 수학의 개념을 쉽게 이해할 수 있게 하며, Part 3에서는 파이썬의 클래스를 사용해 과학 및 예술 영역으로 확장한다.

이 책에서 제공되는 각각의 예제는 빈 파일에서부터 시작해 단계적으로 진행 상황을 계속 확인할 수 있도록 구성돼 있으며, 예제가 완성되면 파이썬 문법의 완전한 습득과 더불어 셀룰러 오토마타나 유전자 알고리즘, 컴퓨터 예술과 같이 단순하지 않은 프로젝트 결과를 볼 수 있다.

차례

Part 1 파이썬 매력에 빠지기

들어가며

그림 1에 나오는 두 접근법 중 어떤 것을 더 선호하는가? 왼쪽은 정의와 명제, 증명을 사용해 수학을 가르치는 전통적인 접근법이다. 이 경우 많은 양의 텍스트를 읽어야 하고 특이한 기호도 알아야 한다. 하지만 텍스트만 보면 이것이 기하학과 관련이 있으며, 도심, 즉 삼각형의 중심을 찾는 방법을 설명하고 있다는 것은 상상도 못할 것이다. 또한 이러한 전통적인 학습 방식에서는 왜 삼각형의 중심을 찾는 것을 배워야 하는지 설명하지 않는다.

그림 1 도심(centroid)을 설명하는 두 가지 접근법

그림 1의 오른쪽에는 100개 정도의 회전하는 삼각형이 겹쳐진 그림이 있다. 이 그림은 프로그래밍 프로젝트의 일부로, 삼각형이 올바른 방향으로 회전해 멋진 그림을 만들어 내길 원한다면 삼각형의 도심부터 찾아야 한다. 이와 같이 다양한 상황에서 멋진 그래픽을 만들려면 기하학 뒤에 숨겨진 수학을 먼저 이해해야 한다. 따라서 이 책을 통해 도심과 같은 삼각형의 수학적 배경을 이해하고 수학을 이용해 프로그래밍 그래픽을 만들어 보자. 수학을 이해하고 수학을 이용해 그래픽을 만들 수 있다면 기하학을 탐구하고 제곱근 또는 삼각함수와 같은 어려운 주제를 쉽게 다룰 수 있을 것이다. 반면, 시각적으로 아무런 결과물도 보지 못하고 교재에 있는 숙제만 한다면 기하학과 같이 어려운 주제를 배우는 것에 대한 동기 부여가 되지 않을 것이다.

수학 교사로 8년, 컴퓨터 교사로 3년을 근무하는 동안, 교재를 이용한 전통적 접근 방식보다 시각적 접근 방식을 선호하는 수학 학습자를 많이 봤다. 따라서 이 책에서는 시각적으로 그래픽을 만드는 과정을 통해 수학이 단지 방정식을 푸는 과정이 아니라는 것을 이해하게 될 것이다. 또한 프로그래밍으로 수학을 배우면 예상치 못한 실수를 개선할 수 있는 기회를 얻고 흥미진진한 문제를 해결할 수 있는 많은 방법을 배울 수 있을 것이다.

이것이 학교 수학과 실용 수학의 차이다.

학교 수학의 문제

정확히 학교 수학이란 무엇일까? 1860년대 미국에서 학교 수학은 수작업으로 많은 양의 숫자를 더하는 사무원으로 일할 준비를 위한 것이었다. 하지만 오늘날 직업은 변했고, 이에 따라 일자리를 찾는 준비 방법도 변해야 한다.

사람들은 무언가를 **하는 것**doing을 통해 가장 쉽게 배운다. 하지만 지금까지 학교에서는 수동 학습을 선호했다. 영어와 역사 수업에서의 **하는 것**은 학생들이 레포트를 쓰거나 발표하는 것으로, 과학 수업에서는 실험하는 것으로 볼 수 있는데, 그럼 수학 수업에서는 무엇을 해야 할까? 지금까지 수학 수업에서 학생들이 **하는 것**은 방정식, 인수 다항식factor polynomials, 함수 그래프 등을 푸는 것이었다. 하지만 이제는 컴퓨터가 이러한 계산의 대부분을 처리할 수 있기 때문에 단순히 푸는 것만으로는 충분치 않다.

단순히 문제 해결, 인수 분해 및 그래프 작성에 대해 자동화하는 방법을 배우는 것이 이 책의 최종 목표는 아니다. 일단 학생이 문제 해결 과정을 자동화하는 방법을 배우면 이전보다 주제를 더 깊이 있게 다룰 수 있게 된다.

그림 2는 일반적으로 학생들의 교재에서 발견할 수 있는 수학 문제로, f(x)라는 함수를 정의하고 이를 다른 값으로 변환하는 문제다.

예제 1-22. 아래 주어진 함수에 대해, 제시된 값의 함숫값을 찾아라.

$$f(x) = \sqrt{x + 3} - x + 1$$
$$g(t) = t^2 - 1$$
$$h(x) = x^2 + \frac{1}{x} + 2$$

1. $f(0)$
2. $f(1)$
3. $f(\sqrt{2})$
4. $f(\sqrt{2} - 1)$

그림 2 함수를 가르치는 전통적인 접근 방식

이후로도 18개의 같은 형식의 문제가 계속된다. 이런 종류의 예제는 파이썬 같은 프로그래밍 언어를 이용하면 매우 쉽게 해결할 수 있다. 간단하게 함수 f(x)를 정의하고 다음과 같이 값을 반복문에 리스트[list] 자료형을 이용해 대입하면 된다.

```
import math

def f(x):
    return math.sqrt(x + 3) - x + 1

# 리스트 자료형의 값을 대입
for x in [0,1,math.sqrt(2),math.sqrt(2)-1]:
    print("f({:.3f}) = {:.3f}".format(x,f(x)))
```

코드의 마지막 줄은 다음과 같이 모든 결괏값을 소수점 이하 세 자리 값으로 반올림해 출력한다.

```
f(0.000) = 2.732
f(1.000) = 2.000
f(1.414) = 1.687
f(0.414) = 2.434
```

파이썬, 자바스크립트, 자바와 같은 프로그래밍 언어에서 함수는 숫자와 객체^{object}를 변환하는 데 매우 중요한 도구다. 파이썬에서는 해당 함수가 무슨 기능을 하는지 나타내도록 함수 이름을 정의할 수 있으므로 어떤 용도의 함수인지 쉽게 파악할 수 있다. 예를 들어, 사각형의 넓이를 계산하는 함수의 이름을 다음과 같이 calculateArea()로 정의할 수 있다.

```
def calculateArea(width,height):
```

브누아 망델브로^{Benoit Mandelbrot}는 수십 년 전 IBM에서 일할 때 컴퓨터를 이용해 프랙탈을 처음 만들었다. 이로부터 수십 년 후인 21세기에 출판된 수학 교재에는 망델브로 집합의 그림이 등장하며 이에 대한 장황한 설명이 실려 있다. 또한 그림 3의 망델브로 집합을 "복소수에서 파생된 매혹적인 수학적 객체이며, 집합의 경계선이 혼돈^{chaos}을 나타낸다"라고 설명한다.

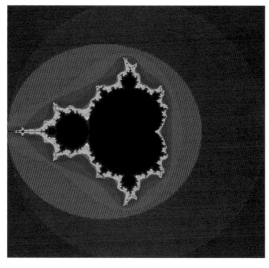

그림 3 망델브로 집합(Mandelbrot set)

그런 다음 복소 평면complex plane[1]에서 한 점을 변환하는 복잡한 과정에 대한 설명으로 넘어간다.

이 책에서는 파이썬으로 위의 과정을 해결하는 방법을 배울 것이며, 프로그램으로 수십만 개의 점을 자동으로 변환하고 그림 3과 같이 망델브로 집합을 그림으로 나타내는 방법을 살펴볼 것이다.

이 책의 목표

독자가 프로그래밍 도구를 사용해 수학을 도전적이면서도 재미있게 생각하도록 하는 것이 목표다. 또한 함수의 가능한 모든 결괏값을 보여주기 위해 역동적이고 상호 작용하는 그래프를 만들 것이다. 심지어 양이 돌아다니고, 풀을 먹고, 번식하는 생태계를 만들고, 가상 생물이 여러 도시를 통과하는 최단 경로를 찾는 프로그램 또한 만들어 볼 것이다.

수학 시간에 **할 수 있는 것**을 보충하기 위해 설명하는 모든 것을 파이썬과 프로세싱Processing을 사용해 구현할 것이다. 이 책은 수학을 건너뛰는 것이 아니라 수학, 예술, 과학, 기술 사이의 연관성을 발견하면서 창의성을 얻고 컴퓨터 기술을 배우기 위해 최신의 도구를 사용하는 것이다. 프로세싱은 그래픽과 도형, 동작, 색을 제공하며, 파이썬은 연산을 수행하고 프로그래머의 지시를 따른다.

이 책에서 각각의 예제는 빈 파일에서 시작해 단계적으로 진행 상황을 계속 확인할 수 있도록 처음부터 코드를 새로 만든다. 이를 통해 실수를 하고 자신의 프로그램을 디버깅하면서 각 코드 블록이 어떤 역할을 하는지 더 깊이 이해할 수 있을 것이다.

이 책의 대상 독자

수학을 배우거나 삼각법이나 대수 같은 수학 주제에 가장 현대적으로 접근할 수 있는 도구를 사용하고자 하는 사람을 위한 책이다. 파이썬을 배우는 중이라면 이 책을 읽고 셀룰러 오토마타cellular automata나 유전자 알고리즘, 컴퓨터 예술과 같이 복잡한 프로젝트에 프로그래밍 기술을 적용해 볼 수 있다.

---

1   수학에서 복소 평면은 복소수를 기하학적으로 표현하기 위해 개발된 좌표 평면이다. - 옮긴이

교사는 이 책의 프로젝트를 사용해 학생들에게 심화 과제를 내주거나 수학을 좀 더 친근하고 적절하게 사용할 수 있도록 가르칠 수 있다. 행렬에 여러 점을 저장하고 이를 사용해 3D 그림을 그리는 것보다 행렬을 더 잘 가르칠 수 있는 방법이 있을까? 파이썬을 배운다면 이런 것뿐만 아니라 더 많은 것을 할 수 있다.

이 책의 내용

이 책의 첫 세 단원에서는 더 복잡한 수학을 배우기 전에 알아야 할 기본 파이썬 개념을 설명한다. 그 후 9개의 단원에 걸쳐 파이썬과 프로세싱을 사용해 시각화하고 해결할 수 있는 수학 개념과 문제를 살펴본다. 책 전체의 예제를 통해 배운 것을 적용하고 심화시켜 보자.

- **1단원, turtle 모듈로 다각형 그리기**에서는 파이썬에 내장된 turtle 모듈을 사용해 반복문[loop], 변수[variable], 함수[function]와 같은 기본 프로그래밍 개념을 배운다.
- **2단원, 리스트와 루프로 산술 연산하기**에서는 리스트[list] 및 부울[Boolean]과 같은 프로그래밍 개념을 자세히 설명한다.
- **3단원, 조건문으로 추측하고 확인하기**에서는 지금까지 배운 파이썬 기술을 인수 분해 및 숫자 추측 게임과 같은 문제에 적용한다.
- **4단원, 대수학을 사용해 숫자를 변환하고 저장하기**에서는 수치와 그래프를 이용해 간단한 방정식부터 3차 방정식을 푸는 방법을 배운다.
- **5단원, 기하학을 사용해 도형 변형하기**에서는 도형을 생성하고, 복제하고, 회전하고, 화면에 퍼뜨리는 방법을 배운다.
- **6단원, 삼각법으로 진동 생성하기**에서는 직각 삼각형 및 삼각 함수를 이용해 진동하는 도형과 파동을 만드는 방법을 배운다.
- **7단원, 복소수**에서는 복소수를 사용해 화면에서 점을 이동하면서 망델브로 집합과 같은 그래프를 그리는 방법을 설명한다.
- **8단원, 컴퓨터 그래픽 및 연립 방정식에 행렬 사용하기**에서는 3차원을 다루며, 3차원 도형을 이동시키고 회전시키며 연립 방정식을 하나의 프로그램으로 풀어내는 방법을 다룬다.

- 9단원, **클래스로 객체 생성하기**에서는 하나의 객체 또는 컴퓨터가 처리 가능한 최대 개수의 객체를 생성하는 방법을 배우며, 이를 통해 움직이는 양과 잔디의 생존 경쟁 생태계를 만든다.
- 10단원, **재귀법을 이용해 프랙탈 만들기**에서는 재귀법을 이용해 거리를 측정하고 놀라운 형태의 그래프를 만들어내는 새로운 방법을 다룬다.
- 11단원, **셀룰러 오토마타**에서는 셀룰러 오토마타를 정의된 규칙에 따라 생성하고 프로그래밍하는 방법을 설명한다.
- 12단원, **유전자 알고리즘을 사용해 문제 해결하기**에서는 자연 선택[natural selection] 이론을 활용해 수백만 년 동안 해결할 수 없었던 문제를 해결하는 방법을 보여준다.

파이썬 다운로드와 설치

파이썬을 시작하는 가장 쉬운 방법은 https://www.python.org/에서 무료로 제공하는 파이썬 3 소프트웨어 배포판을 사용하는 것이다. 현재 파이썬은 전 세계에서 가장 인기 있는 프로그래밍 언어 중 하나다. 파이썬은 구글, 유튜브, 인스타그램과 같은 웹 사이트를 만드는 데 사용되며 전 세계의 많은 대학 연구자가 천문학에서 동물학에 이르기까지 다양한 분야의 숫자를 분석하는 데 사용한다. 현재 출시된 최신 버전은 파이썬 3.7이다. 그림 4와 같이 https://www.python.org/downloads/에 접속해 최신 버전의 파이썬을 다운로드하자.

그림 4 파이썬 소프트웨어 재단(Python Software Foundation)의 공식 웹 사이트

사용하고 있는 운영체제에 맞게 다운로드 페이지에서 설치 파일을 다운로드하면 된다. 혹은 해당 페이지가 사용하고 있는 운영체제를 직접 감지하고 운영체제에 적합한 설치 파일을 다운로드해준다. 그림 5와 같이 다운로드가 완료되면 파일을 클릭해 설치해보자.

그림 5 다운로드된 파일을 클릭해 설치하기

이후에는 모든 것을 기본 옵션으로 설정하면 되며, 환경에 따라 설치하는 데 몇 분 정도 걸릴 수도 있다. 설치가 완료되면 IDLE이 있는지 확인해보자. IDLE은 파이썬 IDE 즉, 통합 개발 환경integrated development environment이며 파이썬 코드를 작성하기 위해 필요하다. 왜 IDLE일까? 파이썬 프로그래밍 언어는 영국 BBC에서 방영한 몬티 파이썬 비행 서커스 Monty Python comedy troupe 프로그램에서 유래됐으며, 그 중 한 멤버가 에릭 아이들Eric Idle이다.

IDLE 시작하기

컴퓨터에 설치된 IDLE을 찾아 실행시켜보자.

그림 6 윈도우에서 IDLE 실행시키기

Python 3.7.2 shell 창이 열릴 것이다. 이 창을 대화형 코딩 환경에 사용할 수도 있지만 코드를 저장하고 싶은 경우, File ▶ New File을 클릭하거나 ctrl+N 단축키를 사용하면 그림 7과 같이 새 창이 열린다.

그림 7 파이썬의 대화형 쉘(왼쪽)과 새로운 모듈 창(파일)

여기에 파이썬 코드를 작성할 것이다. 또한 프로세싱도 사용할 것이므로 프로세싱을 다운로드하고 설치하는 방법을 살펴보자.

프로세싱 설치

파이썬으로 할 수 있는 일은 무궁무진하며 IDLE 또한 많이 사용한다. 하지만 강력한 그 래픽이 필요한 경우 프로세싱Processing을 사용할 것이다. 프로세싱은 개발자나 아티스트가 역동적이고 상호 작용하는 예술 작품이나 그래픽을 만들기 위해 사용하는 전문적인 그래 픽 라이브러리다.

그림 8과 같이 https://processing.org/download/에 접속해 사용하고 있는 운영 체 제에 맞는 설치 파일을 다운로드한다.

그림 8 프로세싱 웹 사이트

다운로드한 파일을 클릭해 설치 후, 프로그램 아이콘을 더블 클릭해 프로세싱 프로그램을 실행한다. 이제 그림 9와 같이 우측 상단의 Java를 클릭해 드롭다운 메뉴를 활성화시킨 후 Add Mode를 클릭한다. 기본 모드는 Java다.

Mode 탭에서 Python Mode for Processing 3 ➤ Install을 클릭한다. 설치를 완료하는 데 1~2분이 소요될 것이며, 설치 후에는 프로세싱으로 파이썬 코딩을 할 수 있다.

이제 파이썬과 프로세싱 설치를 마쳤으므로 수학 탐구 여행을 시작할 시간이다.

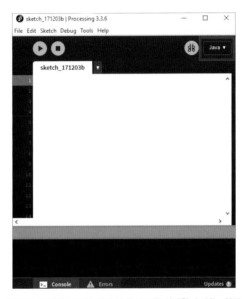

그림 9 파이썬 모드와 같이 다른 모드를 선택할 수 있는 위치

예제 코드 다운로드

예제 코드는 에이콘출판사의 도서정보 페이지인 http://www.acornpub.co.kr/book/math-adventures에서 다운로드할 수 있다.

또한 원서의 깃허브 페이지 https://github.com/hackingmath/Math-Adventures/에서도 동일한 예제 코드를 다운로드할 수 있다.

정오표

한국어판의 정오표는 에이콘출판사의 도서정보 페이지 http://www.acornpub.co.kr/book/math-adventures에서 확인할 수 있다.

질문

이 책과 관련해 질문이 있다면 이 책의 옮긴이나 에이콘출판사 편집 팀(editor@acornpub.co.kr)으로 문의해주길 바란다.

Part 1

파이썬 매력에 빠지기

1

turtle 모듈로 다각형 그리기

 먼저 수학을 통해 여러 가지 재미있는 것들을 구현하는 방법을 배우기에 앞서 파이썬이라는 프로그래밍 언어의 기본부터 배워야 한다. 1단원에서는 루프(loop)와 변수(variable), 함수(function)와 같은 기본 프로그래밍 개념을 설명하고, 파이썬에 내장된 turtle 모듈을 사용해 다양한 도형을 그려볼 것이다. turtle 모듈은 파이썬의 기본 기능을 배우고 프로그래밍을 통해 무엇을 구현할 수 있는지 살펴볼 수 있는 재미있는 모듈이다.

파이썬의 turtle 모듈

파이썬의 turtle 모듈은 1960년대에 더 많은 사람들이 컴퓨터 프로그래밍을 쉽게 이용할 수 있도록 개발된 로고logo 프로그래밍 언어의 turtle 에이전트에 기반한다. 로고의 그래픽 환경은 사용자와 컴퓨터의 상호 작용을 시각적이고 매력적으로 만들었다(시모어 페퍼트 Seymour Papert의 『마인드스톰Mindstorms』을 참고하면 로고의 turtle 에이전트를 통해 수학을 배우기 위한 멋진 아이디어를 확인할 수 있다). 따라서 파이썬 프로그래밍 언어의 창시자는 로고의 turtle 에이전트를 모방해 파이썬에 비슷한 기능을 하는 turtle이라는 모듈을 만들었다.

파이썬의 turtle 모듈을 사용하면 비디오 게임 캐릭터처럼 거북이 모양의 작은 이미지를 제어할 수 있다. 거북이가 화면에서 움직이게 하려면 정확한 지침을 제공해야 한다. 이때 거북이가 움직이면서 남기는 흔적으로 그림을 그릴 수 있는 기능이다.

자, 이제 turtle 모듈을 사용해보자.

turtle 모듈 불러오기

IDLE에서 새로운 파이썬 파일을 열고 파이썬 폴더에 myturtle.py로 저장하면 빈 페이지가 나타난다. 파이썬에서 turtle 모듈을 사용하려면 먼저 turtle 모듈의 함수를 불러와야 한다.

함수function는 프로그램에서 특정 동작을 수행하기 위해 재사용할 수 있는 코드의 집합이다. 파이썬은 많은 내장 함수를 가지고 있으며, 사용자가 새로운 함수를 정의할 수도 있다(1단원의 뒷부분에서 새로운 함수를 정의하는 방법을 설명한다).

파이썬의 **모듈**module은 다른 프로그램에서 사용할 수 있도록 미리 정의된 함수와 명령문을 포함하는 파일이다. 예를 들어, turtle 모듈에는 파이썬을 설치할 때 자동으로 다운로드되는 다양한 코드가 들어 있다.

여러 가지 방법으로 모듈에서 함수를 불러올 수 있지만 여기서는 가장 간단한 방법을 사용한다. 방금 생성한 myturtle.py 파일의 맨 윗줄에 다음과 같이 입력하자.

```
from turtle import *
```

from 명령어는 사용하고 있는 파일의 외부에서 무언가를 불러온다는 의미다. 그런 다음 불러오고 싶은 모듈의 이름을 지정한다. 이 경우에는 turtle이 된다. 그리고 import 명령어를 사용해 turtle 모듈에서 원하는 코드를 불러온다. 여기서는 와일드카드 명령어인 별표(*)를 사용하고 있는데 **해당 모듈의 모든 코드를 불러오기**를 의미한다. import와 별표 사이에 공백을 넣어야 한다는 점을 명심하자.

이제 파일을 저장하고 파이썬 폴더에 제대로 저장됐는지 확인하자. 제대로 저장되지 않았다면 프로그램에서 오류가 발생한다.

거북이 움직이기

turtle 모듈을 불러왔으므로 거북이를 움직이기 위한 준비를 마쳤다. 다음과 같이 forward() 함수(fd( )로 줄여씀)를 사용해 거북이를 앞으로 몇 발자국 이동시키면서 그 뒤에 그림을 그려보자.

forward() 함수는 방금 turtle 모듈에서 불러온 함수 중 하나다.

```
forward(100)
```

여기서 forward() 함수의 괄호 안의 숫자 100은 거북이가 몇 발자국을 움직여야 하는지를 나타낸다. 즉, 모든 함수는 하나 이상의 인자를 가지고 있는데, 100은 forward() 함수에 전달하는 인자다. 위와 같이 입력했다면 F5 버튼을 눌러 프로그램을 실행하면 그림 1-1과 같이 가운데에 화살표가 있는 새로운 창이 열린다.

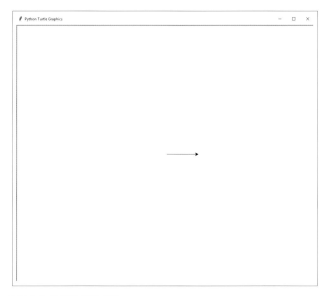

그림 1-1 첫 번째 코드 실행

거북이가 화면 중앙에서 시작해 100 발자국(실제로는 100 픽셀을 의미함) 앞으로 걸어간 것을 확인할 수 있다. 이때 거북이가 위치한 곳을 나타내는 기본 모양은 화살표이며, 화살표는 오른쪽을 향한다. 화살표를 거북이로 바꾸려면 다음과 같이 코드를 업데이트해보자.

myturtle.py

```
from turtle import *
forward(100)
shape('turtle')
```

이미 알아차렸겠지만 shape()은 turtle 모듈에 정의된 또 다른 함수이며, 기본으로 설정된 화살표 모양을 원circle 또는 사각형square과 같은 다른 모양으로 변경할 수 있게 한다. 여기서 shape() 함수는 숫자가 아닌 'turtle'이라는 문자열 값을 인자로 사용한다(2장에서 문자열 및 다른 자료형에 대해 알아볼 것이다).

이제 myturtle.py 파일을 다시 저장하고 실행시키면, 그림 1-2와 같이 화살표가 작은 거북이로 변경돼 보일 것이다.

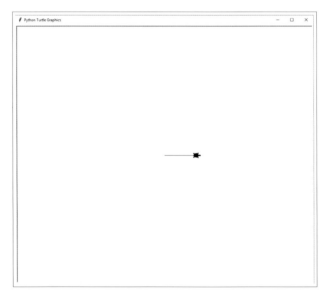

그림 1-2 화살표를 거북이로 바꾸기

방향 변경하기

거북이는 자신이 직면한 방향으로만 갈 수 있다. 즉, 지금까지는 오른쪽을 향하고 있었으므로 오른쪽으로만 이동할 수 있었다. 이제 거북이의 방향을 변경하기 위해 right() 또는 left() 함수를 사용해 원하는 각도만큼 방향을 돌린 후 앞으로 이동시켜야 한다. 다음과 같이 myturtle.py 프로그램에 마지막 두 줄의 코드를 추가해보자.

myturtle.py

```
from turtle import *
forward(100)
shape('turtle')
right(45)
forward(150)
```

여기서는 right() 함수(rt( )로 줄여씀)를 사용해 거북이를 45도 오른쪽으로 돌린 후 앞으로 150 발자국 이동시킨다. 위의 코드를 실행하면 그림 1-3과 같이 나타난다.

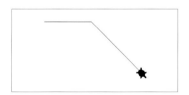

그림 1-3 거북이 방향 변경

위의 그림 1-3에서 볼 수 있듯이 거북이는 화면 중앙에서 시작해 100 발자국 앞으로 이동한 뒤 오른쪽으로 45도 회전한 다음, 앞으로 150 발자국 나아갔다. 파이썬은 위에서 아래의 순서대로 코드를 실행한다는 점을 기억하자.

예제 1-1 정사각형 그리기

forward( )와 right( ) 함수만 사용해 거북이가 정사각형을 그리도록 myturtle.py 프로그램을 수정하자.

루프를 이용해 코드 반복하기

모든 프로그래밍 언어에는 지정된 횟수만큼 코드를 자동으로 반복할 수 있는 방법이 있다. 이러한 기능은 동일한 코드를 반복해서 타이핑해 프로그램을 지저분하게 하는 것을 방지하므로 매우 유용하다. 또한 오타로 인한 프로그램 오작동을 방지하는 데도 도움을 준다.

for 루프 사용하기

파이썬에서는 for 루프를 사용해 코드를 반복하며, range 명령어를 사용해 루프의 반복 횟수를 지정한다. IDLE에서 새로운 파일을 열고 for_loop.py로 저장한 후 다음을 입력해 보자.

for_loop.py

```
for i in range(2):
    print('hello')
```

여기서 range() 함수는 i 즉, 반복자^{iterator}를 생성한다. i는 사용될 때마다 1씩 증가하는 값이며, 괄호 안의 숫자 2는 동작을 제어하기 위해 함수에 전달되는 인자다. 즉, for 루프의 i는 0에서 시작해서 1씩 증가해 전달된 인자 2보다 1 작은 숫자까지 증가한다. 이전 절에서 forward()나 right() 함수에 숫자를 전달한 것과 비슷하다.

이 경우, range(2)는 두 개의 숫자 0과 1의 시퀀스를 만든다. 이 두 숫자에 대해 for 명령어는 콜론(:) 다음에 정의된 작업을 수행하는데 위의 코드에서는 hello라는 단어를 두 번 출력한다.

여기서 주의해야 할 점은 반복하려는 코드의 모든 행을 탭(한 탭은 네 개의 공백)을 사용해 들여쓰기 해야 한다는 점이다. 파이썬은 들여쓰기로 어떤 코드가 for 루프에 속하는지 파악하고 해당 코드를 반복한다. 또한 for 명령어 마지막에 위치한 콜론(:)으로 루프 내에서 어떤 일이 일어날지를 정의하므로 꼭 표기해야 한다. 이제 위의 프로그램을 실행하면 셸에 다음과 같이 출력된다.

```
hello
hello
```

위의 프로그램에서 range(2)는 두 개의 숫자 0과 1이 포함된 시퀀스를 생성하기 때문에 "hello"를 두 번 출력했다. 즉, for 명령어는 0과 1의 시퀀스로 루프를 반복해 매번 "hello"를 출력하는 것이다. 이제 괄호 안의 숫자를 다음과 같이 업데이트해보자.

for_loop.py

```
for i in range(10):
    print('hello')
```

이 프로그램을 실행하면 다음과 같이 "hello"가 열 번 출력된다.

```
hello
hello
hello
hello
hello
hello
hello
hello
hello
hello
```

앞으로 for 루프를 사용할 일이 많을 것이므로 다른 예제를 통해 연습해보자.

for_loop.py

```
for i in range(10):
    print(i)
```

파이썬에서는 1이 아닌 0에서부터 숫자를 세기 때문에 for i in range(10)은 0부터 9까지의 숫자를 사용한다. 즉, 위의 코드는 **0에서 9까지의 값을 출력하라**는 의미다. for 루프는 지정된 범위 내의 숫자를 순서대로 모두 사용할 때까지 코드를 반복한다. 위의 코드를 실행하면 다음과 같다.

```
0
1
2
3
4
5
6
7
8
9
```

앞으로는 range() 함수의 반복자 i가 0에서부터 시작해 i-1까지 증가한다는 것을 기억해야 할 것이다. 하지만 일단 지금은 4번 반복을 원할 경우 다음과 같이 표기하자.

```
for i in range(4):
```

지금까지 배운 for 루프를 어떻게 사용할 수 있는지 살펴보자.

for 루프를 사용해 정사각형 그리기

예제 1-1에서 forward()와 right() 함수만 사용해 정사각형을 그려봤다. for 루프를 배우기 전에는 forward(100)과 right(90)이라는 코드를 4번 반복해야 했다. 이러한 코드는 틀린 것은 아니지만 동일한 코드를 여러 번 입력해야 하기 때문에 비효율적이고 오타로 인한 오류가 발생할 수도 있다.

이제 for 루프를 사용해 여러 번 입력된 동일한 코드를 제거해보자. 다음은 forward()나 right() 함수를 4번 반복하는 대신 for 루프를 사용한 myturtle.py 프로그램이다.

myturtle.py

```
from turtle import *
shape('turtle')
```

```
for i in range(4):
    forward(100)
    right(90)
```

shape('turtle')이 turtle 모듈을 불러오는 코드와 그림을 그리기 시작하는 코드 사이에에 위치한다는 점에 주의하자. for 루프 안에 위치하는 두 줄의 코드는 거북이가 앞으로 100 발자국 나아간 후 오른쪽으로 90도를 회전하도록 한다. 또한 정사각형은 4개의 변이 있기 때문에 range(4)를 사용해 두 줄의 코드를 4번 반복하도록 한다. 위의 코드를 실행하면 그림 1-4와 같이 나타난다.

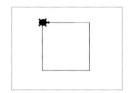

그림 1-4 for 루프를 사용해 그린 정사각형

거북이가 총 4번 앞으로 직진하고 오른쪽으로 돌면서 원래의 위치로 돌아왔다면 for 루프를 사용해 정사각형을 그리는 데 성공했다.

함수 사용하기

정사각형을 그리는 코드를 작성했으므로 이 코드를 저장한 다음 마술과 같은 키워드를 사용해 필요할 때 언제든지 호출할 수 있도록 만들어보자. 파이썬에서는 이러한 기능을 **함수**function라고 하며 컴퓨터 프로그래밍에서 가장 중요한 기능이다. 함수는 코드를 간결하고 유지 관리하기 쉽게 만들며 주어진 문제를 여러 개의 함수로 나눠 표현함으로써 문제 해결이 쉬워진다. 이전 절에서는 turtle 모듈에서 제공하는 내장 함수를 사용해 봤으니 이번 절에서는 직접 함수를 정의하는 방법을 배워보자.

함수를 정의하려면 이름부터 지정해야 한다. 함수의 이름은 list, range 등과 같이 이미 정의된 파이썬의 키워드가 아니라면 어떤 것이든 가능하다. 단, 함수의 이름을 지정할 때는 해당 함수를 다시 사용할 때 용도를 기억하기 쉽도록 일반적으로 설명적인 이름으로 정한다. 지금까지 작성한 사각형을 만드는 함수를 square()라고 지정하자.

myturtle.py

```
def square():
    for i in range(4):
        forward(100)
        right(90)
```

def 명령어는 함수를 정의할 것이라는 뜻이며, 그 후에 입력한 단어는 함수의 이름이다. 즉, 위의 코드에서는 square()가 함수의 이름이다. 이름을 정의한 다음에는 괄호를 표기해, 함수를 다루고 있다는 것을 표시해야 한다. 나중에는 괄호 안에 값(인자)을 넣을 것이지만 값이 없더라도 함수를 정의한다는 것을 파이썬이 알 수 있도록 괄호를 꼭 포함시켜야 한다. 또한 함수 정의문 끝에 콜론(:)을 표기해야 하며, 어떤 코드가 함수에 포함되는지 나타내기 위해 함수 내의 모든 코드를 들여쓰기 해야 한다.

지금 위의 프로그램을 실행하면 아무 일도 일어나지 않는다. 함수를 정의했지만 프로그램에서 함수를 실행하지 않았기 때문이다. 따라서 함수를 실행하려면 함수에 대한 정의가 끝난 후 myturtle.py 파일의 끝 부분에서 함수를 호출call해야 한다. 다음과 같이 코드를 입력해보자.

myturtle.py

```
from turtle import *
shape('turtle')
def square():
    for i in range(4):
        forward(100)
        right(90)
square()
```

이와 같이 프로그램의 끝에서 square() 함수를 호출하면 프로그램이 제대로 실행된다. 이제 프로그램의 어디에서든지 square() 함수를 사용해 정사각형을 빠르게 그릴 수 있다.

또한 루프에서 square() 함수를 사용해 더 복잡한 것을 만들 수도 있다. 예를 들어, 루프에서 square() 함수를 사용해 정사각형을 그린 후, 오른쪽을 살짝 회전시켜 다른 정사각형을 그린 다음, 다시 오른쪽으로 살짝 회전시키는 과정을 여러 번 반복하도록 할 수 있다.

다음 예제는 정사각형으로 만들어진 특이한 모양을 보여준다. 거북이가 다음과 같은 모양을 만드는 데 다소 시간이 걸릴 수도 있으므로, shape('turtle') 코드 뒤에 speed() 함수를 추가해 속도를 높여보자. speed(0)을 사용하면 거북이가 최고 속도로 움직이며, speed(1)로 설정하면 최저 속도로 움직인다. speed(5)나 speed(10)도 입력해보고 속도가 어떻게 다른지 살펴보자.

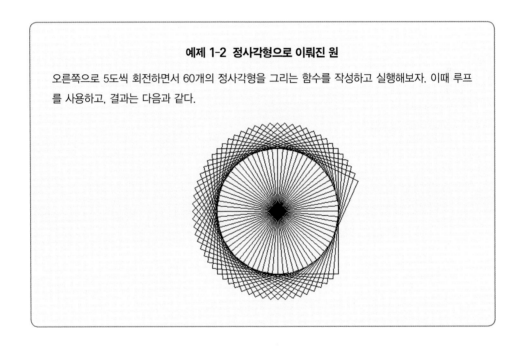

예제 1-2 정사각형으로 이뤄진 원

오른쪽으로 5도씩 회전하면서 60개의 정사각형을 그리는 함수를 작성하고 실행해보자. 이때 루프를 사용하고, 결과는 다음과 같다.

변수를 사용해 도형 그리기

지금까지는 같은 크기의 정사각형만을 그렸다. 하지만 크기가 다른 정사각형을 만들려면 거북이가 앞으로 걸어가는 거리를 변경해 변의 길이를 다르게 해야 한다. 다른 크기의 정사각형이 필요할 때마다 square() 함수의 정의를 변경하는 대신에 **변수**variable를 사용할 수 있다. 변수는 방정식에서 x가 변하는 값을 나타내는 것과 비슷하다.

수학 수업에서 변수는 단일 문자이지만 프로그래밍에서는 원하는 이름을 변수에 지정할 수 있다. 함수와 마찬가지로 변수의 이름은 코드를 읽고 이해하기 쉽도록 설명적인 것으로 지정하는 것이 좋다.

함수에서 변수 사용하기

함수를 정의할 때 함수의 매개 변수로서 괄호 안에 변수를 사용할 수 있다. 예를 들어, myturtle.py 프로그램의 square() 함수의 정의를 다음과 같이 변경해 고정된 크기의 정사각형이 아닌 임의의 크기의 정사각형을 만들 수 있다.

myturtle.py

```
def square(sidelength):
    for i in range(4):
        forward(sidelength)
        right(90)
```

위의 코드에서 sidelength를 사용해 square() 함수를 정의한다. 이제 이 함수를 호출할 때 **인자**^{argument}를 괄호 안에 넣고 호출해야 하며, 괄호 안에 있는 숫자는 sidelength 대신 사용된다. 예를 들어, square(50)과 square(80)은 그림 1-5와 같다.

그림 1-5 크기 50과 80의 정사각형

이와 같이 변수를 사용해 함수를 정의하면 매번 함수의 정의를 수정하지 않고도 변수에 다른 숫자를 입력해 쉽게 square() 함수를 호출할 수 있다.

변수 오류

square(sidelength)처럼 매개 변수를 사용하는 함수에 인자를 넣지 않으면 다음과 같은 오류가 발생한다.

```
Traceback (most recent call last):
  File "C:/Something/Something/myturtle.py", line 12, in <module>
    square()
TypeError: square() missing 1 required positional argument: 'sidelength'
```

이 오류는 sidelength의 값을 누락했다는 것을 알려준다. 따라서 파이썬은 정사각형을 얼마나 크게 만들지 알 수 없다. 이런 오류를 방지하기 위해 다음과 같이 함수 정의부의 첫 번째 줄에 sidelength에 대한 기본값을 지정하면 된다.

```
def square(sidelength=100):
```

여기서는 sidelength의 기본값을 100으로 설정한다. 이제는 square() 함수의 괄호 안에 값을 넣으면 해당 길이의 정사각형을 그리며, 괄호를 비워도 기본적으로 설정된 크기 100의 정사각형을 그리기 때문에 오류는 발생하지 않는다. square() 함수를 호출하는 부분에 다음과 같이 코드를 추가하면 그림 1-6과 같이 나타난다.

```
square(50)
square(30)
square()
```

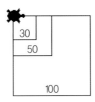

그림 1-6 크기가 100, 50, 30인 정사각형

이와 같이 기본값을 설정하면 실수로 오류가 발생하는 것을 걱정하지 않아도 되므로 해당 함수를 더욱 쉽게 사용할 수 있다. 이는 프로그램을 더욱 견고하게 하는 역할을 한다.

예제 1-3 정삼각형 그리기

sidelength 변수를 사용해 정삼각형을 그리는 triangle( ) 함수를 작성해보자.

정삼각형

다각형은 여러 변으로 구성된 도형이다. 정삼각형^{equilateral triangle}은 세 개의 변의 길이가 같은 특수한 형태의 다각형이다. 그림 1-7에서는 정삼각형의 세 각의 크기를 보여준다.

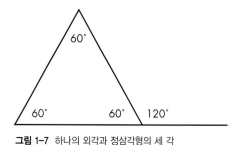

그림 1-7 하나의 외각과 정삼각형의 세 각

정삼각형은 60도의 동일한 내각을 가지고 있다. 기하학 수업에서 배운 규칙을 기억해보자. 정삼각형의 세 각의 합은 180도이다. 이 규칙은 정삼각형뿐만 아니라 모든 삼각형에 적용된다.

triangle( ) 함수 정의하기

지금까지 배운 것을 사용해 거북이가 정삼각형을 그리도록 함수를 정의해보자. 정삼각형의 내각의 크기는 60도이므로 다음과 같이 square( ) 함수의 right( ) 함수의 인자를 60으로 변경한다.

```
def triangle(sidelength=100):
    for i in range(3):
        forward(sidelength)
        right(60)

triangle()
```

하지만 위의 코드를 저장하고 실행하면 삼각형이 생기지 않고 그림 1-8과 같은 이상한 그림이 그려진다.

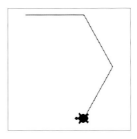

그림 1-8 삼각형을 그리기 위한 첫 번째 시도

그림 1-8은 삼각형이 아닌 육각형을 그리려고 시도한 것처럼 보인다. 정삼각형의 내각인 60도를 회전하도록 설정했기 때문에 삼각형 대신 육각형을 그린 것이다. 거북이는 내각이 아닌 외각을 사용해 회전하므로 right() 함수에 외각인 120도를 입력해야 정삼각형을 그린다. 정사각형을 그릴 때는 외각과 내각이 90도로 동일하기 때문에 문제가 되지 않았다.

정삼각형의 외각을 찾으려면 180도에서 내각인 60도를 빼면 된다. 즉, 정삼각형의 외각은 120도이다. 코드에서 60을 120도로 변경하면 삼각형을 그릴 수 있다.

예제 1-4 다각형 그리기

정수를 인자로 해 거북이가 해당 정수만큼 변의 수를 가진 다각형을 그리게 하는 polygon( ) 함수를 작성해보자.

변수 값 변경하기

변수를 사용해 할 수 있는 일은 많이 있다. 함수를 실행할 때마다 정사각형의 변이 특정 크기만큼 자동으로 증가하도록 설정할 수 있다. 예를 들어, length 변수를 사용해 정사각형을 만들고, 다음 정사각형을 만들기 전에 다음과 같이 length 변수의 크기를 증가시켜 더 큰 정사각형을 그릴 수 있다.

```
length = length + 5
```

수학자의 관점에서 위와 같은 코드를 처음 봤을 때 이해가 되지 않았다. 어떻게 length가 length+5와 같을 수가 있을까? 수학에서는 절대 불가능한 일이다. 하지만 프로그래밍 코드에서는 방정식처럼 등호(=)가 좌변과 우변이 동일하다는 것을 의미하지 않는다. 프로그래밍에서 등호(=)는 우변의 값을 좌변에 대입한다는 의미다.

파이썬 쉘을 열고 다음 코드를 입력해보자.

```
>>> radius = 10
```

위의 코드는 radius라는 변수를 만들고(아직 동일한 변수가 없는 경우) 값을 10으로 지정한다. 동일한 방법으로 다음과 같이 다른 값을 지정할 수도 있다.

```
>>> radius = 20
```

엔터ENTER 키를 누르면 코드가 실행된다. 즉, 값 20이 radius 변수에 저장된다. 만약 좌변과 우변이 같은지 확인하고 싶다면 두 개의 등호(==)를 사용한다. 예를 들어, radius 변수의 값이 20인지 확인하고 싶다면 쉘에 다음과 같이 입력한다.

```
>>> radius == 20
```

엔터 키를 눌러 위의 코드를 실행하면 다음과 같이 출력된다.

```
True
```

지금까지 radius 변수의 값은 20이다. 변수에 숫자 값을 수동으로 지정하는 대신 변수를 증가시키는 방법이 종종 유용하게 쓰인다. 이제 count라는 변수를 사용해 프로그램에서 어떤 사건이 발생하는 횟수를 세어 보자. count 변수는 0에서부터 시작해 매번 사건이 발생할 때마다 1씩 증가해야 한다. 변수를 1씩 증가시키려면 다음과 같이 기존의 count 변수의 값에 1을 더한 다음 count 변수에 그 값을 할당한다.

```
>>> count = count + 1
```

위의 코드를 다음과 같이 더 간결하게 표현할 수도 있다.

```
>>> count += 1
```

즉, count 변수에 1을 더하라는 의미다. 위와 같은 표기법은 덧셈, 뺄셈, 곱셈, 나눗셈에서 동일하게 사용할 수 있다. 이제 파이썬 쉘에서 다음 코드를 실행해보자. x에는 12를, y에는 3을 할당한 뒤 x에 y를 더한다.

```
>>> x = 12
>>> y = 3
>>> x += y
>>> x
15
>>> y
3
```

y의 값은 변경되지 않았다. 이제 유사한 표기법으로 덧셈, 뺄셈, 곱셈, 나눗셈을 사용해 x의 값을 변경시켜보자.

```
>>> x += 2
>>> x
17
```

x를 현재의 값보다 1 작게 설정해보자.

```
>>> x -= 1
>>> x
16
```

x의 값이 16이라는 것을 알고 있으므로, x를 현재 값의 2배로 설정해보자.

```
>>> x *= 2
>>> x
32
```

마지막으로 x를 4로 나눔으로써 현재 값의 1/4로 설정해보자.

```
>>> x /= 4
>>> x
8.0
```

지금까지 산술 연산자와 등호를 사용해 변수를 증감시키는 방법을 배웠다. 요약하면, x += 3은 x를 3만큼 증가시키고, x -= 1은 x를 1만큼 감소시킨다.

다음 코드는 length를 5만큼 증가시킨다는 의미이며, 다음 예제에서 유용하게 사용할 것이므로 기억해두자.

```
length += 5
```

위의 코드를 사용하면 length 변수를 사용할 때마다 5씩 더하고 더한 값을 length 변수에 저장한다.

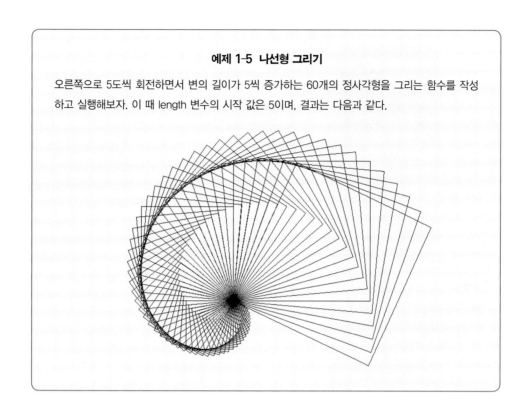

예제 1-5 나선형 그리기

오른쪽으로 5도씩 회전하면서 변의 길이가 5씩 증가하는 60개의 정사각형을 그리는 함수를 작성하고 실행해보자. 이 때 length 변수의 시작 값은 50이며, 결과는 다음과 같다.

요약

1단원에서는 파이썬의 turtle 모듈과 forward() 및 right()와 같은 기본 내장 함수를 사용해 다양한 도형을 그리는 방법을 배웠다. turtle 모듈은 1단원에서 다룬 내용보다 더 많은 기능을 수행할 수 있으므로 2단원으로 넘어가기 전에 많이 사용해 보기를 권장한다. 인터넷에 python turtle을 검색하면 첫 번째 결과는 파이썬 웹 사이트(https://python.org/)의 turtle 모듈에 대한 공식 문서일 것이다. 해당 페이지에서 그림 1-9와 같이 turtle 모듈의 모든 메소드를 살펴볼 수 있다.

그림 1-9 파이썬 웹 사이트에서 turtle 모듈의 함수와 메소드를 찾아볼 수 있다.

또한 자신만의 함수를 정의하는 방법을 배우고 언제든지 재사용할 수 있도록 square() 함수 등의 유용한 코드를 저장했으며, for 루프를 사용해 동일한 코드를 여러 번 작성하지 않고 반복 실행할 수 있는 방법도 배웠다. 이제 함수나 루프를 사용해 시간을 절약하고 실수를 피하는 방법을 터득했으므로, 나중에 더 복잡한 수학 도구를 작성할 때 유용하게 사용할 수 있을 것이다.

2단원에서는 변수를 증감시키는 데 사용하는 기본 산술 연산자를 설명한다. 파이썬의 기본적인 연산자와 자료형을 자세히 알아보고 간단한 계산기를 작성하는 방법을 배워보자. 또한 리스트에 여러 항목을 저장하고 인덱스를 사용해 리스트 항목을 사용하는 방법도 살펴보자.

예제 1-6 별 그리기

다음과 같이 5개의 점으로 이루어진 별을 그리는 star( ) 함수를 작성한다.

그리고 다음과 같이 별을 이용해 나선형을 그리는 starSpiral( ) 함수를 작성하고 실행해 보자.

2

리스트와 루프로 산술 연산하기

대부분의 사람들은 수학이 덧셈, 뺄셈, 곱셈, 나눗셈 연산이라고 생각한다. 연산은 계산기나 컴퓨터를 사용하면 매우 쉽지만 많은 반복 작업을 필요로 한다. 예를 들어, 계산기를 사용해 20개의 숫자를 더하려면 '+' 기호를 19번이나 눌러야 한다.

2단원에서는 파이썬을 사용해 지루한 산술 연산을 자동화하는 방법을 배운다. 먼저 파이썬에서 사용할 수 있는 수학 연산자와 다양한 자료형을 배우고, 변수를 사용해 값을 저장하고 계산하는 방법도 학습한다. 또한 리스트와 루프를 사용해 코드를 반복하는 방법도 배운다. 마지막으로 2단원에서 배운 프로그래밍 개념을 모두 사용해 복잡한 계산을 자동으로 수행하는 함수를 작성할 것이다. 이를 통해 파이썬으로 얼마나 강력한 계산기를 만들 수 있는지 확인할 수 있을 것이다. 심지어 공짜로!

기본 연산자

대화형 파이썬 쉘에서는 산술 연산을 쉽게 수행할 수 있다. 단순히 계산식을 입력하고 엔터를 누르면 계산이 완료된다. 테이블 2-1은 기본적인 수학 연산자를 설명한다.

테이블 2-1 파이썬 기본 수학 연산자

연산자	기호
덧셈	+
뺄셈	−
곱셈	*
나눗셈	/
지수	**

파이썬 쉘을 열고 다음 예제를 실행해 몇 가지 기본 산술 연산을 시험해보자.

```
>>> 23 + 56   #덧셈
79
>>> 45 * 89   #별표(*)를 이용한 곱셈
4005
>>> 46 / 13   #슬래시(/)를 이용한 나눗셈
3.5384615384615383
>>> 2 ** 4    #2의 4승($2^4$)
16
```

계산의 결괏값은 아웃풋^{output}이라고 하며 위와 같이 나타난다. 코드를 읽기 쉽도록 공백을 사용해 (6+5) 대신 (6 + 5)로 나타낼 수 있으며, 공백은 파이썬의 산술식에 아무런 영향도 미치지 않는다.

앞에서 파이썬 3을 설치했기 때문에 문제가 되지 않겠지만, 파이썬 2에서는 나눗셈이 좀 까다롭다. 예를 들어, 파이썬 2는 46/13을 입력받으면 정수 값만 필요하다고 판단하고 위의 예제와 같이 소수점 자리도 함께 반환(3.5384615⋯)하는 대신 정수 (3)만을 반환한다. 추후에 사용할 그래픽 패키지는 파이썬 2를 사용하기 때문에 나누기를 사용할 경우, 소수점 자리를 포함하도록 설정해야 한다.

변수에 연산자 사용하기

변수에 연산자를 사용할 수도 있다. 1단원에서 함수를 정의할 때 변수를 사용하는 법을 배웠다. 대수학에서의 변수와 마찬가지로 프로그래밍에서의 변수도 나중에 사용할 값을

저장해 길고 복잡한 계산을 여러 단계로 나눌 수 있다. 아래의 예제를 실행해 값이 무엇이든 상관없이 변수를 사용해 숫자를 저장하고 연산하는 법을 살펴보자.

```
>>> x = 5
>>> x = x + 2
>>> length = 12
>>> x + length
19
```

변수 x에 값 5를 대입한 다음, x를 2만큼 증가시키면 x의 값은 7이 된다. 그런 다음 변수 length에 12를 대입한다. 그리고 변수 x와 length를 더하면, 7 + 12가 되므로 결과는 19가 된다.

연산자를 사용해 average( ) 함수 만들기

연산자를 사용해 일련의 숫자의 평균을 구하는 법을 살펴보자. 수학 수업에서 배웠듯이 평균을 구하려면 모든 숫자를 더하고, 더한 숫자의 개수로 숫자의 총합을 나눠야 한다. 예를 들어, 주어진 숫자가 10과 20인 경우, 아래와 같이 10과 20을 더한 뒤 그 합을 2로 나누면 된다.

$$(10 + 20) / 2 = 15$$

또 다른 예로 주어진 숫자가 9, 15, 23인 경우, 세 숫자를 모두 더한 후 그 합을 3으로 나눈다.

$$(9 + 15 + 23) / 3 = 47 / 3 = 15.67$$

이러한 계산은 손으로 하면 번거롭지만 코드를 사용하면 간단하다. 이제 arithmetic.py라는 파이썬 파일을 만들고, 두 숫자의 평균을 구하기 위한 함수를 작성해 보자. 이때 함수를 실행하면 다음과 같이 별다른 연산자를 표기하지 않고 인자로 두 개의 숫자만을 입력하면 평균을 출력할 수 있어야 한다.

```
>>> average(10,20)
15.0
```

연산 순서에 유의하자!

다음과 같이 average() 함수는 두 개의 숫자 a와 b의 합계를 2로 나눈 후 그 값을 키워드 return을 사용해 반환한다.

arithmetic.py

```
def average(a,b):
    return a + b / 2
```

인자로 a와 b라는 두 개의 숫자를 필요로 하는 average() 함수를 정의했다. 위의 함수를 정의할 때, 두 숫자 a와 b의 합을 2로 나눈 값을 반환할 것을 의도했지만 실제 결과 값은 의도한 값과 다르다는 것을 발견했다. 이유가 무엇일까?

```
>>> average(10,20)
20.0
```

그 이유는 함수를 작성할 때 연산 순서를 고려하지 않았기 때문이다. 수학 수업에서 배웠듯이 곱셈과 나눗셈은 덧셈과 뺄셈보다 우선 순위가 높기 때문에, 위의 식에서는 덧셈보다 나눗셈이 먼저 수행된다. 즉, average() 함수는 b를 2로 나눈 다음 a를 더한다. 어떻게 해결해야 할까?

연산자와 함께 괄호 사용하기

나눗셈 전에 덧셈을 수행하도록 괄호를 추가해보자.

arithmetic.py

```
def average(a,b):
    return (a + b) / 2
```

이제 average() 함수는 다음과 같이 값을 2로 나누기 전에 a와 b를 더한다.

```
>>> average(10,20)
15.0
```

위의 식을 손으로 직접 계산해보면 값이 정확한지 확인할 수 있다. average() 함수를 다른 숫자와 사용해보자.

파이썬의 자료형

숫자에 대한 산술 연산을 좀 더 알아보기 전에 기본적인 파이썬 자료형을 살펴보자. 자료형마다 다른 기능을 가지고 있고, 모든 자료형이 동일한 연산 방법을 적용하지는 않기 때문에 각 자료형이 어떻게 동작하는지 파악하는 것이 중요하다.

정수와 실수

연산을 수행할 때 일반적으로 사용하는 자료형은 integer와 float이다. integer 자료형은 -2, 0, 1과 같은 정수이며, float 자료형은 5.6, -3.14, 0.19와 같이 소수를 포함하는 실수이다. 다음과 같이 float()과 int() 함수를 사용해 실수를 정수로, 정수를 실수로 변경할 수 있다.

```
>>> x = 3
>>> x
3
>>> y = float(x)
>>> y
3.0
```

```
>>> z = int(y)
>>> z
3
```

    x = 3을 사용해 변수 x에 값 3을 할당한다. 그런 다음 float(x)를 사용해 x를 실수로 변환하고 그 값 (3.0)을 변수 y에 할당한다. 마지막으로 y를 정수로 변환하고 그 값 (3)을 변수 z에 할당한다. 지금까지 예제를 통해 float와 int 형 간에 자유롭게 전환할 수 있음을 살펴봤다.

문자열

string 자료형은 일련의 단어 또는 숫자로 이루어지는 문자열이며, 다음과 같이 작은따옴표('') 또는 큰따옴표("")로 묶어 정의한다.

```
>>> a = "hello"
>>> a + a
'hellohello'
>>> 4*a
'hellohellohellohello'
```

    문자열 "hello"를 변수 a에 저장한다. 변수 a에 a를 더하면 hello가 두 번 합쳐진 새로운 문자열 'hellohello'가 출력된다. 그러나 문자열과 숫자 자료형(integer 또는 float)을 더할 수는 없다. 예를 들어, 문자열 데이터 "hello"에 정수형 데이터 2를 더하려고 하면 다음과 같이 오류가 난다.

```
>>> b = 2
>>> b
2
>>> d = "hello"
>>> b + d
Traceback (most recent call last):
  File "<pyshell#34>", line 1, in <module>
    b + d
TypeError: unsupported operand type(s) for +: 'int' and 'str'
```

하지만 숫자가 따옴표로 묶여 문자열로 표현된 경우, 다음과 같이 다른 문자열과 더할 수 있다.

```
>>> b = '123'
>>> c = '4'
>>> b + c
'1234'
>>> 'hello' + ' 123'
'hello123'
```

위의 예제를 살펴보면 '123'과 '4' 모두 숫자형 데이터가 아닌 숫자로 이뤄진 문자열 데이터다. 따라서 두 문자열을 더하면 두 문자열이 합쳐진 문자열 '1234'가 생성된다. 같은 방법으로 문자로 구성된 'hello'와 숫자로 구성된 '123'이라는 문자열도 합칠 수 있다. 이와 같이 문자열을 결합하여 새로운 문자열을 만드는 것을 **문자열 결합**^{concatenation}이라고 한다.

또한 다음과 같이 문자열에 정수를 곱해 해당 문자열을 곱한 수만큼 반복할 수도 있다.

```
>>> name = "Marcia"
>>> 3 * name
'MarciaMarciaMarcia'
```

하지만 문자열을 다른 문자열로 빼거나, 곱하거나, 나눌 수는 없다. 쉘에 다음과 같이 입력해 어떻게 되는지 확인해보자.

```
>>> noun = 'dog'
>>> verb = 'bark'
>>> noun * verb
Traceback (most recent call last):
  File "<pyshell#6>", line 1, in <module>
    noun * verb
TypeError: can't multiply sequence by non-int of type 'str'
```

위와 같이 두 개의 문자열 데이터 'dog'와 'bark'를 곱하려고 하면 문자열 자료형끼리는 곱할 수 없다는 오류가 난다.

부울

boolean(부울) 자료형은 참/거짓을 나타낸다. 즉, 참과 거짓 중 하나의 값만 가질 수 있으며 그 외에는 어떤 값도 가질 수 없다. 부울 값은 파이썬에서 첫 글자를 대문자로 표기해야 하며, 두 값을 비교하는데 주로 사용된다. 두 값을 비교하려면 다음과 같이 '크다(>)'와 '작다(<)' 기호를 사용한다.

```
>>> 3 > 2
True
```

3이 2보다 크기 때문에 True를 반환한다. 만약 두 개의 값이 같은지 여부를 확인하고 싶다면 변수에 값을 할당하는데 사용하는 한 개의 등호(=) 대신, 두 개의 등호(==)를 사용해야 한다. 다음의 예제를 살펴보자.

```
>>> b = 5
>>> b == 5
True
>>> b == 6
False
```

먼저 한 개의 등호(=)를 사용해 변수 b에 값 5를 할당한다. 그런 다음 두 개의 등호(==)를 사용해 b의 값이 5와 같은지 확인하면, True가 반환된다.

자료형 확인하기

파이썬은 편리하게 변수의 자료형을 알려준다. 현재 어떤 자료형인지 확인하기 위해 변수와 함께 type() 함수를 사용하면 된다. 예를 들어, 다음과 같이 변수에 부울 값을 대입한다.

```
>>> a = True
>>> type(a)
<class 'bool'>
```

type() 함수에 변수 a를 넣으면 파이썬은 a의 값이 부울 자료형이라는 것을 알려준다.
다음과 같이 정수 2의 자료형을 확인해보자.

```
>>> b = 2
>>> type(b)
<class 'int'>
```

다음은 0.5가 float 자료형임을 알려준다.

```
>>> c = 0.5
>>> type(c)
<class 'float'>
```

다음 예제는 큰따옴표 안에 있는 문자열이 string 자료형임을 알려준다.

```
>>> name = "Steve"
>>> type(name)
<class 'str'>
```

파이썬에서 사용하는 기본적인 자료형의 개념과 자료형을 확인하는 방법을 배웠으므
로 간단한 산술 작업을 자동화해 보자.

리스트를 사용해 값 저장하기

지금까지는 변수에 단일 값만을 저장했다. **리스트**[list]는 여러 값을 가질 수 있는 변수 형태
로, 반복되는 작업을 자동화하는 데 유용하다. 리스트를 선언하려면 다음과 같이 리스트
의 이름을 만들고, 단일 변수와 마찬가지로 = 명령어를 사용한 다음, 리스트에 포함시킬

항목item을 쉼표로 구분한 뒤 대괄호([])로 묶는다.

```
>>> a = [1,2,3]
>>> a
[1, 2, 3]
```

일반적으로 다음과 같이 숫자, 좌표 또는 객체와 같은 값을 나중에 추가할 수 있도록 빈 리스트를 만드는 것이 유용하다.

```
>>> b = []
>>> b
[]
```

이와 같이 b라는 빈 리스트를 만들고 추후에 원하는 값을 채우면 된다. 이제 리스트에 항목을 추가하는 방법을 살펴보자.

리스트의 항목 추가하기

리스트에 항목을 추가하기 위해 다음과 같이 append() 함수를 사용해보자.

```
>>> b.append(4)
>>> b
[4]
```

먼저 리스트의 이름 b를 입력한 다음 마침표(.)를 입력하고 append()를 사용해 괄호 안에 추가할 항목을 지정한다. 리스트에 숫자 4가 포함된 것을 확인할 수 있다.

다음과 같이 비어 있지 않은 리스트에도 항목을 추가할 수 있다.

```
>>> b.append(5)
>>> b
[4, 5]
>>> b.append(True)
```

```
>>> b
[4, 5, True]
```

기존 리스트에 새롭게 추가된 항목은 차례대로 리스트의 끝에 추가된다. 위 예제에서는 부울 값 True를 숫자 4와 5가 포함된 리스트에 추가한다. 이처럼 리스트의 항목이 모두 숫자일 필요는 없다.

하나의 리스트에는 둘 이상의 자료형이 포함될 수 있다. 예를 들어, 다음과 같이 리스트에 문자열을 추가할 수도 있다.

```
>>> b.append("hello")
>>> b
[4, 5, True, 'hello']
```

문자열을 추가하려면 텍스트를 큰따옴표나 작은따옴표로 묶어서 나타내야 한다. 그렇지 않으면, 파이썬은 hello라는 변수를 찾는다. 해당 변수가 존재하지 않으면 오류가 발생하고, 존재하면 예기치 않은 동작이 발생한다. 이제 리스트 변수 b에 숫자 2개, 부울 값, 문자열 총 4개의 항목이 저장됐다.

리스트에 연산자 사용하기

문자열과 마찬가지로 리스트에 덧셈 연산자와 곱셈 연산자를 사용할 수 있지만, 숫자형 데이터와 리스트 데이터를 더할 수는 없다. 대신 문자열 결합을 사용해야 한다.

예를 들어, 다음과 같이 + 연산자를 사용해 두 개의 리스트를 결합할 수 있다.

```
>>> c = [7,True]
>>> d = [8,'Python']
>>> c + d      #두 개의 리스트 결합하기
[7, True, 8, 'Python']
```

또한 다음과 같이 리스트에 숫자를 곱할 수도 있다.

```
>>> 2 * d     #리스트에 숫자 곱하기
[8, 'Python', 8, 'Python']
```

숫자 2를 리스트 d에 곱하면 리스트의 항목 수가 기존 리스트 항목 수의 두 배가 된다.
하지만 + 연산자를 사용해 숫자형 데이터와 리스트 데이터를 더하려고 하면 다음과
같이 TypeError 오류가 발생한다.

```
>>> d + 2     #리스트 데이터와 숫자형 데이터는 더할 수 없다.
Traceback (most recent call last):
  File "<pyshell#22>", line 1, in <module>
    d + 2
TypeError: can only concatenate list (not "int") to list
```

위와 같은 오류가 발생하는 이유는 더하기 기호를 사용해 숫자형 데이터와 리스트형
데이터를 더할 수 없기 때문이다. 두 개의 리스트를 더하고, 한 개의 리스트에 항목을 추
가하고, 한 개의 리스트에 숫자를 곱하는 것은 모두 하나의 리스트와 다른 리스트가 결합
하는 형태다. 즉, 모든 리스트 자료형은 오직 리스트 자료형과 결합할 수 있다.

리스트의 항목 제거하기

리스트에서 항목을 제거하는 것은 매우 쉽다. 다음과 같이 제거할 항목을 remove() 함수
의 인자로 사용하면 된다. 항목을 제거할 때 코드에 표시된 항목과 동일하게 표기해야 원
하는 항목을 제거할 수 있으며, 그렇지 않은 경우 파이썬은 어떤 항목을 제거해야 하는지
이해하지 못한다.

```
>>> b = [4,5,True,'hello']
>>> b.remove(5)
>>> b
[4, True, 'hello']
```

b.remove(5)는 리스트에서 5를 제거하지만 나머지 항목은 동일한 순서로 유지된다. 여기서, 항목들의 순서가 그대로 유지된다는 점은 나중에 중요하게 사용되므로 기억해두자.

루프에서 리스트 사용하기

대수학 책에서 함수를 정의하고 해당 함수에 여러 개의 다른 숫자를 대입하는 문제처럼 종종 수학에서는 여러 숫자에 동일한 작업을 적용해야 할 때가 있다. 이런 문제를 파이썬에서는 리스트에 숫자를 저장한 다음, 1단원에서 학습한 for 루프를 사용해 리스트의 각 항목에 대해 동일한 작업을 수행하면 된다. 반복적으로 동일한 작업을 수행할 때 반복자^{iterator}를 생성한다는 점을 기억하자. 반복자는 for i in range(10)에서 변수 i이지만 항상 i를 사용할 필요는 없다. 다음의 예제를 살펴보자.

```
>>> a = [12,"apple",True,0.25]
>>> for thing in a:
        print(thing)


12
apple
True
0.25
```

위의 예제는 thing을 반복자로 사용하고 리스트 a의 각 항목에 print() 함수를 적용하고 있다. 여기서 각 항목이 순서대로 출력됐으며 각 항목이 출력된 다음에는 줄 바꿈이 이뤄졌다는 점에 유의하자. 따라서 리스트의 모든 항목이 한 줄에 출력되도록 변경하려면 다음과 같이 print() 함수에 end 인자와 빈 문자열을 추가해야 한다.

```
>>> for thing in a:
        print(thing, end='')


12appleTrue0.25
```

end 인자의 기본값은 줄 바꿈이지만 위의 코드와 같이 인용 부호를 넣으면 원하는 문자나 구두점을 삽입할 수 있다. 하지만 모든 항목을 구분자 없이 한 줄에 함께 출력하면 각 항목을 구별하기 어려우므로, 다음과 같이 쉼표를 추가해보자.

```
>>> a = [12,"apple",True,0.25]
>>> for thing in a:
        print(thing, end=',')

12,apple,True,0.25,
```

이제 각 항목은 쉼표로 구분돼 훨씬 읽기 쉬워졌다.

인덱스를 사용해 리스트의 개별 항목에 접근하기

리스트의 이름을 지정한 다음 대괄호에 인덱스를 입력하면 리스트의 모든 요소를 참조할 수 있다. **인덱스**는 리스트에 있는 항목의 위치 또는 위치 번호다. 리스트의 첫 번째 인덱스는 0이다. 인덱스를 사용하면 의미 있는 이름을 부여해 일련의 값을 저장하고 프로그램 내에서 쉽게 접근할 수 있다. 다음 코드를 실행해 인덱스를 사용해 보자.

```
>>> name_list = ['Abe','Bob','Chloe','Daphne']
>>> score_list = [55,63,72,54]
>>> print(name_list[0], score_list[0])

Abe 55
```

인덱스는 다음과 같이 변수 또는 반복자가 될 수도 있다.

```
>>> n = 2
>>> print(name_list[n], score_list[n+1])

Chloe 54
>>> for i in range(4):
    print(name_list[i], score_list[i])
```

```
Abe 55
Bob 63
Chloe 72
Daphne 54
```

enumerate()를 사용해 인덱스 및 값에 접근하기

리스트에서 어떤 항목의 인덱스와 값을 모두 얻으려면 다음과 같이 enumerate()라는 편리한 함수를 사용하면 된다.

```
>>> name_list = ['Abe','Bob','Chloe','Daphne']
>>> for i, name in enumerate(name_list):
        print(name,"has index",i)

Abe has index 0
Bob has index 1
Chloe has index 2
Daphne has index 3
```

　　name은 리스트에 있는 항목의 값이고 i는 인덱스다. enumerate() 함수에서 주의해야 할 점은 인덱스가 먼저 오고, 항목의 값이 그 다음에 온다는 점이다. 추후에 리스트에 객체를 넣은 다음 리스트에 있는 객체와 정확한 위치에 모두 접근해야 할 때 이를 사용하게 될 것이다.

인덱스는 0에서 시작한다

1단원에서 range(n) 함수가 0부터 시작해 n-1까지 일련의 숫자를 생성한다는 것을 배웠다. 마찬가지로 리스트 인덱스는 1이 아닌 0에서부터 시작하므로 첫 번째 항목의 인덱스는 0이다. 다음 예제를 살펴보자.

```
>>> b = [4,True,'hello']
>>> b[0]
```

```
4
>>> b[2]
'hello'
```

리스트 b를 생성하고 리스트 b의 첫 번째 항목 즉, 인덱스 0을 사용하면 4를 출력한다. 그런 다음 인덱스 2를 사용하면 리스트의 세 번째 항목인 `'hello'`를 출력한다.

범위로 리스트 항목 접근하기

대괄호 안에 범위(:) 기호를 사용해 범위로 리스트의 항목에 접근할 수 있다. 예를 들어, 리스트의 두 번째 항목에서 여섯 번째 항목까지의 값을 반환하려면 다음과 같이 사용한다.

```
>>> myList = [1,2,3,4,5,6,7]
>>> myList[1:6]

[2, 3, 4, 5, 6]
```

여기서 중요한 점은 1:6 구문에서 해당 범위의 첫 번째 인덱스 1은 포함하지만 마지막 인덱스 6은 제외한다는 것이다. 즉, 범위 1:6은 실제로 인덱스 1에서 5까지의 항목을 뜻한다.

범위 기호를 사용할 때 끝나는 인덱스를 지정하지 않으면 파이썬은 기본적으로 리스트의 마지막 값을 끝점으로 인식한다. 즉, 리스트의 첫 번째 인덱스부터 마지막 인덱스까지의 모든 항목을 반환한다. 예를 들어, 다음과 같이 사용하면 리스트 b의 두 번째 항목(인덱스 1)에서 리스트의 마지막 항목(인덱스 2)까지 접근할 수 있다.

```
>>> b[1:]
[True, 'hello']
```

반면 시작하는 인덱스를 지정하지 않으면, 파이썬은 다음과 같이 기본적으로 리스트의 첫 번째 항목(인덱스 0)을 시작점으로 인식한다.

```
>>> b[:1]
[4]
```

b[:1]는 첫 번째 항목(인덱스 0)를 포함하지만 인덱스 1을 가진 항목은 포함하지 않는
다. 마지막으로 인덱스에 음수를 사용하면 리스트의 항목이 몇 개인지 몰라도 리스트의
마지막 항목에 접근할 수 있다. 다음과 같이 -1을 사용하면 리스트의 마지막 항목에, -2를
사용하면 리스트의 마지막에서 두 번째 항목에 접근할 수 있다:

```
>>> b[-1]
'hello'
>>> b[-2]
True
```

이러한 기능은 다른 사람이 만든 리스트를 사용하거나 모든 인덱스의 위치를 추적하
기 어려울 정도로 매우 긴 리스트를 사용할 때 매우 유용하다.

항목의 인덱스 찾기

특정 값이 리스트에 있지만 그 값의 인덱스를 모르는 경우, 리스트 이름 뒤에 찾으려는
값을 인자로 갖는 index() 함수를 사용하면 그 위치를 알 수 있다. 다음과 같이 쉘에서 리
스트 c를 생성하고 index() 함수를 사용해보자.

```
>>> c = [1,2,3,'hello']
>>> c.index(1)
0
>>> c.index('hello')
3
>>> c.index(4)
Traceback (most recent call last):
  File "<pyshell#85>", line 1, in <module>
    b.index(4)
ValueError: 4 is not in list
```

위의 예제에서 값 1은 리스트의 첫 번째 항목이기 때문에 인덱스 0을 반환한다. 문자열 'hello'의 인덱스를 물어보면 3을 반환한다. 하지만 마지막으로 입력한 c.index(4)은 오류가 발생한다. 오류 메시지의 마지막 줄에서 볼 수 있듯이, 오류의 원인은 찾고 있는 값 4가 리스트에 없기 때문에 파이썬이 인덱스를 찾을 수 없다.

찾고 싶은 항목이 리스트에 있는 값인지 확인하려면 다음과 같이 키워드 in을 사용하자.

```
>>> c = [1,2,3,'hello']
>>> 4 in c
False
>>> 3 in c
True
```

파이썬은 해당 항목이 리스트에 있으면 True를 반환하고, 리스트에 없으면 False를 반환한다.

문자열에 인덱스 사용하기

지금까지 배운 리스트의 인덱스에 대한 내용은 문자열에도 똑같이 적용된다. 문자열은 길이를 가지고 있고, 문자열 안에 있는 각각의 문자는 인덱스가 부여된다. 쉘에 다음과 같이 입력해 문자열 데이터에서 인덱스가 어떻게 동작하는지 확인해보자.

```
>>> d = 'Python'
>>> len(d)      #'Python'은 몇 글자인가?
6
>>> d[0]
'P'
>>> d[1]
'y'
>>> d[-1]
'n'
>>> d[2:]
'thon'
>>> d[:5]
'Pytho'
```

```
>>> d[1:4]
'yth'
```

'Python'이라는 문자열이 6개의 문자로 구성돼 있음을 알 수 있다. 각각의 문자는 인덱스를 가지며 리스트에서 사용한 문법을 동일하게 적용해 접근할 수 있다.

합계

루프 안에서 여러 개의 숫자를 더할 때, 숫자들의 총합을 사용하는 경우가 있다. 이와 같이 숫자들의 총합을 계산하는 것은 **합계**summation라고 하는 중요한 수학 개념이다.

수학에서는 합계를 나타낼 때 그리스 문자 S(sum을 나타냄)인 대문자 시그마를 사용한다. 시그마를 사용한 식은 다음과 같다.

$$\sum_{i=1}^{100} n$$

위의 식은 n을 최소값(시그마 기호 아래에 표시)부터 최댓값(시그마 기호 위에 표시)까지 나열하며 합산하는 것을 의미한다. 시그마 표현식은 파이썬의 range(n)와는 달리 최댓값을 포함한다.

running_sum 변수 생성하기

파이썬에서 합계 프로그램을 작성하기 위해 running_sum(sum은 이미 사용된 파이썬의 내장 함수 이름)이라는 변수를 생성한다. 먼저 값을 0으로 설정한 후 다음 값이 추가될 때마다 running_sum 변수를 증가시킨다. 이를 위해 += 기호를 사용한다. 이제 다음과 같이 쉘에 입력해보자.

```
>>> running_sum = 0
>>> running_sum += 3
>>> running_sum
3
>>> running_sum += 5
```

```
>>> running_sum
8
```

running += 3이 running_sum = running_sum + 3과 동일하다는 것은 이미 1단원에서 설명했다. 이제 테스트를 위해 running_sum 변수를 여러 번 반복하면서 매번 3씩 증가하도록 다음 코드를 arithmetic.py에 추가해보자.

arithmetic.py

```
running_sum = 0
❶ for i in range(10):
    ❷ running_sum += 3
print(running_sum)
```

먼저 running_sum 변수를 만들고 0을 할당한 다음, range(10)를 사용해 for 루프를 10번 실행한다 ❶. 루프 내에 들여쓰기된 코드에서는 루프를 실행할 때마다 running_sum의 값에 3을 더한다 ❷. 루프가 10번 실행되면 파이썬은 코드의 마지막 줄로 이동해 print 구문으로 running_sum의 값을 출력한다.

이렇게 최종 running_sum의 값이 무엇인지 파악할 수 있으며, 아웃풋은 다음과 같다.

```
30
```

즉, 10 곱하기 3은 30이므로 위의 아웃풋은 정확하다.

mysum() 함수 생성하기

이제 앞서 작성한 합계 프로그램을 다음과 같이 매개 변수를 사용해 mySum() 함수로 확장하고 1부터 지정된 수까지 모든 숫자의 합계를 반환하도록 변경해보자.

```
>>> mySum(10)
55
```

일단 running_sum 변수를 선언한 다음, for 루프에서 해당 값을 증가시킨다.

arithmetic.py

```
def mySum(num):
    running_sum = 0
    for i in range(1,num+1):
        running_sum += i
    return running_sum
```

mySum() 함수를 정의하기 위해 running_sum의 값을 0으로 시작한다. 그런 다음 i에 대한 값의 범위를 1에서 num까지 설정한다. 여기서 주의해야 할 점은 range(1,num)은 num을 포함하지 않는다는 것이다. 그 다음 매 루프마다 i를 running_sum에 더한다. 루프가 완료되면 running_sum의 값을 반환한다.

셸에서 훨씬 더 큰 수로 함수를 실행시켜보자. 그러면 그 즉시 1에서부터 해당 숫자의 합계를 반환할 것이다.

```
>>> mySum(100)
5050
```

아주 편리하다. 좀 더 어려운 시그마 문제를 해결하기 위해, 루프의 범위를 0부터 20(20을 포함)으로 변경하고 매 루프마다 i^2+1을 더하도록 해보자.

arithmetic.py

```
def mySum2(num):
    running_sum = 0
    for i in range(num+1):
        running_sum += i**2 + 1
    return running_sum
```

위의 mySum2() 함수를 시그마 표기법으로 나타내면 루프를 0에서 시작하고, 실행시키면 다음과 같은 아웃풋이 출력된다.

$$\sum_{i=0}^{20} n^2 + 1$$

```
>>> mySum2(20)
2891
```

예제 2-1 합계 구하기

1에서 100까지 모든 숫자의 합계를 구해보자. 그리고 1에서 1,000까지 모든 숫자의 합계도 구해보자. 패턴이 보이는가?

숫자형 리스트의 평균 구하기

이제 새로운 기술을 습득했으므로 average() 함수의 기능을 개선해보자. 데이터의 개수가 몇 개가 있는지 명시할 필요 없이 리스트를 사용해 숫자형 리스트에 존재하는 모든 숫자의 평균을 구하는 함수를 작성할 수 있다.

2단원의 앞부분에서 작성한 average() 함수에서는 두 수의 평균만을 구할 수 있었다. 하지만 더 많은 수가 존재한다면 어떻게 해야 할까?

수학에서는 주어진 숫자의 평균을 구하기 위해서 모든 숫자의 합계를 숫자의 개수로 나눈다. 파이썬에서는 sum()이라는 함수를 사용해 다음과 같이 리스트에 존재하는 모든 숫자를 더할 수 있다.

```
>>> sum([8,11,15])
34
```

이제 리스트의 항목 수를 알아내야 한다. 다음과 같이 len() 함수를 사용해 리스트의 항목 수를 알아낼 수 있다.

```
>>> len([8,11,15])
3
```

위에서 살펴본 것처럼 sum()과 len() 함수는 리스트를 인자로 전달하기만 하면 쉽게 사용할 수 있다. 즉, sum()과 len() 함수를 사용하면 리스트의 합계를 리스트 항목의 개수로 나눠서 평균을 구할 수 있다는 의미다. 따라서 내장 함수 sum()과 len()을 사용해 다음과 같이 average() 함수의 간단한 버전을 만들 수 있다.

arithmetic.py

```
def average3(numList):
    return sum(numList)/len(numList)
```

이제 셸에서 average3() 함수를 호출하면 다음과 같은 아웃풋이 출력된다.

```
>>> average3([8,11,15])
11.333333333333334
```

개선된 average3() 함수의 좋은 점은 짧은 숫자형 리스트의 평균 뿐 아니라 긴 숫자형 리스트의 평균도 구할 수 있다는 것이다.

예제 2-2 평균 구하기

아래 리스트에 나열된 숫자의 평균을 구해보자.

```
d = [53, 28, 54, 84, 65, 60, 22, 93, 62, 27, 16, 25, 74, 42, 4, 42, 15,
96, 11, 70, 83, 97, 75]
```

요약

2단원에서는 정수^{int}, 실수^{float}, 부울^{bool}, 문자열^{string} 등의 자료형을 학습했다. 또한 리스트를 작성하고, 리스트에 항목을 추가 및 제거하고, 인덱스를 사용해 리스트에서 특정 항목을 찾는 방법도 배웠다. 그런 다음 루프, 리스트 및 변수를 사용해 숫자의 평균과 누적 합계를 구하는 등의 산술 문제를 해결하는 방법도 살펴봤다.

3단원에서는 이 책의 나머지 부분을 다루기 위해 배워야 할 중요한 프로그래밍 개념인 조건문을 알아본다.

3

조건문으로 추측하고 확인하기

 이 책에서 만드는 거의 모든 프로그램은 컴퓨터에게 결정을 내리라고 지시한다. 이를 위해 조건문(conditional)이라는 중요한 프로그래밍 도구를 사용해 보자.

프로그래밍에서는 "이 변수가 100보다 큰 경우, 이렇게 해라. 그렇지 않으면 저렇게 해라"와 같은 조건문을 사용해 특정 조건이 충족되는지 확인하고 결과에 따라 수행할 작업을 결정할 수 있다. 조건문은 프로그래밍에서 사용하는 매우 강력한 기능이며, 현재 대두되고 있는 주제인 머신러닝(machine learning)의 핵심이기도 하다.

3단원에서는 사용자에게 입력값을 받아 입력된 값에 따라 출력해야 할 내용을 결정하는 추측 및 확인^{guess-and-check} 방법을 적용하는 법을 배운다. 그런 다음 여러 수학적 상황에서 숫자값을 비교하는 조건문을 사용해 거북이가 화면을 무작위로 돌아다니는 프로그램을 만든다. 또한 숫자 추측 게임을 만들고, 동일한 논리를 사용해 큰 숫자의 제곱근을 찾을 것이다.

비교 연산자

2단원에서 살펴봤듯이 True와 False(파이썬에서는 첫 글자 대문자로 표기)는 부울 값이라고 한다. 파이썬은 두 값을 비교할 때 부울 값을 반환하므로, 반환된 값을 사용해 다음에 수행할 작업을 결정할 수 있다. 예를 들어, 다음과 같이 크다(>)와 작다(<)와 같은 비교 연산자

를 사용해 두 값을 비교할 수 있다.

```
>>> 6 > 5
True
>>> 6 > 7
False
```

비교 연산자를 사용해 6이 5보다 큰지 확인하면 True를 반환한다. 그런 다음 6이 7보다 큰지 확인하면 False를 반환한다.

파이썬에서는 하나의 등호(=)를 사용해 변수에 값을 할당한다는 점을 기억하자. 하지만 좌변과 우변의 값이 동일한지 확인하려면 다음과 같이 두 개의 등호(==)가 필요하다.

```
>>> 6 = 6
SyntaxError: can't assign to literal
>>> 6 == 6
True
```

예제에서 확인했듯이 한 개의 등호(=)를 사용해 두 값이 동일한지 확인하려고 하면 구문 오류^{SyntaxError}가 발생한다. 이제 다음과 같이 비교 연산자를 사용해 변수를 비교해보자.

```
>>> y = 3
>>> x = 4
>>> y > x
False
>>> y < 10
True
```

변수 y에 3을 할당하고 변수 x에 4를 할당한다. 그런 다음 변수를 사용해 y가 x보다 큰지 확인하면 파이썬은 False를 반환한다. 그리고 y가 10보다 작은지 확인하면 파이썬은 True를 반환한다. 지금까지 살펴본 것이 파이썬이 값을 비교하는 방법이다.

if-else문을 사용해 의사 결정하기

if-else문을 사용해 조건에 따라 실행할 코드를 결정할 수 있다. 예를 들어, 제시한 조건 문이 True인 경우 프로그램은 해당하는 일련의 코드를 실행하고, 조건문이 False인 경우 다른 코드를 실행하거나 아무것도 하지 않도록 설정한다. 다음의 예제를 살펴보자.

```
>>> y = 7
>>> if y > 5:
        print("yes!")

yes!
```

변수 y에 7을 할당한다. y의 값이 5보다 크면, "yes!"를 출력하고 그렇지 않으면 아무 것도 하지 않도록 한다.

else 및 elif를 사용해 다른 코드를 실행하도록 할 수도 있다. 이제 조금 긴 코드를 작성할 것이므로 새로운 파이썬 파일을 열고 파일명을 conditionals.py로 저장해보자.

conditionals.py
```
y = 6
if y > 7:
    print("yes!")
else:
    print("no!")
```

위의 예제에서 y의 값이 7보다 크면 "yes!"를, 그렇지 않으면 "no!"를 출력하도록 했다. 프로그램을 실행하면 6이 7보다 크지 않기 때문에 "no!"가 출력된다.

else if의 줄임말인 elif를 사용해 더 많은 조건문을 추가할 수 있다. elif문은 제한 없 이 원하는 만큼 사용할 수 있으며, 다음은 elif문을 세 번 사용한 예제 프로그램이다.

conditionals.py
```
age = 50
if age < 10:
```

```
    print("What school do you go to?")
elif 11 < age < 20:
    print("You're cool!")
elif 20 <= age < 30:
    print("What job do you have?")
elif 30 <= age < 40:
    print("Are you married?")
else:
    print("Wow, you're old!")
```

위의 예제 프로그램은 age 값이 어느 범위에 속하는 지에 따라 다른 코드를 실행한다. **작거나 같다**를 비교 연산자 <=로 나타내며, **11살과 20살 사이**를 11<age<20과 같이 복합 부등식으로 나타낼 수 있다. 예를 들어, age = 50일 때, 아웃풋은 다음과 같다.

```
Wow, you're old!
```

정의한 조건에 따라 프로그램이 신속하게 자동적으로 결정을 내릴 수 있게 하는 것이 프로그래밍의 중요한 부분이다.

조건문을 사용해 인수 찾기

이제까지 배운 것을 사용해 인수 분해를 해보자. **인수**^{factor}는 다른 숫자로 정확하게 나눠지는 숫자다. 예를 들어, 10을 5로 나눌 수 있기 때문에 5는 10의 인수다. 수학 시간에 여러 분수의 공통 분모를 찾는 것에서부터 특정 숫자가 소수인지 결정하는 것까지 인수를 사용했다. 하지만 수동으로 인수를 찾는 것은 많은 시행 착오와 지루한 작업을 수반한다. 특히, 큰 수의 경우에는 더 힘들고 지루한 작업을 필요로 한다. 이제 파이썬을 사용해 자동으로 인수 분해하는 방법을 살펴보자.

파이썬에서는 나머지 연산자(%)를 사용해 두 숫자를 나눈 값의 나머지를 계산할 수 있다. 예를 들어, a % b가 0이면 a가 b로 정확하게 나눠진다는 것을 의미한다. 즉, b는 a의 인수이다. 다음의 예를 살펴보자.

```
>>> 20 % 3
2
```

20을 3으로 나누면 나머지는 2이다. 즉, 3이 20의 인수가 아니라는 것을 의미한다. 이제 20을 5로 나눠보자.

```
>>> 20 % 5
0
```

20을 5로 나눴더니 나머지가 0이 됐다. 이를 통해, 5가 20의 인수라는 것을 알아냈다.

factors.py 프로그램 작성하기

이제 나머지 연산자를 사용해 특정 숫자의 인수를 반환하는 함수를 만들어 보자. 단, 인수를 출력하는 것뿐만 아니라 나중에 다른 함수에서 반환된 인수를 사용할 수 있도록 리스트를 사용해 결괏값을 저장할 것이다. 프로그램을 작성하기 전에 앞서, 프로그램을 어떻게 작성할 것인지 설계하는 과정을 거치는 것이 좋다. 다음은 factors.py 프로그램의 주된 과정이다.

1. 숫자를 인자로 갖는 factors() 함수를 정의한다.
2. 인수로 채울 빈 리스트(factorList)를 생성한다.
3. 1부터 주어진 숫자까지 루프를 생성한다.
4. 숫자 중 어느 하나라도 나머지가 0이 되면 factorList에 추가한다.
5. 마지막으로 factorList를 반환한다.

IDLE에서 새로운 파일을 열고 아래의 코드를 입력한 뒤, 파일명을 factors.py로 저장하자.

factors.py

```
def factors(num):
    '''num의 인수 리스트를 반환'''
```

```
    factorList = []
    for i in range(1,num+1):
        if num % i == 0:
            factorList.append(i)
    return factorList
```

일단 factorList라는 빈 리스트를 만들고, 나중에 인수를 찾으면 factorList에 하나씩 저장할 것이다. 0으로는 나눌 수 없으므로 1부터 시작해 num을 포함하도록 num+1로 끝나는 루프를 생성한다. 루프 내에는 조건문을 사용해 프로그램이 결정을 내리도록 지시한다. 즉, num이 현재 i의 값으로 나뉘진다면(나머지가 0인 경우), i를 factorList에 추가한다. 마지막으로 인수 리스트인 factorList를 반환한다.

이제 F5 키를 누르거나 그림 3-1과 같이 Run ➤ Run Module을 클릭해 factors.py를 실행한다.

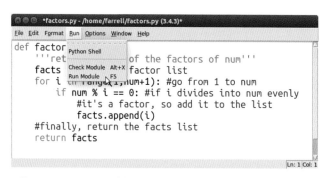

그림 3-1 factors.py 모듈 실행하기

factors.py 모듈을 실행한 후에는 다음과 같이 인수를 찾으려는 숫자를 인자로 입력해 IDLE 터미널에서 factors() 함수를 사용할 수 있다.

```
>>> factors(120)
[1, 2, 3, 4, 5, 6, 8, 10, 12, 15, 20, 24, 30, 40, 60, 120]
```

factors() 함수를 사용해 120의 모든 인수를 찾았다. 수동으로 시행 착오를 거치며 하나하나 찾는 방법보다 훨씬 쉽고 빠르다.

움직이는 거북이

프로그램이 자동으로 의사 결정을 하도록 지시하는 방법을 배웠으니, 프로그램을 무한정
실행시키는 방법을 배워보자. 우선 거북이가 화면을 돌아다니도록 하고, 조건문을 사용
해 특정 지점에 도착하면 되돌아가도록 해보자.

거북이가 기본적으로 돌아다닐 수 있는 화면은 x 축과 y 축이 -300에서 300까지인
영역이다.

그림 3-2와 같이 거북이가 이동할 수 있는 지역을 x 축과 y 축 모두 -200에서 200 사
이로 제한하자.

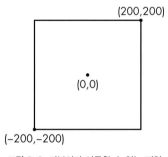

그림 3-2 거북이가 이동할 수 있는 지역

IDLE에서 새로운 파이썬 파일을 열고 wander.py로 저장하자. 먼저 다음 코드를 추가
해 turtle 모듈을 불러오자.

```
from turtle import *
from random import randint
```

랜덤 숫자를 생성하기 위해 random 모듈에서 randint 함수를 불러와야 한다.

wander.py 프로그램 작성하기

다음과 같이 wander()라는 함수를 만들어 거북이가 화면을 돌아다니도록 해보자. 이를 위해 항상 참이 되는 무한 while True 루프를 사용한다. while True 루프는 거북이가 멈추기 않고 계속 돌아다니게 할 것이며, 중지하고 싶은 경우 Python Turtle Graphics 창에서 X를 클릭해 창을 닫으면 된다.

wonder.py

```
speed(0)

def wander():
    while True:
        fd(3)
        if xcor() >= 200 or xcor() <= -200 or ycor()<= -200 or ycor() >= 200:
            lt(randint(90,180))

wander()
```

먼저 거북이의 속도를 가장 빠르게 0으로 설정한 다음 wander() 함수를 정의한다. 함수 내부에서 while True문을 통해 무한 루프를 사용하기 때문에 안에 있는 모든 코드는 계속 실행된다. 그런 다음 거북이는 세 발자국(3 픽셀) 앞으로 나아간 후 조건문으로 위치를 평가한다. 거북이의 x 좌표와 y 좌표를 구하는 함수는 xcor()와 ycor()다.

if문을 사용해 조건문 중 하나라도 True(거북이가 지정된 영역 밖에 있는 경우)인 경우, 거북이가 지정된 영역 밖에 표류하지 않도록 90과 180 사이의 랜덤 각도만큼 왼쪽으로 돌게 한다. 거북이가 사각형(지정된 영역) 안에 있는 경우, 조건문은 False가 되고 아무런 코드도 실행되지 않는다. 그런 다음 프로그램은 while True 루프의 맨 처음으로 돌아가 fd(3)를 다시 실행한다.

wander.py 프로그램 실행하기

wander.py 프로그램을 실행하면 그림 3-3과 같은 화면이 출력된다.

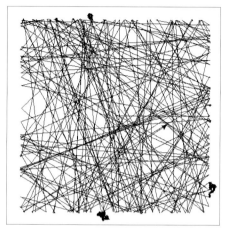

그림 3-3 wander.py의 아웃풋

아웃풋을 보면 거북이는 x 좌표가 200이 될 때까지 직선으로 이동한다(거북이는 항상 x축의 오른쪽 방향으로 걷는다). 그런 다음 90도에서 180 사이의 랜덤 각도만큼 왼쪽으로 돌고 다시 직선으로 이동한다. 때로는 90도를 돌고도 경계선 밖에 위치할 수 있기 때문에 거북이가 경계선 밖으로 나갈 수도 있지만, 루프를 반복하며 사각형 안으로 들어오려 할 것이다. 이 때문에 그림 3-3에서 볼 수 있는 사각형 밖의 작은 얼룩들이 생기게 된다.

숫자 추측 게임 만들기

지금까지 조건문을 사용해 거북이가 스스로 결정을 내려 이동하는 것처럼 보이는 프로그램을 만들었다. 이제 조건문을 사용해 숫자 추측 게임을 만들어보자. 이 게임은 프로그램이 1에서 100 사이의 숫자를 선택한 후, 사용자가 그 숫자가 무엇인지 추측하는 게임이다. 숫자를 정확하게 맞추려면 몇 번의 시도를 해야 할까? 추측할 숫자의 범위를 좁히기 위해 잘못된 시도 후에는 추측한 숫자보다 프로그램이 선택한 숫자가 더 높은지 아니면 더 낮은지 알려 줄 것이다. 다행히 2단원에서 작성한 average() 함수를 사용하면 이러한 작업을 훨씬 쉽게 할 수 있다.

잘못된 추측을 했을 때, 다음 추측은 이전 추측값이 얼마나 높거나 낮았는지 따라 다르다. 예를 들어, 추측값이 낮았다면 다음 추측은 이전 추측값과 최댓값 사이의 중간 숫자여야 한다. 반대로 추측값이 높았다면 다음 추측은 이전 추측값과 최소값 사이의 중간 숫자여야 한다.

위의 작업은 두 숫자의 평균을 계산하는 것과 같다. 따라서 2단원에서 작성한 average() 함수를 사용해 가능한 숫자를 절반으로 줄여 현명하게 추측하는 numberGame.py 프로그램을 만들 것이다.

랜덤 숫자 생성기부터 만들어보자.

랜덤 숫자 생성기 만들기

먼저 1에서 100사이의 숫자 중 하나를 랜덤으로 선택하는 프로그램을 작성해야 한다. IDLE에서 새로운 파일을 열고, 파일명을 numberGame.py로 저장한 뒤 다음 코드를 입력하자.

numberGame.py

```
from random import randint

def numberGame():
    # 1~100 사이의 랜덤 숫자 선택
    number = randint(1,100)
```

random 모듈을 불러온 후, randint() 함수를 사용해 임의의 정수를 생성한다. 그런 다음 number 변수를 만들어 randint() 함수를 호출할 때마다 생성되는 1에서 100 사이의 랜덤 숫자를 number 변수에 저장한다.

사용자 입력 받기

프로그램은 사용자 추측 값을 입력 받을 수 있어야 한다. 먼저 다음을 통해 대화형 쉘에서 input() 함수가 어떻게 동작하는지 살펴보자.

```
>>> name = input("What's your name? ")
What's your name?
```

위의 예제는 쉘에 "What's your name?"이라는 텍스트를 출력하고 사용자에게 이름을 입력하도록 요청한다. 따라서 사용자가 질문에 대한 대답을 입력하고 엔터를 누르면 프로그램이 입력된 값을 저장한다.

다음과 같이 사용자에게 입력 받은 값이 name 변수에 저장됐는지 확인할 수 있다.

```
What's your name? Peter
>>> print(name)
Peter
```

프로그램에 name을 출력하도록 요청하면, 변수에 저장된 사용자가 입력한 값을 출력한다(이 경우, Peter를 출력한다).

다음과 같이 나중에 프로그램에서 사용할 greet() 함수를 만들어 보자.

```
def greet():
    name = input("What's your name? ")
    print("Hello, ",name)

greet()
```

아웃풋은 다음과 같다.

```
>>> greet()
What's your name? Al
Hello, Al
>>>
```

사용자 입력값을 정수로 변환하기

지금까지 프로그램에서 사용자가 입력한 문자열을 사용하는 방법을 배웠다. 하지만 숫자
추측 게임에서는 사용자에게 숫자를 입력 받아야 한다. 2단원에서 수학 연산을 수행하는
데 사용하는 int와 float 같은 기본 자료형을 학습했다. 파이썬은 사용자에게 입력 받은
모든 값을 항상 문자열로 인식하므로, 숫자를 입력 받으려면 입력 받은 문자열을 int 자료
형으로 변환해야 연산에 사용할 수 있다.

문자열을 정수로 변환하려면 다음과 같이 입력값을 int()에 전달한다.

```
print("I'm thinking of a number between 1 and 100.")
guess = int(input("What's your guess? "))
```

이제 사용자가 입력하는 모든 값이 정수로 변환된다.

조건문을 사용해 올바른 추측인지 확인하기

이제 numberGame.py 프로그램은 사용자가 추측한 숫자가 올바른지 확인하는 과정이
필요하다. 만약 추측한 숫자가 맞는 경우 추측이 맞고 게임이 끝났다고 출력하며, 그렇지
않은 경우 사용자에게 더 높게 혹은 낮게 추측해야 함을 알려준다.

if 문을 사용해 사용자가 입력한 값이 랜덤 숫자 생성기에 의해 생성된 숫자와 일치하는지
비교하고 elif와 else를 사용해 각 상황에서 수행할 작업을 결정한다. numberGame.py
의 코드를 다음과 같이 수정해보자.

numberGame.py

```python
from random import randint

def numberGame():
    # 1~100 사이의 랜덤 숫자 선택
    number = randint(1,100)

    print("I'm thinking of a number between 1 and 100.")
    guess = int(input("What's your guess? "))

    if number == guess:
        print("That's correct! The number was", number)
    elif number > guess:
        print("Nope. Higher.")
    else:
        print("Nope. Lower.")

numberGame()
```

변수 number에 저장된 랜덤 숫자가 사용자에게 입력 받은 guess의 값과 같다면 "That's correct!"라는 문구와 함께 랜덤 숫자를 출력한다. 그렇지 않은 경우, 사용자가 추측한 값보다 랜덤 숫자가 더 큰지 작은지 알려준다. 즉, 사용자가 추측한 값이 랜덤 숫자보다 작으면 더 높은 값을, 크면 더 작은 값을 추측하도록 알려준다.

지금까지 작성한 예제의 아웃풋은 다음과 같다.

```
I'm thinking of a number between 1 and 100.
What's your guess? 50
Nope. Higher.
```

지금까지 작성한 프로그램으로는 한 번 시도하면 프로그램이 종료돼 더 이상 게임을 진행할 수 없어 뭔가 부족한 느낌이다. 루프를 사용해 이러한 문제점을 수정해보자.

루프를 사용해 추측 계속하기

사용자가 올바른 값을 추측할 때까지 게임을 계속할 수 있도록 루프를 사용해보자. 프로그램은 사용자가 추측한 값이 랜덤 숫자와 같아질 때까지 while 루프를 사용해 추측 게임을 계속하다가 숫자를 맞추면 성공 메시지를 표시하고 루프를 빠져 나온다. numberGame.py의 코드를 다음과 같이 수정해보자.

numberGame.py

```
from random import randint

def numberGame():
    # 1~100 사이의 랜덤 숫자 선택
    number = randint(1,100)

    print("I'm thinking of a number between 1 and 100.")
    guess = int(input("What's your guess? "))

    while guess:
        if number == guess:
            print("That's correct! The number was", number)
            break
        elif number > guess:
            print("Nope. Higher.")
        else:
            print("Nope. Lower.")
        guess = int(input("What's your guess? "))

numberGame()
```

while guess는 변수 guess가 값을 가지고 있는 동안을 의미한다. 먼저 사용자가 입력한 값이 랜덤 숫자와 일치하는지 여부를 확인한다. 랜덤 숫자와 일치하는 경우, 프로그램은 추측이 올바르다고 출력한 뒤 루프에서 빠져나간다. 랜덤 숫자가 추측 값보다 큰 경우, 프로그램은 더 높은 값을, 작은 경우 더 낮은 값을 추측하라는 메시지를 출력한다. 그런 다음 사용자는 다시 추측을 하게 되고 루프가 다시 시작돼 정확한 답을 얻을 때까지 동일한 과정을 계속 반복한다. 마지막으로 함수 정의가 끝나면 프로그램을 실행할 수 있도록

`numberGame()` 함수를 호출한다.

숫자 추측 게임 팁

`numberGame.py` 프로그램을 저장하고 실행해보자. 추측이 틀릴 때마다 다음 추측 값은 이전 추측 값과 그 범위의 끝 값 사이의 중간 값이어야 한다. 예를 들어, 처음으로 추측한 값이 50일 때 프로그램이 더 높게 추측하라고 지시한다면, 50과 100 사이의 중간 값인 75를 다음 추측 값으로 결정하도록 한다.

이러한 방법은 랜덤 숫자가 너무 크거나 작은 경우에도 추측 가능한 숫자의 절반을 제거하기 때문에 정확한 숫자를 예측하는 가장 효율적인 방법이다. 그림 3-4를 통해 1에서 100 사이의 숫자를 추측하는 데 얼마나 걸리는지 확인해보자.

```
I'm thinking of a number between 1 and 100.
What's your guess? 50
Nope. Lower.
What's your guess? 25
Nope. Lower.
What's your guess? 12
Nope. Lower.
What's your guess? 6
Nope. Higher.
What's your guess? 9
Nope. Higher.
What's your guess? 10
That's correct! The number was 10
>>>
```

그림 3-4 숫자 추측 게임의 아웃풋

이번에는 6번의 추측이 필요했다.

이제 100을 0.5로 몇 번 곱해야 1보다 작은 숫자에 도달하는지 살펴보자.

```
>>> 100*0.5
50.0
>>> 50*0.5
25.0
>>> 25*0.5
12.5
>>> 12.5*0.5
6.25
```

```
>>> 6.25*0.5
3.125
>>> 3.125*0.5
1.5625
>>> 1.5625*0.5
0.78125
```

100이 1보다 작은 숫자에 도달하려면 0.5를 7번 곱해야 하므로, 평균적으로 1에서 100 사이의 숫자를 추측하는 데 약 6~7회 정도 소요된다. 이렇게 적은 횟수의 시도로 값을 구할 수 있는 이유는 범위에서 절반을 제거했기 때문이다. 이러한 방법은 숫자 추측 게임에서만 유용한 전략이라고 생각할 수도 있지만, 특정 숫자의 제곱근을 구하는 데도 사용할 수 있다.

제곱근 찾기

숫자 추측 게임 전략을 사용해 제곱근을 찾을 수 있다. 이미 알고 있듯이 일부 숫자의 제곱근은 정수가 될 수 있다(예를 들어 100의 제곱근은 10이다). 하지만 숫자가 반복되지도 않으면서 끝나지도 않는 소수로 표현되는 무리수도 있다. 무리수는 다항식의 근을 구할 때 많이 사용된다.

그렇다면 제곱근을 찾기 위해 숫자 추측 게임에서 배운 전략을 어떻게 사용할 수 있을까? 단순히 평균을 사용해 소수점 이하 여덟 혹은 아홉 자리까지의 제곱근을 계산하면 된다. 사실 계산기나 컴퓨터도 숫자 추측과 같은 반복적인 방법을 사용해 소수점 이하 10자리까지의 제곱근을 산출한다.

숫자 추측 게임 논리 적용하기

예를 들어, 60의 제곱근을 알지 못한다고 가정해보자. 일단 숫자 추측 게임에서처럼 선택 범위를 좁힌다. 7의 제곱이 49이고 8의 제곱이 64이므로, 60의 제곱근은 7과 8사이의 값이어야 한다. average() 함수를 사용해 7과 8의 평균을 구하고, 그 값인 7.5를 첫 번째 추측 값으로 사용한다.

```
>>> average(7,8)
7.5
```

7.5가 정확한 값인지 확인하려면 7.5를 제곱해 60이 나오는지 확인하자.

```
>>> 7.5**2
56.25
```

7.5의 제곱은 56.25이다. 56.25가 60보다 작기 때문에 더 높게 추측해야 한다.

이제 60의 제곱근이 7.5보다 더 큰 값임을 알았으니 7.5와 8의 평균값을 구해 새로운 추측을 해보자.

```
>>> average(7.5, 8)
7.75
```

이제 7.75의 제곱이 60인지 확인한다.

```
>>> 7.75**2
60.0625
```

너무 크다. 따라서 60의 제곱근은 7.5와 7.75 사이여야 한다.

squareRoot( ) 함수 만들기

새로운 파이썬 파일을 열고 파일명을 squareRoot.py로 저장한 뒤, 다음의 코드로 제곱근 구하는 과정을 자동화하자.

squareRoot.py

```
def average(a,b):
    return (a + b)/2
```

```
def squareRoot(num,low,high):
    '''숫자 추측 게임 전략을 이용해 "low"에서 "high"의 범위에 있는 num의 제곱근을 찾음.'''
    for i in range(20):
        guess = average(low,high)
        if guess**2 == num:
            print(guess)
        elif guess**2 > num:   #"더 작은 수 추측"
            high = guess
        else:   #"더 큰 수 추측"
            low = guess
    print(guess)

squareRoot(60,7,8)
```

squareRoot() 함수는 num(제곱근을 구하고자 하는 수), low(제곱근의 하한값) 및 high(제곱근의 상한값) 세가지 매개 변수를 사용한다. guess를 제곱한 숫자가 num과 같으면 그 값을 출력하고 루프에서 빠져 나온다. 하지만 이렇게 간단한 과정은 특정한 실수에서만 가능하고 무리수에는 적용되지 않는다. 무리수는 끝나지 않는 숫자임을 기억하자.

다음으로 프로그램은 제곱된 숫자가 num보다 큰지 여부를 확인한다. 이 경우, 이전 값보다 더 낮은 값으로 추측해야 한다. 이제 high값을 guess로 대체해 범위를 좁힌다. 마지막 경우는 추측 값이 num보다 작은 경우다. 이 경우 low값을 guess로 대체해 범위를 좁힌다.

프로그램은 이런 과정을 원하는 만큼(여기서는 20회) 반복하고 제곱근의 근사치를 출력한다. 하지만 아무리 많이 반복하더라도 무리수의 제곱근은 근사치밖에 구할 수 없다는 것을 명심하자.

코드의 마지막 줄에서는 제곱근을 구하고 싶은 숫자와 제곱근이 속하는 범위의 하한값과 상한값을 넣고 squareRoot() 함수를 호출한다. squareRoot.py의 아웃풋은 다음과 같다.

```
7.745966911315918
```

근사치를 제곱하면 얼마나 num에 가까운지 확인할 수 있다.

```
>>> 7.745966911315918**2
```

60.00000339120106

60에 꽤 가깝다. 이렇게 값을 추측하고 평균을 구하는 방법만으로 제곱근의 근사치를 계산할 수 있다는 것이 매우 놀랍지 않은가?

예제 3-3 제곱근 찾기

다음 숫자의 제곱근을 찾아라.
- 200
- 1000
- 50000(힌트: 제곱근은 1에서 500 사이의 숫자)다.

요약

3단원에서는 산술 연산자, 리스트, 입력, 부울 같은 편리한 도구와 조건문이라는 중요한 프로그래밍 개념을 배웠다. 컴퓨터가 자동으로, 즉시 그리고 반복적으로 값을 비교하고 선택하도록 하는 기능은 매우 강력하다. 모든 프로그래밍 언어는 이러한 작업을 수행하는 문법을 가지고 있으며, 파이썬에서는 if, elif 및 else문을 사용한다. 앞으로 이런 문법을 사용해 더 어려운 수학 문제를 해결할 수 있는 프로그램을 만들 것이다.

4단원에서는 대수학 문제를 신속하고 효율적으로 해결하기 위해 지금까지 배운 내용을 사용한다. 하나 이상의 해가 존재하는 복잡한 대수 방정식을 풀기 위해 숫자 추측 전략을 사용할 것이며, 그래프 프로그램을 작성해 방정식의 해를 구하고, 수학 탐구를 좀 더 시각적으로 표현할 것이다.

Part 2
수학의 영역으로 들어가기

4

대수학을 사용해
숫자를 변환하고 저장하기

대수학을 배웠다면 임의의 숫자를 문자로 표현하는 것에 익숙할 것이다. 예를 들어, $2x$를 사용할 수 있으며, 여기서 x는 임의의 숫자를 나타낸다. 따라서 $2x$는 임의의 숫자 x에 2를 곱한 숫자다. 수학에서 변수는 수수께기 숫자가 되고 문제를 해결해 그 숫자를 찾아야 한다. 그림 4-1은 "x를 구하라(Find x)"라는 문제에 어떤 학생이 재미있게 답한 것이다.

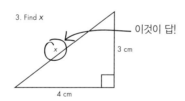

그림 4-1 x의 값 대신에 변수 x의 위치 찾기

그림 4-1에서는 x의 값을 구하는 대신 그림에서 변수 x의 위치를 찾았다. 대수학에서는 $2x + 5 = 13$과 같이 방정식을 푸는 것이다. 여기서 방정식을 푼다는 x가 어떤 숫자일 때 식을 참으로 만드는지 찾는 것을 의미한다. 이렇게 대수학의 문제를 등식을 이용해 해결하려면 기억하고 따라야 하는 많은 규칙이 필요하다.

방정식에서 임의의 값을 나타내기 위해 문자를 사용하는 것은 파이썬에서 변수를 사용하는 것과 비슷하다. 이전 단원에서 이미 변수를 사용해 값을 저장하고 계산하는 방법을 배웠으므로, 변수의 값을 구하는 것보다 중요한 변수를 사용하는 방법을 살펴보자. 사실 방정식을 직접 손으로 구하는 것은 제한적이다. 따라서 4단원에서는 변수를 사용해 원하는 값을 자동으로 신속하게 찾는 프로그램을 작성해보자. 또한 **프로세싱**Processing이라고 하는 프로그래밍 환경을 사용해 함수를 그래프로 그려보며 대수학을 시각적으로 탐구해보자.

일차방정식 해결하기

무차별 대입 Brute Forcing 방법은 프로그래밍으로 $2x + 5 = 13$과 같은 간단한 방정식을 푸는 방법 중 하나이다. 즉, 등식이 참이 될 때까지 랜덤 숫자를 대입해보는 방법이다. 이 방정식은 x에 2를 곱한 다음 5를 더하면 13이 되는 숫자 x를 찾는 것이다. 지금까지 두 자리 숫자를 계속 다뤘으므로, x가 -100과 100사이의 숫자라고 가정한다.

다시 말해 -100과 100 사이의 모든 정수를 방정식에 대입해보고 값을 확인해 식을 참으로 만드는 숫자를 출력하는 프로그램을 만들 것이다. IDLE에서 새로운 파일을 열고, plug.py로 저장한 뒤, 다음 코드를 입력해 프로그램이 실행되는지 확인해보자.

```
def plug():
❶ x = -100 #-100에서 시작
   while x < 100: #100까지 계속 실행
      ❷ if 2*x + 5 == 13: #만약(if) 방정식이 참이 되면
            print("x =",x) #x를 출력하라
      ❸ x += 1 #다음 숫자를 테스트 하도록 x를 1씩 증가

plug() #plug() 함수 실행
```

plug() 함수를 정의하고 x 변수를 -100으로 초기화한다 ❶. 다음 줄에서 x가 설정한 범위의 상한값인 100이 될 때까지 반복하는 while 루프를 시작한다. 그런 다음 x에 2를 곱하고 5를 더한다 ❷. 그 결괏값이 13이되면 방정식의 해를 구한 것이므로, 프로그램에게 그 숫자를 출력하도록 지시하고, 13이 아니면 다음 코드를 계속 진행한다.

그런 다음 루프가 다시 시작되고 프로그램은 x를 1씩 증가시키며 계속 테스트한다 ❸. 루프는 원하는 값에 도달할 때까지 계속된다. 그리고 지금까지 정의한 plug() 함수를 실행시키는 마지막 코드도 꼭 포함시켜야 한다. 마지막 줄을 넣지 않으면 함수만 정의하고 끝난 것이므로 프로그램이 아무것도 하지 않을 것이다. 다음은 plug.py를 실행시킨 결과이다.

```
x = 4
```

이처럼 추측 및 확인 방법guess-and-check method은 방정식을 해결할 수 있는 좋은 방법이다. 수동으로 가능한 모든 숫자를 대입해보고 해를 구하는 것은 매우 힘들 수 있지만 파이썬을 사용하면 쉽게 해결할 수 있다. 만약 해가 정수가 아니라고 생각한다면, ❸에서 x += .25와 같은 소수값으로 변경해 소수값을 대입해봐야 한다.

일차방정식의 일반식 찾기

$2x + 5 = 13$과 같은 방정식을 풀 수 있는 또 다른 방법은 방정식의 일반식을 찾고, 그 식을 사용해 파이썬으로 프로그램을 작성하는 것이다. 수학에서 배운 것을 기억해보면 변수의 가장 높은 지수가 1이기 때문에 $2x + 5 = 13$은 **일차방정식**이라고 한다. 또한 숫자 1의 제곱은 그대로 1인 것을 알고 있을 것이다.

다음은 일차방정식의 일반식이다.

$$ax + b = cx + d(a, b, c, d는 상수)$$

일차방정식의 예를 살펴보자.

$$3x - 5 = 22$$
$$4x - 12 = 2x - 9$$
$$\frac{1}{2}x + \frac{2}{3} = \frac{1}{5}x + \frac{7}{8}$$

등호를 중심으로 좌측(좌변)과 우측(우변)에는 x항과 **상수**(x가 붙지 않은 숫자)가 있으며, x 변수 앞에 오는 숫자를 **계수**라고 한다. 예를 들어, $3x$의 계수는 3이다.

하지만 때때로 등식의 한쪽에만 x항이 존재하는데, 이는 다른 쪽 x의 계수가 0이라는 것을 의미한다. 첫 번째 예인 $3x - 5 = 22$에서 우변에는 상수 22만 존재한다.

$$ax + b = cx + d$$
$$3x - 5 = 0 + 22$$

일반식을 이용해 살펴보면 a = 3, b = −5, d = 22임을 알 수 있으며, c가 누락돼 있다고 생각할 수 있다. 하지만 사실상 c는 누락된 것이 아니라 $cx = 0$ 즉, c가 0임을 의미한다.

이제 $ax + b = cx + d$의 해를 구하기 위해 대수학을 사용해보자. 여기서 x의 해가 무엇인지 찾을 수 있다면 모든 방정식을 풀 수 있을 것이다.

방정식을 풀기 위해 가장 먼저 해야 할 일은 모든 x를 한 쪽에 모으는 일이다. 등식의 양변에 cx와 b를 빼면 다음과 같이 만들어진다.

$$ax - cx = d - b$$

그런 다음 $ax - cx$를 다음과 같이 공통 인수 x로 묶어준다.

$$x(a - c) = d - b$$

마지막으로 양변을 a − c로 나눠 좌변에 x만 남기면 a, b, c, d를 이용해 x의 값을 구할 수 있다.

$$x = \frac{d - b}{a - c}$$

위의 식을 사용해 일차방정식의 모든 계수(a, b, c, d)를 알고 있는 경우 임의의 변수 x의 값을 구할 수 있다. 이제 모든 일차방정식을 풀 수 있는 파이썬 프로그램을 만들어보자.

equation() 함수 만들기

IDLE에서 새로운 파이썬 파일을 열고 algebra.py로 저장한 뒤, 앞서 살펴본 일반식에서 4개의 계수를 가지고 있는 일차방정식의 해(x값)를 구해 출력하는 프로그램을 만들어보자. 일단 다음과 같이 4개의 숫자 a, b, c, d를 매개 변수로 사용해 식에 대입하는 함수를 만들어보자.

```
def equation(a,b,c,d):
    ''''ax + b = cx + d 의 해 구하기''''
    return (d - b)/(a - c)
```

일차방정식의 일반식은 다음과 같다.

$$x = \frac{d-b}{a-c}$$

즉, $ax+b=cx+d$ 형식의 모든 방정식에 계수를 대입하고 위의 식을 사용하면 x의 값을 구할 수 있다는 것을 의미한다. 일단 4개의 계수를 매개 변수로 사용하도록 equation() 함수를 정의한다. 그런 다음 일반식 $(d-b)/(a-c)$를 사용한다.

이제 앞서 살펴본 방정식 $2x+5=13$으로 프로그램을 테스트해보자. 파이썬 쉘을 열고 >>> 프롬프트에서 다음 코드를 입력한 후 엔터를 누른다.

```
>>> equation(2,5,0,13)
4.0
```

함수에 방정식의 계수를 입력하면 해는 4가 된다. x 대신 4를 대입해보면 해가 맞는지 확인할 수 있다.

예제 4-1 방정식 풀기

앞서 만든 algebra.py 프로그램을 사용해 $12x+18=-34x+67$의 해를 구해라.

---

return 대신 print() 사용하기

앞서 만든 equation() 함수에서는 결괏값을 출력할 수 있는 print() 대신 return을 사용했다. return은 결괏값을 변수에 대입해 추후에 사용할 수 있기 때문이다. return 대신에 print()를 사용해 x를 구해보자.

```
def equation(a,b,c,d):
    ''''ax + b = cx + d 의 해 구하기''''
    print((d - b)/(a - c))
```

다시 equation() 함수를 실행해보면 다음과 같이 동일한 결과를 얻을 수 있다.

```
>>> x = equation(2,5,0,13)
4.0
>>> print(x)
None
```

하지만 print()를 사용해 x값을 다시 호출하려고 하면 프로그램은 x를 저장하지 않았기 때문에 값이 없다고 반환한다. 이처럼 return은 함수의 결괏값을 저장해 추후에 다른 곳에서 사용할 수 있기 때문에 프로그래밍에서 더 유용하게 쓰이며, 앞에서 print() 대신 return을 사용한 것이다. 반환된 결과를 추후에 사용하기 위해 예제 4-1의 방정식 $12x + 18 = -34x + 67$을 사용해 다음과 같이 결괏값을 변수 x에 대입해보자.

```
>>> x = equation(12,18,-34,67)
>>> x
1.065217391304348
```

먼저 방정식의 계수와 상수를 equation() 함수에 전달해 방정식을 풀고 변수 x에 결괏값을 대입한다. 그런 다음 쉘에 x를 입력하고 엔터를 눌러 값을 확인해보자. 변수 x에 해를 저장했으므로 방정식에 다시 대입해 식이 참이 되는지 확인할 수 있다.

다음과 같이 입력해 좌변 $12x + 18$의 값을 구한다.

```
>>> 12*x + 18
30.782608695652176
```

결과는 30.782608695652176다. 이제 다음과 같이 입력해 우변 $-34x + 67$의 값을 구한다.

```
>>> -34*x + 67
30.782608695652172
```

소수점 이하 15번째 자리의 반올림으로 인한 약간의 차이를 제외하고 방정식의 양변이 30.782608 정도로 동일하다. 즉, 1.065217391304348가 방정식의 해가 맞다는 것을 의미한다. 다행히 return을 사용해 x의 값을 저장했기 때문에 편리하게 양변의 값을 확인할 수 있었다. 어느 누가 1.065217391304348와 같이 긴 숫자를 계속 입력하고 싶을까?

예제 4-2 분수를 계수로 하는 방정식 풀기

equation( ) 함수를 사용해 지금까지 살펴본 방정식 중 가장 어려워 보이는 방정식을 풀어보자.

$$\frac{1}{2}x + \frac{2}{3} = \frac{1}{5}x + \frac{7}{8}$$

고차방정식 해결하기

이제 일차방정식을 푸는 프로그램을 만드는 방법을 배웠으니 더 어려운 것을 살펴보자. 예를 들어, $x^2 + 3x - 10 = 0$와 같이 변수 x의 최고 차수가 2가 되면 상황이 더 복잡해진다. 이런 방정식을 **이차방정식**이라고 하며, 일반식은 다음과 같다.

$$ax^2 + bx + c = 0(a, b, c, d는 모든 실수, a \neq 0)$$

a가 0이 될 수 없는 이유는 a가 0이면 일차방정식이 되기 때문이다. 일차방정식이 하나의 해를 갖는 것과 달리, 이차방정식은 두 개의 해를 갖는다.

이차방정식의 해를 구하려면 $ax^2 + bx + c = 0$에서 x를 분리해 다음과 같이 **근의 공식**을 사용하면 된다.

$$x = \frac{-b \pm \sqrt{b^2 - 4ac}}{2a}$$

근의 공식은 $ax^2 + bx + c = 0$에서 a, b, c가 어떤 수든 상관 없이 값을 공식에 대입하고 기본 산술 연산을 하면 x의 값을 구할 수 있기 때문에 이차방정식의 해를 찾는 매우 강력한 식이다.

예를 들어, $x^2 + 3x - 10 = 0$ 식의 계수는 1, 3, −10이므로, 근의 공식에 수를 대입하면 다음과 같다.

$$x = \frac{-3 \pm \sqrt{3^2 - 4(1)(-10)}}{2(1)}$$

우변을 계산하면 다음과 같이 간단해진다.

$$x = \frac{-3 \pm \sqrt{49}}{2} = \frac{-3 \pm 7}{2}$$

이를 계산하면 다음과 같이 두 개의 해가 구해진다.

$$x = \frac{-3 + 7}{2}$$

$$x = \frac{-3 - 7}{2}$$

즉, 2와 −5가 두 개의 해가 된다.

마지막으로 앞서 구한 두 개의 해를 이차방정식에 대입하면 식이 참이 됨을 알 수 있다.

$$(2)^2 + 3(2) - 10 = 4 + 6 - 10 = 0$$
$$(-5)^2 + 3(-5) - 10 = 25 - 15 - 10 = 0$$

이제 근의 공식을 이용해 이차방정식의 두 해를 찾는 함수를 만들어보자.

quad()를 사용해 이차방정식 해결하기

파이썬을 사용해 다음과 같은 이차방정식을 해결하려 한다고 가정해보자.

$$2x^2 + 7x - 15 = 0$$

이를 위해 세 개의 계수(a, b, c)를 매개 변수로 해 두 개의 해를 구하는 quad() 함수를 만들 것이다. 이에 앞서 math 모듈에서 sqrt 함수를 불러와야 한다. sqrt 메소드는 계산기의 제곱근 버튼처럼 파이썬에서 특정 숫자의 제곱근을 찾을 수 있게 해준다. 하지만 양수의 제곱근을 구하는 데는 문제 없지만 음수의 제곱근을 구하려고 하면 다음과 같은 오류가 발생한다.

```
>>> from math import sqrt
>>> sqrt(-4)
Traceback (most recent call last):
File "<pyshell#11>", line 1, in <module>
  sqrt(-4)
ValueError: math domain error
```

IDLE에서 새로운 파이썬 파일을 열고 파일 이름을 polynomials.py로 저장한다. 파일의 첫 번째 줄에 다음을 입력해 math 모듈에서 sqrt 함수를 불러온다.

```
from math import sqrt
```

다음과 같이 입력해 quad() 함수를 만든다.

```
def quad(a,b,c):
    ''''a*x**2 + b*x + c = 0 식의 해를 반환'''
    x1 = (-b + sqrt(b**2 - 4*a*c))/(2*a)
    x2 = (-b - sqrt(b**2 - 4*a*c))/(2*a)
    return x1,x2
```

quad() 함수는 숫자 a, b, c를 매개 변수로 사용해 세 값을 근의 공식에 대입한다. x1에 첫 번째 해를 저장하고 x2에 두 번째 해를 저장한다.

프로그램을 테스트 해보기 위해 $2x^2 + 7x - 15 = 0$의 해를 구해보자. a, b, c에 2, 7, -15를 대입하면 다음과 같이 결과로 두 해를 출력한다.

```
>>> quad(2,7,-15)
```

```
(1.5, -5.0)
```

이제 1.5와 −5 두 값을 $2x^2 + 7x - 15 = 0$에 대입해 정확하게 구해졌는지 확인해보자.

```
>>> 2*1.5**2 + 7*1.5 - 15
0.0
>>> 2*(-5)**2 + 7*(-5) - 15
0
```

성공이다! 두 값이 이차방정식의 해가 맞다는 것을 확인했다. 앞으로는 언제든지 equation()과 quad() 함수를 사용할 수 있다. 이제 일차방정식과 이차방정식을 풀 수 있는 함수를 만들어 봤으니, 더 높은 차수의 방정식을 풀 수 있는 방법을 살펴보자.

plug()를 사용해 삼차방정식 해결하기

대수학 수업에서 변수 x의 최고 차수가 3인 $6x^3 + 31x^2 + 3x - 10 = 0$와 같은 삼차방정식을 풀어야 할 때가 있다. 앞서 작성한 plug() 함수를 약간 변경해 무차별 대입 방법으로 삼차방정식을 풀어보자.

plug.py

```
def g(x):
    return 6*x**3 + 31*x**2 + 3*x - 10

def plug():
    x = -100
    while x < 100:
        if g(x) == 0:
            print("x =",x)
        x += 1
    print("done.")
```

먼저 삼차방정식의 좌변인 6*x**3 + 31*x**2 + 3*x - 10를 계산하는 g(x) 함수를 정의한다. 그런 다음 앞서 정의한 g(x) 함수에 −100과 100사이의 모든 숫자를 1씩 증가시키

며 대입하도록 한다. g(x)가 0이 되는 숫자를 찾으면 해를 찾은 것이므로 대입한 x값을 출력한다.

plug() 함수를 호출하면 다음과 같은 아웃풋이 출력된다.

```
>>> plug()
x = -5
done.
```

plug() 함수는 삼차방정식의 해로 −5를 출력하지만, 앞서 이차방정식에서 해가 2개였듯이 삼차방정식의 해도 최대 3개까지 있을 수 있다. 이와 같이 무차별 대입 방법을 이용해 삼차방정식의 해를 구할 수 있지만 다른 해가 존재하는지 혹은 그 해가 무엇인지 알수가 없다. 다행히도 그래프를 이용해 함수의 모든 인풋과 아웃풋을 확인할 수 있는 방법이 있다.

그래프로 방정식 해결하기

이 절에서는 고차방정식을 그래프로 나타내기 위해 프로세싱^{Processing}이라는 멋진 도구를 사용한다. 프로세싱을 사용하면 고차방정식의 해를 재미있고 시각적인 방법으로 찾을 수 있다. 아직 프로세싱을 설치하지 않았다면 **프로세싱 설치** 절의 설명을 참고하자.

프로세싱 시작하기

프로세싱은 코드를 쉽게 시각화할 수 있는 프로그래밍 환경이며 그래픽 라이브러리다. https://processing.org/examples/에서는 프로세싱을 사용해서 만든 멋지고 역동적이며 상호 작용하는 예술 작품을 찾아볼 수 있다. 프로세싱은 프로그래밍 아이디어를 위한 스케치북이라고 생각하면 되며, 프로세싱을 통해 작성하는 프로그램을 스케치^{sketch}라고 한다. 그림 4-2는 파이썬 모드에서 작성한 프로세싱 스케치의 예다.

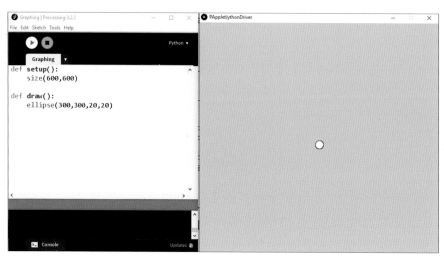

그림 4-2 프로세싱 스케치의 예

그림 4-2를 살펴보면 코드를 입력하는 프로그래밍 환경과 코드를 시각화해 보여주는 별도의 디스플레이 화면이 있다. 위의 코드는 작은 원을 그리는 간단한 프로그램의 스케치다. 앞으로 만들 모든 프로세싱 스케치에는 프로세싱의 내장 함수인 setup()과 draw()를 사용할 것이다. setup() 함수에 있는 코드는 인터페이스 왼쪽 상단의 화살표인 재생 버튼(▶)을 클릭할 때 한번 실행된다. draw() 함수에 있는 코드는 재생 버튼 옆의 정지 버튼(■)을 클릭하기 전까지 계속 반복된다.

그림 4-2의 setup() 함수에서 size() 함수를 사용해 화면의 크기를 600×600 픽셀로 설정했다. 그런 다음 draw() 함수에서 ellipse() 함수를 사용해 원을 그리도록 했다. ellipse() 함수는 원의 위치와 크기를 나타내기 위해 4개의 매개 변수로 타원의 x 좌표, y 좌표, 너비 및 높이를 갖는다.

수학 수업에서 그래프를 그릴 때는 x 축과 y 축이 교차하는 화면 중앙이 원점 (0,0)이다. 하지만 프로세싱과 같은 여러 그래픽 라이브러리에서 (0,0)은 화면 왼쪽 상단에 위치한다. 따라서 원을 화면 중앙에 위치시키려면 (0,0)이 아닌, 화면의 높이(600)와 너비(600)를 반으로 나눠 x 좌표와 y 좌표로 설정한다. 즉, (300,300)이 된다.

프로세싱에는 도형을 쉽게 그릴 수 있게 하는 ellipse()와 같은 많은 내장 함수가 있다. https://processing.org/reference/를 참조해 타원, 삼각형, 직사각형, 호 등을 그리는 함수를 찾아보자. 5단원에서 프로세싱을 사용해 도형을 그리는 방법을 더 자세히 살펴볼 것이다.

> **주의** 프로세싱의 코드 색상은 IDLE에서 사용된 색상과 다르게 표시된다. 예를 들어, def는 프로세싱에서는 초록색으로 나타나고 IDLE에서는 주황색으로 나타난다.

그래프 작성 도구 만들기

프로세싱을 설치했으므로 프로세싱을 사용해 방정식의 해의 개수를 확인할 수 있는 그래프 도구를 만들어보자. 일단 그래프 용지처럼 파란선을 이용해 그리드를 만든 다음 검정색 선을 사용해 x축과 y축을 만든다.

그래프의 크기 설정하기

그래프 작성 도구의 그리드를 만들기 위해 먼저 디스플레이 화면의 크기를 설정해야 한다. 프로세싱에서는 size() 함수를 사용해 화면의 너비와 높이를 픽셀 단위로 나타낼 수 있다. 기본 화면 크기는 600×600 픽셀이지만 4단원에서 사용하는 그래프 작성 도구에서는 x와 y의 값이 −10에서 10까지인 그래프를 생성할 것이다.

프로세싱에서 새로운 파일을 열고 파일명을 grid.pyde로 저장한다. 파이썬 모드로 설정했는지 다시 한번 확인하고, 그래프에 표시할 x값 및 y 값의 범위를 선언하는 다음 코드를 입력한다.

grid.pyde

```
#x값의 범위 설정
xmin = -10
xmax = 10

#y값의 범위 설정
ymin = -10
ymax = 10

#범위 계산
rangex = xmax - xmin
```

```
rangey = ymax - ymin

def setup():
    size(600,600)
```

그리드의 x값의 최소값 및 최댓값을 xmin과 xmax라는 두 변수에 할당한 다음, y 값에 대해서도 동일하게 설정한다. 그런 다음 x의 범위로 변수 rangex를 y의 범위로 rangey를 선언한다. rangex의 값은 xmax에서 xmin을 뺀 값이며, rangey도 동일하게 계산한다.

여기서는 600×600 픽셀의 그래프는 필요하지 않기 때문에 x 좌표와 y 좌표에 환산 계수$^{scale\ factor}$를 곱해 좌표를 조정한다. 따라서 그래프를 작성할 때 모든 x 좌표와 y 좌표에 환산 계수를 곱하지 않으면 화면에 제대로 그래프가 생성되지 않는다. 이제 다음과 같이 setup() 함수를 업데이트해보자.

grid.pyde

```
def setup():
    global xscl, yscl
    size(600,600)
    xscl = width / rangex
    yscl = height / rangey
```

먼저 화면 크기를 설정하는 데 사용할 전역 변수 xscl과 yscl을 선언한다. xscl과 yscl은 각각 x의 환산 계수와 y의 환산 계수를 나타낸다. 예를 들어, x의 범위를 600 픽셀 혹은 화면의 전체 너비가 되도록 하려면 x의 환산 계수는 1이다. 하지만 화면의 너비를 −150에서 150 사이로 설정하려면 너비 600을 rangex(300)로 나눈 값 2를 x의 환산 계수로 설정하면 된다.

여기서는 600을 rangex값 20(−10에서 10)으로 나눠 환산 계수를 30으로 설정한다. 이제부터 x 좌표와 y 좌표를 모두 30배 확대해 화면에 표시할 것이다. 지금까지 설명한 모든 작업은 컴퓨터가 수행할 것이므로 그래프를 작성할 때 xscl과 yscl을 사용한다는 것만 기억하면 된다.

그리드 그리기

그래프의 크기를 설정했으므로 그래프 용지처럼 그리드 선을 그릴 것이다. 다시 말하지만, setup() 함수의 모든 코드는 한번만 실행된다. 그런 다음 draw()라는 함수로 무한 루프를 만든다. setup()과 draw() 함수는 프로세싱에서 제공하는 내장 함수이기 때문에 스케치를 실행하려면 함수명을 변경할 수 없다. draw() 함수를 생성하기 위해 다음 코드를 추가해보자.

grid.pyde

```
#x값의 범위 설정
xmin = -10
xmax = 10

#y값의 범위 설정
ymin = -10
ymax = 10

#범위 계산
rangex = xmax - xmin
rangey = ymax - ymin

def setup():
    global xscl, yscl
    size(600,600)
    xscl = width / rangex
    yscl = height / rangey

def draw():
    global xscl, yscl
    background(255) #흰색
    translate(width/2,height/2)
    #하늘색 선
    strokeWeight(1)
    stroke(0,255,255)
    for i in range(xmin,xmax + 1):
        line(i*xscl,ymin*yscl,i*xscl,ymax*yscl)
        line(xmin*xscl,i*yscl,xmax*xscl,i*yscl)
```

먼저 앞서 선언한 전역 변수 xscl과 yscl을 사용할 것을 선언한다. 그런 다음 값 255를 사용해 배경색을 흰색으로 설정한다. 프로세싱의 translate() 함수를 사용해 도형을 위, 아래, 왼쪽 또는 오른쪽으로 이동할 수 있다. translate(width/2,height/2)는 원점(x와 y가 모두 0임)을 화면 왼쪽 상단에서 화면 중심으로 이동시킨다. 그런 다음 strokeWeight() 함수를 이용해 선의 두께를 설정한다. 여기서 1은 가장 가는 값이며 원하는 경우 더 높은 숫자를 사용해 선을 굵게 만들 수 있다. 또한 stroke() 함수를 사용해 선의 색을 변경할 수도 있다. 여기서는 빨강색 값이 없고, 초록색과 파란색이 최대임을 의미하는 RGB값 (0,255,255)를 이용해 하늘색으로 설정한다.

그리고 나서 for 루프를 사용해 40줄의 하늘색 선을 그린다. 여기서 주의할 점은 하늘색 선이 그래프의 폭인 xmin부터 xmax까지이기 때문에 xmax를 포함해서 그려지도록 반복자를 설정해야 한다는 것이다.

RGB 값

RGB 값은 빨간색, 초록색, 파란색이 혼합된 순서이며, 값의 범위는 0에서 255까지다. 예를 들어, **(255,0,0)은 빨간색 최대, 초록색, 파란색 없음**을 의미한다. 노란색은 빨간색과 초록색만 혼합된 것이고, 하늘색은 초록색과 파란색만 혼합된 것이다.

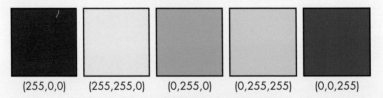

(255,0,0)   (255,255,0)   (0,255,0)   (0,255,255)   (0,0,255)

다른 색은 빨간색, 초록색, 파란색이 서로 다른 수준으로 혼합된 것이다.

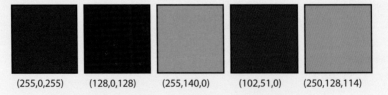

(255,0,255)   (128,0,128)   (255,140,0)   (102,51,0)   (250,128,114)

더 많은 색상의 RGB값이 궁금하다면 인터넷에 **RGB 테이블**을 검색하면 된다.

프로세싱에서는 선의 시작점과 끝점의 x 좌표와 y 좌표, 4개의 숫자를 선언해 선을 그릴 수 있다. 수직선은 다음과 같다.

```
line(-10,-10, -10,10)
line(-9,-10, -9,10)
line(-8,-10, -8,10)
```

하지만 range(x)에는 x가 포함되지 않으므로, for 루프의 범위를 xmax를 포함하도록 xmin에서부터 xmax+1까지로 설정해야 한다.

마찬가지로 수평선은 다음과 같다.

```
line(-10,-10, 10,-10)
line(-10,-9, 10,-9)
line(-10,-8, 10,-8)
```

이번에는 y 값이 -10, -9, -8 등으로 변하며, x값은 xmin과 xmax인 -10과 10으로 고정된다. 이제 ymin에서 ymax로 이동하는 다른 루프를 추가해보자.

```
for i in range(xmin,xmax+1):
    line(i,ymin,i,ymax)
for i in range(ymin,ymax+1):
    line(xmin,i,xmax,i)
```

위의 코드를 실행시키면 x와 y좌표는 -10에서 10으로 이동하고 화면은 기본 축척인 600×600 픽셀을 사용하고 있기 때문에 화면 가운데에 작은 점들로만 보일 것이다. 즉, 아직 x와 y 좌표에 환산 계수를 곱하지 않았기 때문이다. 따라서 눈금을 올바르게 표시하려면 다음과 같이 코드를 업데이트해야 한다.

```
for i in range(xmin,xmax+1):
    line(i*xscl,ymin*yscl,i*xscl,ymax*yscl)
for i in range(ymin,ymax+1):
    line(xmin*xscl,i*yscl,xmax*xscl,i*yscl)
```

이제 x축과 y축을 만들 준비가 됐다.

x 축과 y 축 만들기

x 축과 y 축에 두 개의 검정색 선을 추가하려면 먼저 stroke() 함수를 호출해 선의 색상을 검정색으로 설정한다(0은 검정이고 255는 흰색이다). 그런 다음 수직선을 (0,−10)에서 (0,10)까지, 수평선을 (−10,0)에서 (10,0)까지 그린다. 여기서 환산 계수가 1인 경우를 제외하고는 환산 계수를 곱하는 것을 잊어서는 안 된다.

아래 코드는 그리드를 생성하는 완성된 코드다.

grid.pyde

```
#하늘색 선
strokeWeight(1)
stroke(0,255,255)

for i in range(xmin,xmax+1):
    line(i*xscl,ymin*yscl,i*xscl,ymax*yscl)
for i in range(ymin,ymax+1):
    line(xmin*xscl,i*yscl,xmax*xscl,i*yscl)
stroke(0) #검정색 축
line(0,ymin*yscl,0,ymax*yscl)
line(xmin*xscl,0,xmax*xscl,0)
```

코드를 실행하면 그림 4-3과 같은 멋진 그리드가 생성된다.

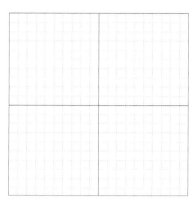

그림 4-3 그래프 작업을 위한 그리드 생성

하지만 (3,6)에 작은 점(실제로는 작은 타원)을 넣으려고 하면 문제가 발생한다.

grid.pyde

```
#원으로 테스트해보기
fill(0)
ellipse(3*xscl,6*yscl,10,10)
```

draw() 함수의 끝에 위의 코드를 추가하고 실행시키면 그림 4-4와 같은 그래프가 출력된다.

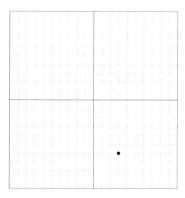

그림 4-4 그래프 프로그램 확인

점은 (3,6) 대신에 (3,−6)에 위치한다. 즉, 그래프가 거꾸로 되어 있다는 것을 의미한다. 이를 해결하기 위해 setup() 함수에서 y의 환산 계수에 음수 부호를 추가해 그래프를 뒤집을 수 있다.

```
yscl = -height/rangey
```

이제 그림 4-5와 같이 점이 (3,6)에 위치한다.

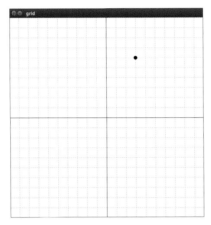

그림 4-5 그래프 정상 작동 확인

마지막으로 지금까지 만든 그래프 작성 도구를 함수로 만들어 방정식을 그래프로 그릴 때 마다 사용할 수 있도록 하자.

grid() 함수 만들기

코드를 체계화하기 위해 지금까지 생성한 그리드 만드는 모든 코드를 grid()라는 함수로 만들 것이다. 그런 다음 다음과 같이 draw() 함수에서 grid() 함수를 호출할 것이다.

grid.pyde

```
def draw():
    global xscl, yscl
    background(255)
```

120

```
    translate(width/2,height/2)
    grid(xscl,yscl) #그리드 그리기

def grid(xscl,yscl):
    #그래프를 위한 그리드 생성
    #하늘색 선
    strokeWeight(1)
    stroke(0,255,255)
    for i in range(xmin,xmax+1):
        line(i*xscl,ymin*yscl,i*xscl,ymax*yscl)
    for i in range(ymin,ymax+1):
        line(xmin*xscl,i*yscl,xmax*xscl,i*yscl)
    stroke(0) #검정색 축
    line(0,ymin*yscl,0,ymax*yscl)
    line(xmin*xscl,0,xmax*xscl,0)
```

일반적으로 프로그래밍에서는 코드를 함수로 만들어 코드를 간결하게 만든다. 이제 삼차방정식 $6x^3 + 31x^2 + 3x - 10 = 0$를 풀 준비가 완료됐다.

방정식 그래프 작성하기

그래프를 그리는 것은 x에 대해 하나 이상의 해를 가질 수 있는 다항식의 해를 찾는 재미있고 시각적인 방법이다. 하지만 $6x^3 + 31x^2 + 3x - 10 = 0$와 같이 복잡한 방정식을 그래프로 나타내기 전에 간단한 포물선을 그려보자.

점 그리기

grid.pyde 프로그램의 draw() 함수 다음에 아래 함수를 추가해보자.

grid.pyde

```
def f(x):
    return x**2
```

위의 코드는 f(x)라는 함수를 정의해 x라는 숫자를 가지고 무엇을 할지 선언한다. 여기서는 숫자 x를 제곱하고 결괏값을 반환하라고 선언했다. 수학 수업에서는 일반적으로 함수를 f(x), g(x), h(x)라고 하지만 프로그래밍 언어에서는 어떤 이름이든 사용할 수 있다. 따라서 이 함수에 parabola(x)와 같이 서술적인 이름을 붙일 수 있지만 일반적으로 f(x)를 많이 사용하므로 당분간은 그대로 사용한다.

더 복잡한 함수를 사용하기 전에 그래프로 간단한 포물선을 그릴 것이다 포물선의 모든 점은 단순히 x값과 x값에 해당하는 y 값을 나타낸다. 루프를 사용해 모든 정수 값 x에 대해 작은 점을 그릴 수 있지만 그림 4-6과 같이 연결되지 않은 점으로 보일 것이다.

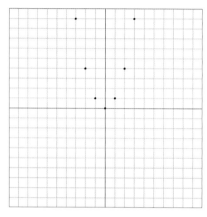

그림 4-6 연결되지 않은 점으로 된 그래프

루프를 다르게 사용하면 그림 4-7과 같이 점을 좀 더 조밀하게 그릴 수 있다.

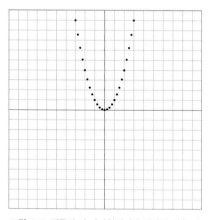

그림 4-7 점들이 더 가까워졌지만 여전히 선은 아니다.

연결된 곡선을 만드는 가장 좋은 방법은 점과 점을 잇는 것이다. 점과 점이 충분히 가깝게 위치한다면 선으로 보일 것이다. 일단 f(x) 함수 다음에 graphFunction() 함수를 선언해보자.

점 연결하기

graphFunction() 함수에 다음과 같이 x에 xmin을 할당한다.

grid.pyde

```
def graphFunction():
    x = xmin
```

그래프가 전체 그리드에 걸쳐 그려지도록 하려면 x가 xmax가 될 때까지 x를 계속 증가시킨다. 즉, 루프를 x가 xmax보다 **작거나 같은 동안** 계속 진행한다.

```
def graphFunction():
    x = xmin
    while x <= xmax:
```

포물선을 그리기 위해 하나의 점에서 다음 점까지 한번에 0.1씩 증가시키면서 선을 그린다. 매우 가까운 두 점 사이를 직선으로 연결하지만 결론적으로는 포물선이 그려진다. 예를 들어, (2,f(2))와 (2.1,f(2.1)) 사이의 거리는 매우 가깝기 때문에 전체적으로 봤을 때 아웃풋이 곡선으로 보인다.

```
def graphFunction():
    x = xmin
    while x <= xmax:
        fill(0)
        line(x*xscl,f(x)*yscl,(x+0.1)*xscl,f(x+0.1)*yscl)
        x += 0.1
```

위의 코드는 xmin에서 시작해 xmax까지 진행하면서 그래프 f(x)를 그리는 함수를 정의한다. x값이 xmax보다 작거나 같으면 (x, f(x))부터 ((x + 0.1), f(x + 0.1))까지 선을 그린다. 루프의 끝에서 0.1씩 값을 증가하는 것을 잊으면 안 된다.

다음은 grid.pyde의 전체 코드다.

grid.pyde

```
#x값의 범위 설정
xmin = -10
xmax = 10

#y값의 범위 설정
ymin = -10
ymax = 10

#범위 계산
rangex = xmax - xmin
rangey = ymax - ymin

def setup():
    global xscl, yscl
    size(600,600)
    xscl = width / rangex
    yscl = -height / rangey

def draw():
    global xscl, yscl
    background(255) #흰색
    translate(width/2,height/2)
    grid(xscl,yscl)
    graphFunction()

def f(x):
    return x**2

def graphFunction():
    x = xmin
    while x <= xmax:
        fill(0)
        line(x*xscl,f(x)*yscl,(x+0.1)*xscl,f(x+0.1)*yscl)
```

```
        x += 0.1

def grid(xscl, yscl):
    #그래프를 위한 그리드 생성
    #하늘색 선
    strokeWeight(1)
    stroke(0,255,255)
    for i in range(xmin,xmax+1):
        line(i*xscl,ymin*yscl,i*xscl,ymax*yscl)
    for i in range(ymin,ymax+1):
        line(xmin*xscl,i*yscl,xmax*xscl,i*yscl)
    stroke(0) #검은색 축
    line(0,ymin*yscl,0,ymax*yscl)
    line(xmin*xscl,0,xmax*xscl,0)
```

완성된 코드는 그림 4-8과 같은 포물선을 만든다.

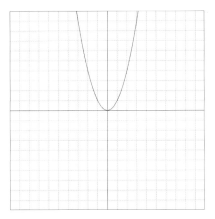

그림 4-8 멋진 포물선 그래프

이제 함수를 조금 더 복잡하게 바꿔도 쉽게 그래프를 그릴 수 있을 것이다.

grid.pyde

```
def f(x):
    return 6*x**3 + 31*x**2 + 3*x - 10
```

위와 같이 f(x)를 약간 변경하면 그림 4-9와 같이 그래프가 출력되면서 검정색 선으로 나타난다. 빨간색 그래프를 만들고 싶다면 graphFunction() 함수의 stroke(0) 함수를 stroke(255,0,0)으로 변경하면 된다.

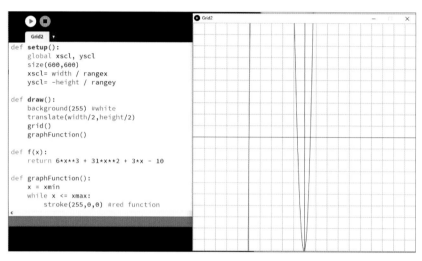

그림 4-9 다항식 함수 그래프 그리기

이제 f() 함수를 한 줄만 변경하면 프로그램이 자동으로 원하는 함수를 그래프로 나타낸다. 방정식의 해(혹은 근)는 그래프와 x 축이 만나는 위치에 있는 x값이다. 그림 4-9에서는 세 곳이 x 축과 만난다. 첫 번째는 $x = -5$, 두 번째는 -1과 0 사이, 세 번째는 0과 1 사이에 위치한다.

추측을 통해 방정식의 해 찾기

3단원에서 이미 추측과 확인 방법이 얼마나 효과적인지 살펴봤다. 따라서 추측을 통해 방정식 $6x^3 + 31x^2 + 3x - 10 = 0$의 근 또는 해를 찾아볼 것이다. 먼저 그래프 상에서 0과 1 사이에 위치한 세 번째 해를 찾는 것부터 시작해보자. 세 번째 해는 0.5일까? 이를 확인하려면 간단하게 0.5를 방정식에 대입해보면 된다. IDLE에서 새로운 파일을 열고 파일명을 guess.py로 저장한 뒤 다음 코드를 입력해보자.

guess.py

```
def f(x):
    return 6*x**3 + 31*x**2 + 3*x - 10
>>> f(0.5)
0.0
```

x가 0.5일 때 함수 f(x)가 0이 되므로 $x = 0.5$이다.

다음으로 −1과 0 사이에 위치한 두 번째 해를 찾아보자. 먼저 −1과 0의 중간값인 −0.5를 시도해보자.

```
>>> f(-0.5)
-4.5
```

$x = -0.5$일 때 f(x) 함수는 0이 아니라 음수가 된다. 그림 4-9의 그래프를 보면 너무 큰 값을 추측한 것 같으니 −1과 −0.5의 중간값인 −0.75를 다시 시도해보자.

```
>>> f(-0.75)
2.65625
```

이번에는 f(x)의 값이 양수이므로 값을 너무 높게 추측했다. 따라서 해는 −0.75와 −0.5 사이의 값일 것이다.

```
>>> f(-0.625)
-1.23046875
```

여전히 너무 높다. 이제 이 작업이 점점 귀찮아지기 시작했으니, 파이썬을 사용해 이 단계를 쉽게 수행하는 방법을 알아보자.

guess() 함수 만들기

이제 최소값과 최댓값의 평균을 구한 뒤, 결과에 따라 더 크게 또는 더 작게 조정해 방정식의 해를 찾는 함수를 만들어보자. 단, 이 함수는 앞에서 살펴본 예와 같이 함숫값이 양수와 음수를 모두 가질 때만 사용할 수 있다. 다음의 완성된 코드를 살펴보자.

```python
'''guess 함수'''
def f(x):
    return 6*x**3 + 31*x**2 + 3*x - 10

def average(a,b):
    return (a + b)/2.0

def guess():
    lower = -1
    upper = 0
❶   for i in range(20):
        midpt = average(lower,upper)
        if f(midpt) == 0:
            return midpt
        elif f(midpt) < 0:
            upper = midpt
        else:
            lower = midpt
    return midpt

x = guess()

print(x,f(x))
```

먼저 f(x)를 사용해 풀고자 하는 방정식의 함수를 선언한다. 그런 다음 average() 함수를 만들어 매 단계마다 사용할 두 개의 숫자(upper, lower)의 평균을 구한다. 마지막으로 guess() 함수를 만들어 그림 4-9 그래프의 x 축과 만나는 지점의 범위로 최소값을 −1, 최댓값을 0으로 설정한다.

그리고 나서 for i in range(20): ❶을 사용해 추측 범위를 반으로 줄이는 20회의 루프를 만든다. 이제 함수 f(x)에 들어갈 x는 upper와 lower의 중간값 즉, 평균값이 될 것이며,

f(x)의 값이 0이 되면 방정식의 해가 된다. 만약 결괏값이 음수면 너무 높게 추측 한 것이 므로 중간값(변수 midpt)인 midpt 값을 upper에 넣고 다시 추측 과정을 반복한다. 반대로 너무 작게 추측한 경우에는 midpt 값을 lower에 넣고 다시 진행한다.

20번의 추측 과정을 통해서도 해를 찾지 못한 경우, 20번째 중간값(midpt 값)과 함숫 값을 반환한다.

guess() 함수를 실행하면 다음과 같이 두 개의 아웃풋이 출력된다.

```
-0.6666669845581055  9.642708896251406e-06
```

아웃풋의 첫 번째 값은 −2/3에 매우 근접한 x값이며, 두 번째 값은 x값에 −2/3을 대입했을 때의 f(x) 값이다. 두 번째 값의 끝에 있는 e-06은 과학적 표기법이며, 9.64에서 왼쪽으로 소수점자리를 6번 이동했다는 의미다. 따라서 f(x)는 0.00000964이며 0에 매우 가깝다. 이렇게 추측 방법을 통해 해를 얻거나 해의 근사치를 얻는 데 1초도 채 안 걸린다 니 매우 신기한 일이다. 이제 파이썬이나 프로세싱과 같은 무료 소프트웨어를 사용해 수학 문제를 탐구하는 묘미를 알게 됐는가?

앞서 살펴본 guess() 함수에서 루프 반복 횟수를 20에서 40으로 늘리면 함숫값은 0에 훨씬 가까워진다.

```
-0.6666666666669698  9.196199357575097e-12
```

이제 f(-0.6666666666669698) 또는 f(-2/3)을 확인해보자.

```
>>> f(-2/3)
0.0
```

따라서 삼차방정식 $6x^3 + 31x^2 + 3x - 10 = 0$의 해는 −5, −2/3, 1/2이다.

요약

수학 수업에서 일차방정식부터 고차방정식을 푸는 방법을 배우기까지 몇 년이 걸렸다. 하지만 4단원에서는 추측 방법을 사용해 프로그래밍 방식으로 간단하게 해결할 수 있다는 것을 알게 됐다. 또한 근의 공식과 그래프를 이용해 방정식을 푸는 프로그램을 만드는 방법도 배웠다. 이제는 방정식이 매우 복잡해지더라도 해를 구하려면 그래프를 그리고, 그래프가 x 축과 만나는 곳을 찾으면 된다는 사실을 배웠다. 또한 대략의 범위를 정한 뒤, 그 값을 반으로 줄이는 과정을 반복하면서 그래프 상의 값을 정확하게 구하는 방법도 살펴봤다.

프로그래밍에서는 도형의 크기나 좌표와 같이 변경될 수 있는 값을 나타내기 위해 변수를 사용한다. 따라서 사용자가 프로그램의 한 지점에서 변수의 값을 변경하면 자동으로 프로그램의 모든 곳에서 변경된 변수의 값을 사용한다. 또한 사용자는 루프를 사용해 변수를 변경하거나 함수 호출을 통해 값을 선언할 수도 있다. 따라서 이후에는 실제 상황의 모델에 매개 변수와 제약 조건을 나타내기 위해 변수를 사용할 것이다. 변수를 사용하면 값을 쉽게 변경할 수 있고 모델의 여러 측면을 변경할 수 있다.

5단원에서는 프로세싱을 사용해 회전하는 삼각형과 다채로운 그리드 등 상호작용하는 그래프를 만들어 볼 것이다.

5

기하학을 사용해 도형 변형하기

기하학 수업에서 배우는 모든 것은 도형의 차원(dimension)과 관련이 있다. 일반적으로 1차원인 선부터 시작해서 2차원인 원, 사각형, 삼각형 등을 배우고, 3차원의 구와 정육면체 등을 배운다. 오늘날은 기술의 발전과 무료 소프트웨어 배포로 인해 컴퓨터로 기하학 도형을 그리는 것은 매우 쉽지만, 오히려 만든 도형을 조작하고 바꾸는 것은 매우 어렵다.

5단원에서는 프로세싱의 graphics 패키지를 사용해 기하학 도형을 조작하고 변경하는 방법을 배운다. 일단 5단원에서는 원, 삼각형 등의 기본 도형을 살펴보고, 추후에 다른 단원에서 프랙탈과 셀룰러 오토마타 등의 복잡한 도형을 다뤄볼 것이다. 또한 복잡한 모양의 도형을 간단한 구성 요소로 분해하는 방법도 살펴본다.

원 그리기

일단 간단하게 1차원 원부터 시작해보자. 프로세싱에서 새로운 스케치를 열고 파일 이름을 geometry.pyde로 저장한 뒤 다음 코드를 입력해 원을 만든다.

geometry.pyde

```
def setup():
    size(600,600)
```

```
def draw():
    ellipse(200,100,20,20)
```

도형을 그리기에 앞서 **좌표 평면**이라고 하는 화면의 크기부터 정의한다. geometry.
pyde에서는 size() 함수를 사용해 좌표 평면(그리드)의 너비를 600 픽셀, 높이를 600 픽
셀로 한다.

좌표 평면의 크기를 설정한 다음, 좌표 평면에 원을 그리기 위해 ellipse() 함수를 사
용한다. ellipse() 함수의 처음 두 개의 매개 변수인 200과 100은 원의 중심을 나타내며,
200은 x 좌표, 100은 y 좌표로 좌표 평면에서 (200,100)에 위치한다.

마지막 두 개의 매개 변수는 도형의 너비와 높이를 픽셀 단위로 설정한다. 앞서 작성
한 geometry.pyde에서는 너비가 20 픽셀, 높이가 20 픽셀이다. 이 경우, 너비와 높이가
동일하기 때문에 원주에 위치한 점들이 중심에서 동일하게 떨어져 있게 돼 완벽하게 둥
근 원을 그리게 된다.

실행 버튼(재생 기호처럼 생김)을 클릭하면 그림 5-1과 같이 작은 원이 그려진 새로운
화면이 열린다.

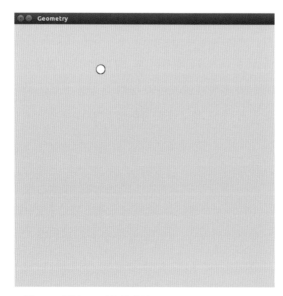

그림 5-1 아웃풋으로 작은 원 출력

프로세싱에는 도형을 그리는 데 사용할 수 있는 여러 가지 내장 함수가 있다. 도형을 그리는 다른 함수가 궁금하다면 https://processing.org/reference/를 참고하자.

지금까지 프로세싱을 이용해 원을 그리는 방법을 살펴봤다. 이제 간단한 도형을 사용해 역동적이면서 반응형인 그래픽을 만들 준비가 됐으므로, 도형의 위치와 도형을 변형하는 방법을 살펴보자.

좌표를 사용해 위치 지정하기

앞서 작성한 geometry.pyde의 ellipse() 함수에서 앞의 두 매개 변수를 사용해 그리드에 원의 위치를 지정했다. 마찬가지로 프로세싱을 사용해 도형을 생성할 때는 좌표 평면 상의 두 숫자 (x,y)가 필요하다. 일반적으로 수학에서 사용하는 좌표는 그림 5-2와 같이 원점이 x = 0이고 y = 0이며 그래프의 중심에 위치한다.

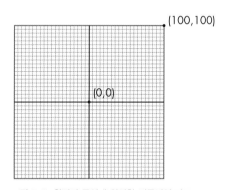

그림 5-2 원점이 중심에 위치한 전통적인 좌표

하지만 컴퓨터 그래픽에서의 좌표는 조금 다르다. 컴퓨터 그래픽에서의 원점은 왼쪽 상단 모서리에 위치하므로, 그림 5-3과 같이 x와 y는 각각 오른쪽과 아래로 이동할 때 증가한다.

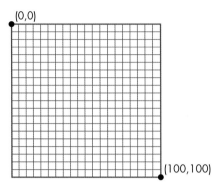

그림 5-3 원점이 왼쪽 상단에 위치한 컴퓨터 그래픽의 좌표

컴퓨터 그래픽에서 좌표는 화면의 픽셀을 의미하므로, 음의 좌표를 다룰 필요가 없다. 이제 함수를 사용해 좌표 상에서 복잡한 도형을 변형 및 이동시켜보자.

하나의 원을 그리는 것은 매우 쉬웠지만 여러 개의 도형을 그리려면 다소 복잡해진다. 예를 들어, 그림 5-4와 같은 그림을 그리는 것을 상상해보자.

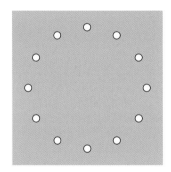

그림 5-4 원으로 만든 원

그림 5-4의 각 원의 크기를 지정하고, 균등한 간격을 두고 위치를 정해 큰 원을 그리려면 여러 줄의 비슷한 코드를 작성해야 한다. 다행히 프로세싱을 이용하면 각 원의 절대적인 x 좌표와 y 좌표를 지정할 필요 없이 그리드 상에 어디에나 도형을 위치시킬 수 있다.

이제 간단한 예제를 사용해 그림 5-4와 비슷한 그림을 만들어보자.

도형 변형 함수

기하학 수업에서 도형을 변형할 때 연필과 종이로 도형의 각 꼭짓점을 힘들게 이동시켰던 것을 기억할 것이다. 하지만 컴퓨터를 이용해 도형을 변형하면 훨씬 더 재미있을 것이다. 사실 컴퓨터 그래픽에서 도형의 변형만큼 가치 있는 것은 없을 것이다. 위치 이동 및 회전과 같은 기하학적 변형은 도형 자체를 변경하지 않고도 도형의 위치와 모양을 변경할 수 있다. 예를 들어, 도형 자체를 변경하지 않고도 삼각형의 위치를 이동시키거나 회전시킬 수 있다. 프로세싱에는 도형을 변형시킬 수 있는 다양한 내장 함수가 존재하므로 이를 이용해 도형을 이동시키고 회전시켜보자.

translate()을 사용해 도형 이동하기

도형의 이동은 그리드 상에서 도형의 모든 점이 동일한 방향과 동일한 거리로 이동하는 것이다. 다시 말해 도형의 이동은 도형 자체의 모양을 변형하지 않으며, 조금도 기울이지 않고 그대로 위/아래 또는 좌/우로 평행 이동하는 것이다.

수학에서 도형 이동은 도형의 모든 꼭짓점의 좌표를 수동으로 이동시키는 것이다. 하지만 프로세싱에서는 그리드 자체를 움직이므로 도형의 좌표는 그대로 유지된다. 이제 다음 코드와 같이 geometry.pyde를 수정해 사각형을 그려보자.

geometry.pyde

```
def setup():
    size(600,600)

def draw():
    rect(50,100,100,60)
```

여기서는 rect() 함수를 사용해 직사각형을 그렸다. 앞의 두 매개 변수는 사각형의 왼쪽 위 꼭짓점의 위치를 나타내는 x 좌표와 y 좌표이며, 뒤의 두 매개 변수는 각각 사각형의 너비와 높이를 나타낸다.

위의 코드를 실행하면 그림 5-5와 같은 사각형을 볼 수 있다.

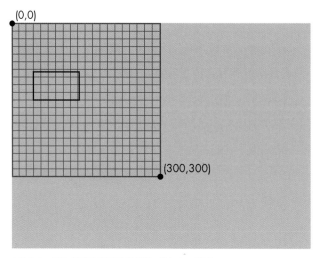

그림 5-5 왼쪽 상단에 원점이 위치한 기본 좌표 설정

주의 그림 5-5의 실행 화면에는 이해를 돕기 위해 그리드를 표시했지만, 실제 코드를 실행하면 그리드가 표시되지 않는다.

이제 다음 코드를 사용해 직사각형을 이동시켜보자. 여기서 사각형의 좌표를 변경하지 않는다는 점에 주의하자.

geometry.pyde

```
def setup():
    size(600,600)

def draw():
    translate(50,80)
    rect(50,100,100,60)
```

여기서는 translate() 함수를 사용해 직사각형을 이동시켰다. translate() 함수는 그리드를 각각 x축 방향과 y축 방향으로 얼마나 이동시킬 것인지를 나타내는 두 매개 변수를 사용한다. 따라서 translate(50,80)은 그림 5-6과 같이 전체 그리드를 x축 방향(오른쪽)으로 50 픽셀, y축 방향(아래)으로 80 픽셀 이동시킨다.

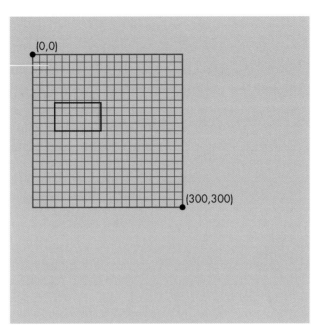

(0,0)

(300,300)

그림 5-6 그리드를 이동시켜 사각형의 위치 변경하기

일반적으로 좌표 평면의 중심에 원점 (0,0)을 위치시키는 것이 더 쉽고 유용하다. 앞서 배운 translate() 함수를 이용해 원점을 그리드의 중심으로 이동시킬 수 있다. 또한 프로세싱의 내장 변수인 width와 height를 이용하면 수동으로 숫자를 변경하지 않고도 화면의 크기를 줄이거나 늘릴 수 있다. 이제 geometry.pyde의 코드를 다음과 같이 업데이트 해보자.

geometry.pyde

```
def setup():
    size(600,600)

def draw():
    translate(width/2, height/2)
    rect(50,100,100,60)
```

setup() 함수에서 size 선언부에 있는 두 숫자는 각각 화면의 width와 height가 된다. 위의 코드에서는 size(600,600)이라고 선언했으므로 width와 height 모두 600 픽셀이 된다.

translate() 부분을 특정 숫자 대신 변수를 사용해 translate(width/2, height/2)로 변경하면 화면의 크기에 상관 없이 (0,0)을 화면의 가운데로 이동시킨다. 즉, 화면의 크기를 변경하면 프로세싱은 자동으로 width와 height를 변경하므로 모든 코드를 직접 수동으로 변경할 필요가 없다는 것이다..

업데이트된 코드를 실행하면 그림 5-7과 같은 화면이 나타난다.

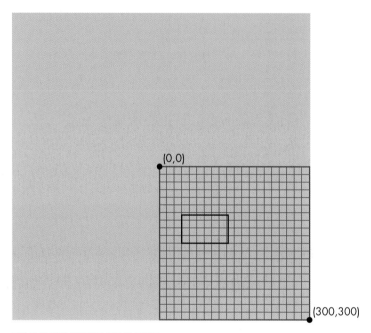

그림 5-7 화면 중앙으로 이동된 그리드

여기서 여전히 원점이 (0,0)으로 표시돼 있다는 것을 눈치챘을 것이다. 이는 원점이 실제로 화면의 중간에 오도록 원점 자체를 이동하지 않고 전체 좌표 평면을 이동했음을 나타낸다.

rotate()를 사용해 도형 회전하기

기하학에서 **회전**은 하나의 축을 중심으로 변형하는 것과 비슷하게 원점을 중심으로 도형을 변형하는 것이다. 프로세싱의 rotate() 함수는 원점 (0,0)을 중심으로 그리드를 회전시키며, 원점을 중심으로 회전시킬 각도만 매개 변수로 한다. 이때, 회전 각도의 단위는 라디안이다. 즉, 360도를 사용하는 대신 2π(약 6.28) 라디안을 사용한다. 여기서 radians() 함수를 사용하면 360도 단위의 각도를 라디안으로 쉽게 변환할 수 있으므로 직접 계산하지 않아도 된다.

rotate() 함수가 동작하는 방법을 살펴보려면 그림 5-8에 나와 있는 draw() 함수의 translate() 코드를 다음과 같이 변경하고 실행해보자.

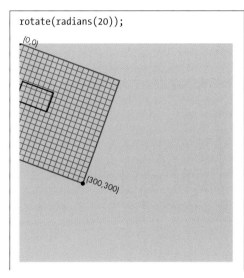 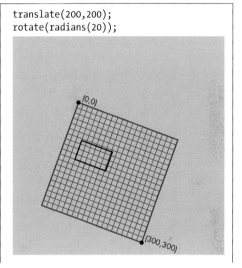

그림 5-8 항상 (0,0)을 중심으로 회전하는 그리드

그림 5-8의 왼쪽 화면은 그리드가 화면의 왼쪽 상단 구석에 위치한 (0,0)을 중심으로 20도 회전했다. 반면 오른쪽 화면은 원점이 오른쪽으로 200, 아래로 200 픽셀 이동한 뒤, 20도 회전했다.

이제 다음과 같이 rotate() 함수를 이용해 그림 5-4와 같은 도형을 만들어보자.

1. 원의 중심을 원하는 위치로 이동한다.
2. 그리드를 회전시키고 원주를 따라 원을 위치시킨다.

이제 화면에 위치한 도형의 위치를 조작하는 변형 함수를 배웠으니, 프로세싱을 사용해 그림 5-4를 만들어보자.

원으로 원 그리기

그림 5-4와 같이 원으로 이뤄진 원을 그리려면, for i in range() 루프를 사용해 원의 간격을 균일하게 하고 반복적으로 같은 크기의 원을 그릴 것이다. 일단 원이 360도가 되는 것을 생각하면서 각각의 원 사이의 각도를 몇 도로 해야 큰 원을 만들 수 있는지 알아보자.

다음의 코드를 입력해보자.

geometry.pyde

```
def setup():
    size(600,600)

def draw():
    translate(width/2,height/2)
    for i in range(12):
        ellipse(200,0,50,50)
        rotate(radians(360/12))
```

draw() 함수 내부의 translate(width/2,height/2) 함수는 그리드를 화면 중앙으로 이동시킨다는 것을 기억하자. for 루프를 시작해 ellipse() 함수의 앞의 두 매개 변수를 통해 중심이 (200,0)에 위치하도록 하고, 뒤의 두 매개 변수를 통해 너비와 높이를 모두 50으로 설정해 작은 원을 그린다. 마지막으로 다음 원을 그리기 전에 그리드를 360/12 즉, 30도 회전한다. rotate() 함수에 radians() 함수를 사용해 30도를 라디안으로 변환한다는 것을 잊지 말자. 다시 말해 각 원이 30도씩 떨어져 있다.

위의 코드를 실행하면 그림 5-9와 같은 화면이 나타난다.

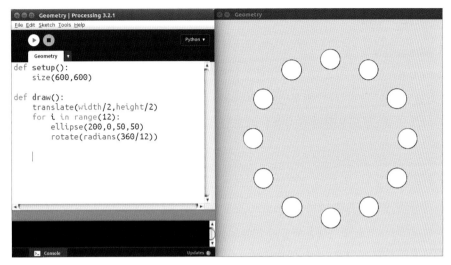

그림 5-9 변형 함수를 이용해 순환 디자인 만들기

성공적으로 원을 이용해 순환 디자인을 만들었다.

사각형으로 원 그리기

앞서 작성한 프로그램을 수정해 사각형으로 원을 그려볼 것이다. 다음과 같이 기존 코드의 ellipse() 함수를 rect() 함수로 변경해보자.

geometry.pyde

```python
def setup():
    size(600,600)

def draw():
    translate(width/2,height/2)
    for i in range(12):
        rect(200,0,50,50)
        rotate(radians(360/12))
```

매우 쉽다!

움직이는 객체

프로세싱은 객체에 애니메이션 효과를 적용해 동적 그래픽을 만드는데 적합하다. 첫 번째로 rotate() 함수를 사용해 애니메이션 효과를 넣어 보자. 일반적으로 rotate() 함수를 사용하면 도형이 즉시 회전해 화면에 나타나기 때문에 회전하는 과정을 보지 못한다. 하지만 시간 변수 t를 이용하면 실시간으로 도형이 회전하는 것을 볼 수 있다.

변수 t 만들기

앞서 작성한 사각형으로 만든 원 프로그램에 애니메이션 효과를 넣어 보자. 일단 setup() 함수 이전에 t = 0을 추가해 t 변수를 만들고 값을 0으로 초기화한다. 그런 다음 for 루프 앞과 뒤의 코드를 다음과 같이 수정한다.

geometry.pyde

```
t = 0

def setup():
    size(600,600)

def draw():
    translate(width/2,height/2)
    rotate(radians(t))
    for i in range(12):
        rect(200,0,50,50)
        rotate(radians(360/12))
    t += 1
```

하지만 위의 코드를 실행하면 다음과 같은 오류가 발생한다.

```
UnboundLocalError: local variable 't' referenced before assignment
```

오류가 발생하는 이유는 파이썬이 함수 내에서 전역 변수 t와 관련 없는 새로운 지역 변수 t를 생성했는지 또는 앞서 선언한 전역 변수 t를 호출하는 것인지 구분하지 못하기 때문이다. 따라서 전역 변수 t를 사용하려면 draw() 함수의 시작 부분에 global t를 추가해 프로그램이 전역 변수 t를 참조하도록 하면 된다.

다음과 같이 코드를 입력해보자.

geometry.pyde

```
t = 0

def setup():
    size(600,600)

def draw():
    global t
    #바탕화면을 흰색으로 설정
    background(255)
    translate(width/2,height/2)
    rotate(radians(t))
    for i in range(12):
        rect(200,0,50,50)
        rotate(radians(360/12))
    t += 1
```

위의 코드는 t를 0부터 시작해 정해진 각도만큼 그리드를 회전한 뒤, t를 1씩 증가시키는 과정을 반복한다. 코드를 실행하면 그림 5-10과 같이 사각형이 순환 형태로 회전하는 것을 볼 수 있다.

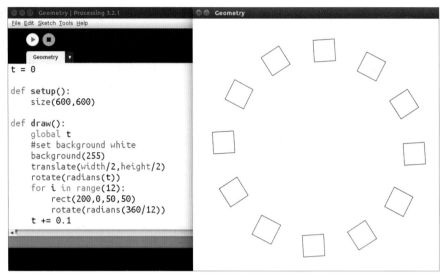

그림 5-10 순환 형태로 회전하는 사각형

신기하다! 이제 각각의 사각형을 회전시켜보자.

개별 사각형 회전하기

프로세싱에서 도형은 (0,0)을 중심으로 회전하기 때문에, 먼저 루프 내부에서 원점을 원하는 위치로 이동시킨 다음, 회전시키고, 그 자리에 사각형을 그린다. 이제 다음과 같이 루프 내부의 코드를 변경해보자.

geometry.pyde

```
for i in range(12):
    translate(200,0)
    rotate(radians(t))
    rect(0,0,50,50)
    rotate(radians(360/12))
```

위의 코드는 그리드를 사각형을 그리고자 하는 위치로 이동시키고, 사각형이 회전하도록 그리드를 회전시킨 다음, rect() 함수를 사용해 사각형을 그린다.

pushmatrix() 및 popmatrix()를 사용해 방향 저장하기

앞서 수정한 코드를 실행하면 사각형이 신기하게 움직이는 것을 볼 수 있다. 다시 말해 사각형이 원점을 중심으로 회전하지 않고 그림 5-11과 같이 화면 주위를 계속 움직인다.

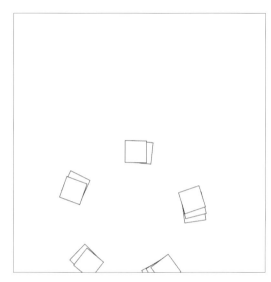

그림 5-11 사방을 날아다니는 사각형

그림 5-11과 같이 사각형이 중구난방으로 움직이는 이유는 원점의 위치와 그리드의 방향을 너무 많이 변경했기 때문이다. 사각형의 위치를 변경한 후에는 다음 사각형을 이동시키기 전에 원의 중심으로 다시 돌아와야 한다. 이때 또 다른 translate() 함수를 사용해 앞서 사용한 명령을 되돌릴 수 있지만, 더 많은 변형 명령어를 되돌려야 할 수도 있으므로 매우 복잡해진다. 하지만 다행히 간단한 방법이 있다.

프로세싱에는 특정 지점에서 그리드의 방향을 저장한 다음 그 방향으로 언제든지 돌아갈 수 있도록 하는 내장함수 pushMatrix()와 popMatrix()가 있다. geometry.pyde에서는 중심이 화면의 중앙에 위치할 때의 그리드의 방향을 저장하려고 한다. 이제 다음과 같이 루프 안의 코드를 수정해보자.

geometry.pyde

```
for i in range(12):
    pushMatrix() #그리드의 방향 저장
    translate(200,0)
    rotate(radians(t))
    rect(0,0,50,50)
    popMatrix() #저장한 방향으로 돌아가기
    rotate(radians(360/12))
```

pushMatrix() 함수는 사각형으로 이뤄진 원의 중심에 원점이 위치할 때 그리드의 방향을 저장한다. 그 후 사각형의 위치를 이동시키고, 사각형이 회전하도록 그리드를 회전시킨 다음, 사각형을 그린다. 마지막으로 popMatrix() 함수를 사용해 사각형으로 이뤄진 원의 중심으로 돌아가서 12개의 사각형에 대해 동일한 과정을 반복한다.

원점을 중심으로 회전하기

앞서 작성한 코드는 오류 없이 제대로 동작하지만 사각형이 이상하게 회전한다. 왜냐하면 프로세싱은 기본적으로 사각형의 왼쪽 상단 꼭짓점을 찾고 그 지점을 중심으로 도형을 회전시키기 때문이다. 따라서 사각형이 큰 원의 경로에서 벗어나 회전하는 것처럼 보이는 것이다. 이제 setup() 함수에 다음 코드를 추가해 사각형이 꼭짓점이 아닌 사각형의 중심을 기준으로 회전하도록 해보자.

```
rectMode(CENTER)
```

이때 rectMode() 함수 내의 CENTER가 모두 대문자임에 주의하자(rectMode()의 다른 타입인 CORNER, CORNERS, RADIUS도 사용해보자). setup() 함수에 rectMode(CENTER)를 추가하면 각 사각형이 사각형의 중심을 기준으로 회전하게 된다. 여기서 사각형을 더 빠른 속도로 회전시키려면 rotate() 코드 내부의 t를 다음과 같이 변경하면 된다.

```
rotate(radians(5*t))
```

여기서 5는 회전의 빈도를 나타낸다. 다시 말해 t의 값에 5를 곱하고 그 곱한 수만큼 회전한다는 의미다. 따라서 사각형은 이전보다 5배 정도 더 회전하는 것이다. 코드를 실행시켜 어떻게 변하는지 확인해보자. 먼저 다음과 같이 루프 밖에 있는 rotate() 행에 해시 태그(#)를 추가해 사각형이 제자리에서 회전하도록 이전에 사용하던 코드를 주석 처리하자.

```
translate(width/2,height/2)
#rotate(radians(t))
for i in range(12):
    rect(200,0,50,50)
```

움직이는 그래픽을 만들기 위해 translate()와 rotate()와 같은 변형 함수를 사용하는 것은 매우 유용하지만 잘못된 순서로 코드를 작성하면 예상치 못한 결과가 나올 수도 있으니 주의하자.

반응형 무지개 그리드 만들기

지금까지 루프를 사용해 그래픽을 만들고 도형을 다양한 방법으로 회전시키는 방법을 배웠으므로 이제 마우스의 위치에 따라 무지개 색으로 변하는 그리드를 만들어보자. 첫 번째 단계는 그리드를 만드는 것이다.

도형을 이용해 그리드 그리기

수학과 관련된 작업이나 지뢰 찾기 같은 게임을 만드는 데는 그리드가 많이 필요하다. 또한 그리드는 이후에 나오는 단원에서 만들 셀룰러 오토마타에도 필요하므로 나중에 사용할 수 있도록 미리 그리드를 만드는 코드를 배워 두는 것은 매우 유용하다. 우선 루프를 사용해 일정한 크기와 간격을 가진 20 × 20 크기의 정사각형 그리드를 만든다.

앞서 grid.pyde라는 파일을 생성했으므로, 새로운 프로세싱 스케치를 열고, 파일 이름을 colorGrid.pyde로 저장하자. 여기서는 흰색 바탕화면에 20 × 20 크기의 정사각형 그리드를 만들 것이다. 각각의 정사각형은 rect()를 이용해 그릴 것이며, 모든 정사각형이 동일한 크기와 간격을 유지하도록 하기 위해 for 루프 내에 for 루프를 중첩해 사용할 것이다. 이때 다음 코드를 이용해 30 픽셀마다 25×25 픽셀의 정사각형을 그릴 것이다.

```
rect(30*x,30*y,25,25)
```

또한 x와 y 변수가 1씩 증가할 때마다 정사각형을 5 픽셀 간격을 두고 그린다. 이제 다음과 같이 setup()과 draw() 함수를 이용해 colorGrid.pyde를 시작해보자.

colorGrid.pyde

```
def setup():
    size(600,600)

def draw():
    #바탕화면을 흰색으로 설정
    background(255)
```

위의 코드는 화면의 크기를 600×600 픽셀로 설정하고 배경색을 흰색으로 설정한다. 이제 정사각형으로 이뤄진 20개의 행과 20개의 열을 만들기 위해 두 변수 x와 y가 모두 0에서 19로 이동하는, 각각 20번 회전하는 중첩 루프를 만든다. 그리드를 생성하는 다음 코드를 살펴보자.

```
def setup():
    size(600,600)

def draw():
    #바탕화면을 흰색으로 설정
    background(255)
    for x in range(20):
        for y in range(20):
            rect(30*x,30*y,25,25)
```

이제 코드를 실행하면 그림 5-12와 같은 20×20 크기의 그리드가 나타난다. 이제 그리드에 색을 추가해보자.

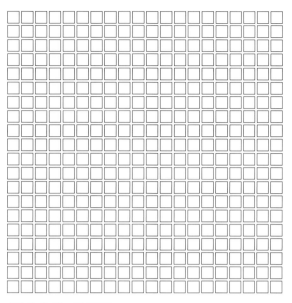
그림 5-12 20×20 그리드

도형에 무지개색 추가하기

프로세싱의 colorMode() 함수는 스케치에 멋진 색을 추가하는데 유용하다. 자세히 말해 colorMode() 함수는 RGB 모드와 HSB 모드를 전환시키는데 사용된다. 앞서 RGB가 빨간 색, 초록색, 파란색의 양을 나타내는 세 개의 숫자를 사용한다고 설명한 것을 기억할 것이다. 하지만 HSB에서 세 숫자는 색조, 채도, 밝기의 정도를 나타낸다. 따라서 무지개 색을 추가할 때는 첫 번째 숫자인 색조만을 변경하고 나머지 두 숫자는 최댓값인 255로 설정한다. 그림 5-13은 첫 번째 숫자인 색조만을 변경해 무지개 색을 만드는 방법을 보여준다. 여기서 사각형 10개의 색조는 각각 아래 위치한 숫자로 설정하고, 채도와 밝기는 255로 설정한 것이다.

0 20 40 60 80 100 120 140 160 180

그림 5-13 HSB 모드에서 색조 값만 변경해 표현한 무지개색

앞서 정사각형을 (30*x, 30*y)에 위치하도록 설정했으므로, 그 지점부터 마우스 커서까지의 거리를 측정하는 변수를 생성한다.

```
d = dist(30*x, 30*y, mouseX, mouseY)
```

프로세싱에는 두 점 사이의 거리를 찾는 dist() 함수가 있다. 위의 코드에서는 사각형과 마우스 커서 사이의 거리를 나타내며, 그 값을 변수 d에 저장하고, 변수 d에 색조를 연결할 것이다. 다음 코드를 살펴보자.

colorGrid.pyde

```
def setup():
    size(600,600)
    rectMode(CENTER)
❶ colorMode(HSB)

def draw():
    #바탕화면을 흰색으로 설정
❷ background(0)
    translate(20,20)
    for x in range(20):
        for y in range(20):
❸         d = dist(30*x,30*y,mouseX,mouseY)
            fill(0.5*d,255,255)
            rect(30*x,30*y,25,25)
```

일단 setup() 함수에 colorMode() 함수를 추가하고 HSB를 매개 변수로 전달한다 ❶. 그런 다음 draw() 함수에 흰색으로 설정했던 바탕화면의 색을 검정색으로 변경한다 ❷. 다음으로 정사각형의 위치 (30*x,30*y)와 마우스까지의 거리를 계산한다 ❸. 마지막으로 fill() 함수를 사용해 HSB 번호로 색을 설정한다. 이때 색조 값은 거리 d의 절반으로, 채도와 밝기는 최대치인 255로 설정한다. 색조 값은 여기서 유일하게 변경되는 값이며, 사각형으로부터 마우스 커서까지의 거리에 따라 업데이트된다. 이 때 사용한 dist() 함수는 두 점의 x 좌표와 y 좌표를 매개 변수로 사용해, 두 점 사이의 거리를 반환한다.

코드를 실행하면 그림 5-14와 같이 마우스의 위치에 따라 색이 변하는 매우 화려한 그리드가 나타날 것이다.

지금까지 객체에 색을 추가하는 방법을 배웠으므로, 좀 더 복잡한 도형을 만드는 방법을 살펴보자.

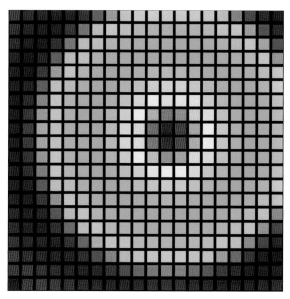

그림 5-14 그리드에 색 추가하기

삼각형을 이용해 복잡한 패턴 그리기

이 절에서는 삼각형을 이용해 스피로그래프Spirograph 스타일의 패턴을 만들어 본다. 예를 들어, 오슬로대학교의 로저 앤턴슨Roger Antonsen이 고안한 회전하는 삼각형으로 이뤄진 그림 5-15의 스케치를 살펴보자.

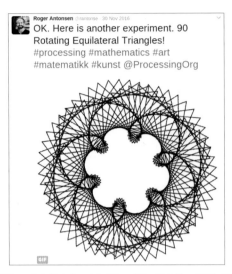

그림 5-15 로저 앤턴슨이 고안한 90개의 회전하는 정삼각형 스케치. 움직이는 파일을 확인하고 싶다면 https://rantonse. no/en/art/2016-11-30를 참고하자.

    로저 앤턴슨이 업로드한 파일은 움직이고 있지만 책으로 볼 때는 삼각형이 회전하는 것을 상상해야 한다. 이 디자인은 매우 복잡해 보이지만, 그저 동일한 도형의 집합일 뿐이기 때문에 그리는 것은 그리 어렵지 않다. 하지만 무슨 도형의 집합일까? 앤턴슨은 스케치의 제목을 **90개의 회전하는 정삼각형**이라고 명명해 디자인을 만드는 데 도움이 되는 단서를 제공했다. 따라서 이 디자인을 만들려면 90개의 정삼각형을 반복적으로 그리고 회전시키는 방법만 알면 된다. 일단 `triangle()` 함수를 사용해 정삼각형을 그리는 방법부터 살펴보자. 새로운 프로세싱 스케치 파일을 열고, 파일 이름을 triangles.pyde라고 저장하자. 다음 코드는 회전하는 삼각형을 만드는 코드지만 정삼각형은 아니다.

triangles.pyde

```
def setup():
    size(600,600)
    rectMode(CENTER)

t = 0

def draw():
    global t
```

```
translate(width/2,height/2)
rotate(radians(t))
triangle(0,0,100,100,200,-200)
t += 0.5
```

위의 코드는 앞서 배웠던 내용을 이용한 코드다. 즉, 시간을 나타내는 변수 t를 만들고, 원점의 위치를 이동시킨 뒤, 그리드를 회전시키고 삼각형을 그리고, 마지막으로 t를 증가시킨다. 코드를 실행하면 그림 5-16과 같은 화면이 나타난다.

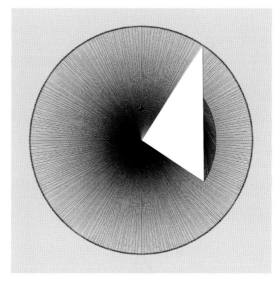

그림 5-16 특정 꼭짓점을 중심으로 회전하는 삼각형

그림 5-16은 삼각형이 내부의 특정 꼭짓점을 중심으로 회전하므로 가장 외부에 위치한 점으로 원을 그리고 있다. 또한 그림 5-16에서 사용한 삼각형은 정삼각형이 아니라 직각 삼각형(한 각이 90도인 삼각형)이다.

앤턴슨의 스케치를 만들려면 모든 변의 길이가 같은 정삼각형을 그려야 한다. 또한 한 꼭짓점을 중심으로 회전하는 것이 아니라 정삼각형의 중심을 기준으로 회전시킬 수 있도록 정삼각형의 중심을 찾아야 한다. 일단 삼각형의 세 꼭짓점의 위치부터 찾아야 한다. 이제 정삼각형의 중심을 기준으로 정삼각형을 그리고 각 꼭짓점의 위치를 지정하는 방법을 살펴보자.

30-60-90 삼각형

정삼각형의 세 꼭짓점의 위치를 찾기에 앞서 기하학 수업에서 흔히 살펴볼 수 있는 직각삼각형인 30-60-90 삼각형을 살펴보자. 우선 그림 5-17과 같은 정삼각형이 필요하다.

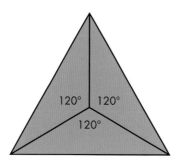

그림 5-17 3등분된 정삼각형

그림 5-17에서는 정삼각형을 정확하게 3등분했다. 중앙에 위치한 점은 삼각형의 중심이며, 각 꼭짓점과 삼각형의 중심이 이어진 선끼리 이루는 각도는 120도다. 프로세싱에서 삼각형을 그리는 함수인 triangle() 함수를 사용하려면 각 꼭짓점의 x 좌표와 y 좌표를 매개 변수로 사용해야 한다. 이제 정삼각형의 각 꼭짓점의 좌표를 찾기 위해 그림 5-18과 같이 가장 아래쪽에 위치한 삼각형을 반으로 잘라보자.

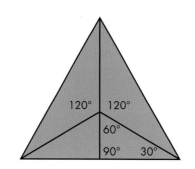

그림 5-18 30-60-90 삼각형으로 분할한 정삼각형

가장 아래쪽에 위치한 삼각형을 반으로 나누면 두 개의 직각삼각형이 만들어지는데, 이 두 개의 삼각형은 전형적인 30-60-90 삼각형이다. 30-60-90 삼각형의 각 변의 길이의 비는 그림 5-19와 같이 나타낼 수 있다.

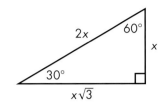

그림 5-19 30-60-90 삼각형의 변의 길이의 비

가장 짧은 변의 길이를 x라고 한다면, 직각삼각형의 빗변의 길이는 2배인 $2x$이고, 아래에 위치한 변의 길이는 x의 $\sqrt{3}$배인 약 $1.732x$이다. 이제 그림 5-18에서 30-60-90 삼각형의 빗변의 길이 즉, 정삼각형의 중심에서부터 각 꼭짓점까지의 거리를 구하는 함수를 만들 것이다. 30-60-90 삼각형의 빗변의 길이를 구하면 삼각형의 모든 변의 길이를 구할 수 있게 된다. 예를 들어, 빗변의 길이를 알게 되면 가장 짧은 변의 길이는 빗변의 길이의 1/2배이며, 나머지 한 변의 길이는 빗변의 길이의 $\sqrt{3}/2$배가 되는 것이다. 그림 5-20은 30-60-90 삼각형 부분을 확대한 것이다.

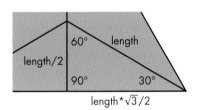

그림 5-20 30-60-90 삼각형

30-60-90 삼각형의 내각은 각각 30도, 60도, 90도로 이뤄져 있으며, 각 변의 길이는 **피타고라스 정리**로 알려진 $1:2:\sqrt{3}$의 비율을 따른다.

이제 30-60-90 삼각형의 빗변이면서 정삼각형의 중심으로부터 각 꼭짓점까지의 거리를 length라고 한다. 그리고 원점 (0,0)을 중심으로 정삼각형의 3개의 꼭짓점을 위치시키려면 앞서 살펴본 피타고라스 정리를 이용해야 한다.

30도를 마주보고 있는 변인 직각삼각형의 가장 짧은 변의 길이는 빗변의 길이의 절반이고, 조금 더 긴 변의 길이는 가장 짧은 변의 길이에 $\sqrt{3}$을 곱한 값이다. 따라서 정삼각형을 그릴 때 원점 (0,0)을 삼각형의 중심으로 사용하면 세 꼭짓점의 좌표는 그림 5-21과 같이 나타낼 수 있다.

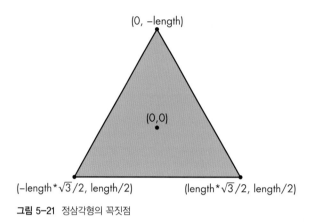

그림 5-21 정삼각형의 꼭짓점

그림 5-21을 살펴보면 큰 정삼각형은 6개의 30-60-90 삼각형으로 이뤄져 있기 때문에 피타고라스 정리를 이용하면 원점에서부터 각 꼭짓점까지의 거리를 알아낼 수 있다.

정삼각형 그리기

이제 아래의 코드와 같이 30-60-90 삼각형에서 파생된 정삼각형을 만들어보자.

triangles.pyde

```
def setup():
    size(600,600)
    rectMode(CENTER)

t = 0

def draw():
    global t
    translate(width/2,height/2)
    rotate(radians(t))
    tri(200) #정삼각형 그리기
    t += 0.5

❶ def tri(length):
    '''정삼각형의 중심을 기준으로 정삼각형 그리기 '''
  ❷ triangle(0,-length,
            -length*sqrt(3)/2, length/2,
```

```
length*sqrt(3)/2, length/2)
```

일단 정삼각형을 균등하게 분할한 30-60-90 삼각형의 빗변으로 해 변수 length를 인자로 하는 tri() 함수를 만든다 ❶. 그런 다음 그림 5-21에서 찾은 세 꼭짓점((0,-length), (-length*sqrt(3)/2, length/2), (length*sqrt(3)/2, length/2))의 좌표를 사용해 정삼각형을 그린다 ❷.

코드를 실행하면 그림 5-22와 같은 화면이 나타난다.

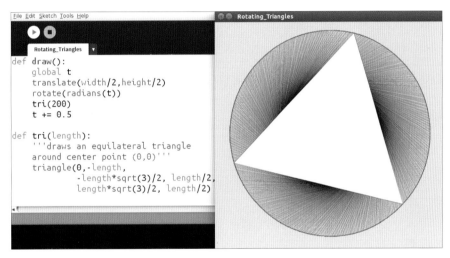

그림 5-22 회전하는 정삼각형

이제 draw() 함수의 첫 번째 줄에 다음 코드를 추가해 그림 5-22와 같이 여러 개의 삼각형이 아닌 한 개의 정삼각형만 회전하는 것처럼 보이게 바꿀 수 있다.

```
background(255) #흰색
```

다시 말해 회전하고 있는 정삼각형을 제외하고 이전에 사용된 정삼각형의 흔적이 모두 흰색으로 표시되므로 화면에는 하나의 정삼각형만 움직이는 것처럼 보이게 된다. 이제 앞부분에서 했던 것처럼 rotate() 함수를 사용해 정삼각형을 회전시켜보자.

프로세싱에서 그림 5-10과 같이 정삼각형으로 원을 그리고, rotate() 함수를 이용해 각각의 정삼
각형을 회전시켜보자.

여러 개의 회전하는 삼각형 그리기

지금까지 하나의 정삼각형을 회전시키는 방법을 배웠으므로, 여러 개의 정삼각형으로 원
을 그리는 방법을 살펴보자. 앞서 사각형으로 원을 그렸던 것과 매우 비슷하지만 이번에
는 tri() 함수를 사용할 것이다. 다음의 코드를 draw() 함수에 입력하고 실행해보자.

triangles.pyde

```
def setup():
    size(600,600)
    rectMode(CENTER)

t = 0

def draw():
    global t
    background(255)#흰색
    translate(width/2,height/2)
❶  for i in range(90):
        #원 주위에 삼각형을 고르게 배치하기
        rotate(radians(360/90))
❷      pushMatrix() #방향 저장
        #원주로 돌아가기
        translate(200,0)
        #각각의 삼각형 회전시키기
        rotate(radians(t))
        #삼각형 그리기
        tri(100)
        #저장한 방향으로 돌아가기
❸      popMatrix()
```

```
    t += 0.5

def tri(length):
❹ noFill() #삼각형을 투명하게 만들기

    triangle(0,-length,
            -length*sqrt(3)/2, length/2,
            length*sqrt(3)/2, length/2)
```

for 루프를 사용해 원 주위에 90개의 삼각형을 배치하고, 360을 90으로 나눠 동일한 간격에 위치하도록 한다 ❶. 그런 다음 pushMatrix()를 사용해 그리드를 이동시키기 전의 위치를 저장한다 ❷. 그리고 루프의 마지막 부분에서 popMatirx()를 사용해 저장된 위치로 돌아간다 ❸. 마지막으로 tri() 함수에 noFill() 함수를 추가해 삼각형을 투명하게 만든다 ❹.

위의 코드를 통해 90개의 투명한 삼각형을 회전하도록 만들었지만, 모든 삼각형이 완전히 똑같은 방향으로만 회전한다. 지금 만들어진 디자인도 괜찮지만 앤턴슨의 스케치 만큼은 아니다. 이제부터 앤턴슨의 스케치와 비슷해지도록 각 삼각형을 인접한 삼각형이 회전하는 방향과 조금 다르게 회전하도록 만들어보자.

위상 이동

이제 삼각형이 위상 이동하는 것처럼 회전하도록 패턴을 변경해보자. 즉, 각 삼각형이 인접한 삼각형에 비해 약간 뒤처지게 해서 **파동**이나 **계단식** 효과를 주도록 하는 것이다. 각 삼각형은 i를 이용해 루프 내에서 번호를 할당 받았다. 다음과 같이 rotate(radians(t)) 함수에서 i를 t에 추가해보자.

```
    rotate(radians(t+i))
```

수정한 코드를 실행하면 그림 5-23과 같은 화면이 나타난다.

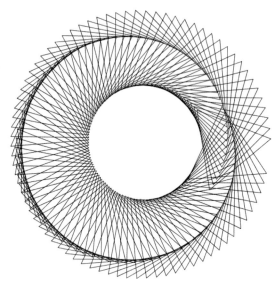

그림 5-23 위상 이동과 함께 회전하는 삼각형

위의 코드를 실행하면 화면의 오른쪽 부분에서 패턴에 균열이 생긴다는 것을 알아차렸을 것이다. 이러한 균열은 첫 번째 삼각형부터 마지막(90번째) 삼각형까지 일어나는 위상 이동의 불일치에 의해 발생한다. 따라서 패턴을 매끄럽게 하기 위해 360도의 배수로 위상 이동을 하게 해야 하므로, 다음과 같이 90개의 삼각형을 사용하도록 360를 90으로 나누고 i를 곱하자.

```
rotate(radians(t+i*360/90))
```

360/90을 계산해 직접 코드에 넣어도 되지만, 나중에 삼각형의 수를 변경하는 경우를 대비해 계산한 값인 4를 넣지 않고 식을 넣는다. 이제 그림 5-24와 같이 완전한 패턴이 만들어진다.

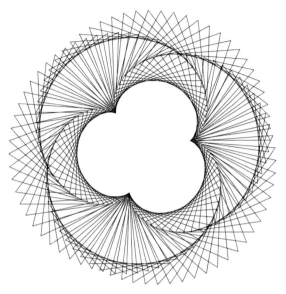

그림 5-24 위상 이동으로 완전하게 회전하는 삼각형

360도의 배수로 위상 이동하게 함으로써, 앞서 나타난 균열을 제거했다.

디자인 마무리하기

그림 5-24의 디자인을 그림 5-15처럼 더 보기 좋게 만들려면 위상 이동을 조금 변경해야 한다. 이제 디자인을 어떻게 바꿀 수 있는지 직접 확인해보자.

일단 i에 2를 곱해 위상 이동을 변경해보면, 각 삼각형과 인접한 삼각형 사이의 이동이 증가한다. rotate(radians(t+i*360/90))을 다음과 같이 변경해보자.

```
rotate(radians(t+2*i*360/90))
```

rotate() 함수를 변경한 후 코드를 실행하면, 그림 5-25와 같이 앤턴슨의 디자인과 매우 비슷해진다.

그림 5-25 앤턴슨의 90개의 회전하는 정삼각형 재현

앤턴슨의 디자인을 재현해봤으므로, 다음 예제를 통해 도형을 변형하는 스킬이 얼마나 향상됐는지 테스트해보자.

예제 5-2 무지개 삼각형 그리기

stroke( ) 함수를 이용해 다음과 같이 각각의 움직이는 삼각형을 색칠해보자.

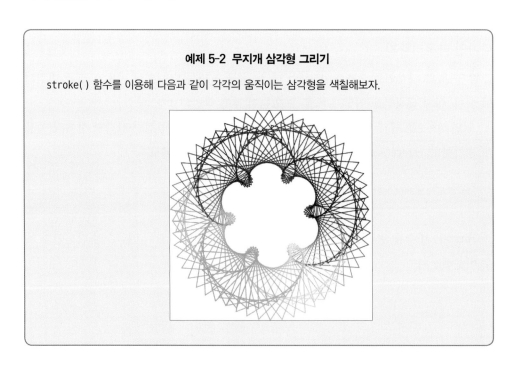

요약

5단원에서는 원, 사각형, 그리고 삼각형과 같은 도형을 그리는 방법과 프로세싱에 내장된 변형 함수를 사용해 도형을 변형하는 방법을 배웠다. 또한 그래픽에 애니메이션 효과를 적용하고 색을 추가해 도형을 동적으로 만드는 방법도 살펴봤다. 5단원에서 살펴본 복잡한 그래픽은 모두 단순한 도형의 집합일 뿐이었다.

6단원에서는 5단원에서 배운 내용을 토대로 사인 및 코사인과 같은 삼각 함수 사용법을 살펴볼 것이다. 지금까지 살펴본 디자인보다 더 재미있는 디자인을 만들어보고, 새로운 함수를 작성해 여러 개의 꼭짓점을 가진 다각형을 그리는 등의 복잡한 작업을 해 볼 것이다.

6

삼각법으로 진동 생성하기

삼각법은 말 그대로 삼각형에 대해 연구하는 것을 의미하며, 특히 직각 삼각형과 직각 삼각형의 세 변 사이의 특별한 비율에 대한 것을 연구한다. 아마도 일반적인 삼각법 수업에서는 직각 삼각형에 대한 내용이 전부라고 생각할 수도 있다. 먼저 그림 6-1의 삼각 함수 문제를 살펴보자.

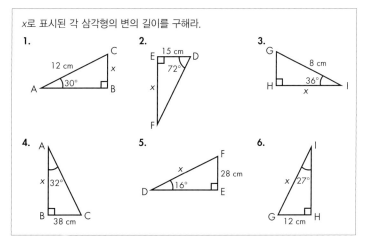

그림 6-1 일반적으로 삼각법 수업에서 다루는 x의 길이를 찾는 문제

대부분의 사람들은 삼각법 문제를 그림 6-1과 같이 모르는 변의 길이를 찾는 것이라고 생각한다. 하지만 일상 생활에서 삼각 함수를 위와 같은 이유로 사용하는 것은 매우 드물

다. 일반적으로 사인^{sine}과 코사인^{cosine}과 같은 삼각 함수는 물, 빛, 음파와 같은 진동 운동을 다루는데 사용된다. 이제 앞서 4단원에서 만든 grid.py의 코드를 가져와 함수를 다음과 같이 변경해보자.

```
def f(x):
    return sin(x)
```

코드를 실행시키면, 그림 6-2와 같은 그래프가 나타난다.

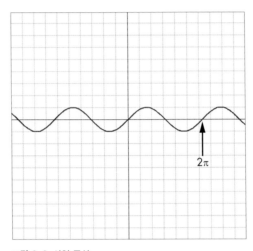

그림 6-2 사인 곡선

x축은 사인 함수의 인풋인 라디안이며, y축은 아웃풋이다. 계산기나 파이썬 쉘에 sin(1)을 넣으면 0.84…로 소수점 숫자가 나오는데, 그 값은 x = 1일 때 곡선의 높이(y 좌표)를 의미하며 그림 6-2에서 곡선의 꼭대기에 가깝다. 다시 sin(3)을 계산기에 넣으면 0.14…가 나온다. 그림 6-2의 곡선을 보면 x = 3일 때 곡선이 0에 가까이 있음을 확인할 수 있다. 그림 6-2의 사인 함수는 x에 어떤 값을 대입해도 아웃풋은 1과 −1 사이로 진동하는 곡선 안에 위치한다. 파장은 함수의 주기라고도 하는 완전한 파동 또는 하나의 파장을 위해 좌표 평면 상의 6개의 칸을 필요로 한다. 학교에서 사인 함수의 주기는 2π이며, 파이썬과 프로세싱에서는 6.28 라디안을 사용한다. 사인 함수를 배울 때는 그림 6-2와 같이 그래프를 그리는 것까지만 배웠을 것이다. 하지만 6단원에서는 사인, 코사인, 탄젠

166

트를 이용해 실시간으로 진동을 시뮬레이션한다. 또한 삼각 함수를 이용해 프로세싱으로 재미있고 역동적인 대화형 스케치를 만들 것이다. 주요 삼각 함수는 그림 6-3과 같다.

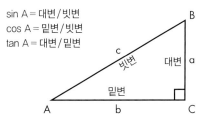

그림 6-3 직각 삼각형의 변의 비율

이제부터 삼각 함수를 사용해 별처럼 홀수 개의 꼭짓점을 가진 도형뿐만 아니라 여러 개의 변을 가지고 있는 다각형을 그려볼 것이다. 그런 다음 원을 따라 회전하는 점에서 시작하는 사인 곡선을 만들 것이다. 마지막으로 삼각 함수를 사용하는 **스피로그래프**Spirograph와 **하모노그래프**harmonograph 타입의 디자인을 만들어 볼 것이며, 원 안팎으로 요동치는 다채로운 점으로 만들어진 물결도 살펴볼 것이다.

삼각 함수를 사용해 이전보다 쉽게 도형을 변형하고, 회전하고, 진동하는 방법을 알아보자.

삼각법을 이용해 회전 및 진동하기

사인과 코사인의 회전은 매우 쉽다. 그림 6-3에서처럼 sin A는 대변을 빗변으로 나눈 값 또는 a를 c로 나눈 값이다.

$$\sin A = \frac{a}{c}$$

위의 식을 a에 대한 식으로 변환하면 다음과 같이 a는 sin A에 빗변을 곱한 값이다.

$$a = c \, \mathrm{Sin} \, A$$

따라서 점의 y 좌표는 원점에서부터 점까지의 거리와 점과 수평선(x축)이 만드는 사인각의 곱으로 나타낼 수 있다. 이제 그림 6-4와 같이 원의 반지름이자 삼각형의 빗변인

r이 (0,0)을 중심으로 회전한다고 상상해보자.

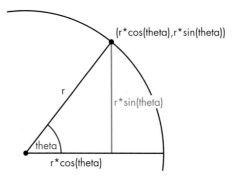

그림 6-4 극좌표 형식의 좌표

점을 회전하려면 원의 반지름을 일정하게 유지하고 각도인 세타를 변경해야 한다. 이제부터 컴퓨터가 반지름 r과 각도 세타의 코사인 또는 사인을 이용해 모든 점의 위치를 계산하는 어려운 부분을 담당한다. 하지만 사인과 코사인이 각도가 아닌 라디안을 인풋으로 사용한다는 것을 기억해야 한다. 다행히 앞서 프로세싱에 내장된 radians()와 degrees() 함수를 사용해 단위를 변환하는 방법을 배웠다.

다각형 그리는 함수 만들기

각 꼭짓점을 다각형을 회전시키는 중심점으로 생각하면 매우 쉽게 다각형을 그릴 수 있다. 다각형은 여러 개의 변을 가진 도형이며, 정다각형은 원 주위에 동일한 간격으로 위치한 점을 연결한 것임을 기억할 것이다. 5단원에서 정삼각형을 그릴 때 살펴본 기하학 개념이 얼마나 많았는지 기억할 것이다. 하지만 도형을 회전시키는 데 삼각 함수를 사용하면 다각형을 그리기 위해서 그림 6-4를 사용해 polygon 함수를 만들면 된다.

프로세싱에서 새로운 스케치를 열고, 파일 이름을 polygon.pyde로 저장한 후, 다음의 코드를 입력해 vertex() 함수로 다각형을 만들어보자.

polygon.pyde

```
def setup():
```

```
    size(600,600)

def draw():
    beginShape()
    vertex(100,100)
    vertex(100,200)
    vertex(200,200)
    vertex(200,100)
    vertex(150,50)
    endShape(CLOSE)
```

line() 함수를 사용해 다각형을 그릴 수도 있지만, 도형이 다 그려진 후 도형에 색을 칠할 수는 없다. 프로세싱의 내장 함수인 beginShape()와 endShape()는 vertex() 함수를 사용해 각 꼭짓점의 위치를 원하는 곳에 지정하므로, 원하는 만큼의 꼭짓점을 가진 다각형을 만들 수 있다.

도형을 그릴 때 항상 beginShape()로 시작하고, vertex() 함수를 사용해 도형의 모든 점의 위치를 나열한 후, 마지막으로 endShape()로 도형 그리는 것을 마무리한다. endShape() 함수의 매개 변수로 CLOSE를 사용하면 프로그램은 마지막 꼭짓점과 첫 번째 꼭짓점을 연결한다.

앞서 작성한 코드를 실행하면 그림 6-5와 같이 나타난다.

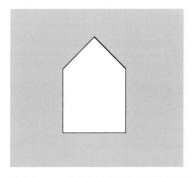

그림 6-5 vertex() 함수로 만든 집 모양의 다각형

하지만 수동으로 4~5개 점 이상을 입력하는 것은 귀찮은 일이다. 따라서 루프를 사용해 인접한 점을 중심으로 회전시켜 다른 점을 지정하면 편리할 것이다. 이제부터 살펴보자.

루프를 이용해 육각형 그리기

다음과 같이 for 루프를 사용해 육각형의 6개의 꼭짓점을 만들어보자.

polygon.pyde

```
def draw():
    translate(width/2,height/2)
    beginShape()
    for i in range(6):
        vertex(100,100)
        rotate(radians(60))
    endShape(CLOSE)
```

하지만 위의 코드를 실행하면 빈 화면이 나타난다. rotate() 함수는 전체 좌표 평면을 회전시키기 때문에 beginShape() 이후에 사용할 수 없다. 따라서 그림 6-4에서 살펴봤던 사인과 코사인 표기법을 사용해 꼭짓점을 회전시켜볼 것이다.

그림 6-6은 식 (r*cos(60*i), r*sin(60*i))가 육각형의 각 꼭짓점을 이루는 방법을 설명하고 있다. 예를 들어, i = 0이면 괄호 안의 각도는 0도이며, i = 1이면 각도는 60도이다.

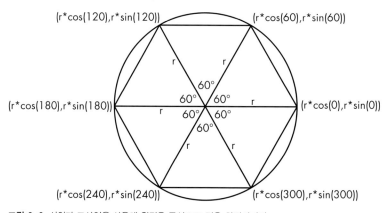

그림 6-6 사인과 코사인을 사용해 원점을 중심으로 점을 회전시키기

코드로 육각형을 만들려면 원의 중심에서 각 꼭짓점까지의 거리를 나타내며 변하지 않는 값을 갖는 변수 r을 만들어야 한다. 여기서 유일하게 바뀌는 값은 sin()과 cos() 함수에 들어가는 각도이며, 모두 60의 배수다. 다음의 코드를 살펴보자.

```
for i in range(6):
    vertex(r*cos(60*i),r*sin(60*i))
```

모든 꼭짓점이 60의 배수(0, 60, 120 등)가 되도록 반복자 i를 0에서 5까지로 해야 한다. 이제 다음과 같이 r을 100으로 변경하고 각도를 라디안으로 변환해보자.

polygon.pyde

```
def setup():
    size(600,600)

def draw():
    translate(width/2,height/2)
    beginShape()
    for i in range(6):
        vertex(100*cos(radians(60*i)),
               100*sin(radians(60*i)))
    endShape(CLOSE)
```

r을 100으로 설정하고 각도를 라디안으로 변환했으므로, 위의 코드를 실행하면 그림 6-7과 같은 육각형이 나타난다. 이제 동일한 방법으로 어떤 다각형이든 만들 수 있다.

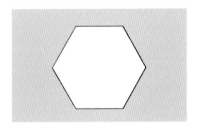

그림 6-7 vertex( ) 함수와 for 루프를 사용해 만든 육각형

정삼각형 그리기

앞서 육각형을 만드는 데 사용한 함수를 이용해 정삼각형을 만들어보자. 다음은 5단원에서처럼 제곱근을 사용하지 않고 루프를 사용해 정삼각형을 만드는 더 간단한 방법이다.

polygon.pyde

```
def setup():
    size(600,600)

def draw():
    translate(width/2,height/2)
    polygon(3,100) #중심으로부터의 거리: 100, 변의 개수: 3

def polygon(sides,sz):
    '''중심으로부터의 거리와 변의 개수를 입력해 다각형 그리기'''
    beginShape()
    for i in range(sides):
        step = radians(360/sides)
        vertex(sz*cos(i * step),
               sz*sin(i * step))
    endShape(CLOSE)
```

위의 코드에서는 다각형의 변의 개수(sides)와 다각형의 크기(sz)를 나타내는 두 매개변수를 이용해 다각형을 그리는 polygon() 함수를 만들었다. 각 꼭짓점은 360을 변의 개수로 나눈 각도만큼 회전한다. 예를 들어, 육각형의 경우 6개의 변이 있기 때문에 60도씩 회전한다($360/6 = 60$). polygon(3,100)은 변의 개수 3과 중심에서 꼭짓점까지의 거리 100을 가지고 polygon() 함수를 호출한다.

코드를 실행하면 그림 6-8과 같이 나타난다.

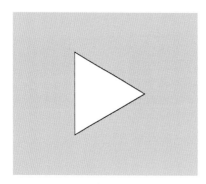

그림 6-8 정삼각형

172

이제 여러 개의 변을 가진 다각형을 매우 쉽게 그릴 수 있다. 더 이상 제곱근을 사용하지 않아도 된다. 그림 6-9는 polygon() 함수를 사용해 만들 수 있는 다각형의 예다.

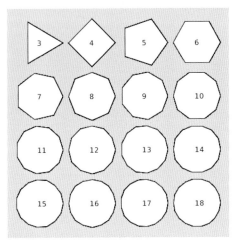

그림 6-9 여러 종류의 다각형

polygon(3,100) 안의 숫자를 변경해 다각형이 어떻게 변하는지 확인해보자.

사인 곡선 만들기

사인과 코사인은 회전하고 진동하기 위한 것이다. 사인 함수와 코사인 함수는 시간이 지남에 따라 원주에 있는 한 점의 높이를 측정할 때 파동을 만든다. 이를 더 구체적으로 설명하기 위해 원주에 점(빨간색 타원으로 표시)을 배치하고 사인 곡선을 시각화하는 원을 만들어보자. 이 때 빨간색 점은 원을 따라 이동하면서 높이를 통해 사인 곡선을 그린다.

새로운 프로세싱 스케치 파일을 열고, 파일 이름을 circleSineWave.pyde로 저장하자. 코드를 확인하기 전에 그림 6-10과 같이 화면 왼쪽에 큰 원을 스스로 만들어 보자.

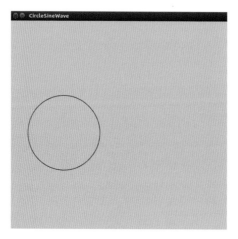

그림 6-10 사인 곡선 스케치 시작

다음 코드는 큰 원의 둘레에 빨간 점을 그리는 코드다.

circleSineWave.pyde

```
r1 = 100 #큰 원의 반지름
r2 = 10 #작은 원의 반지름
t = 0 #시간 변수

def setup():
    size(600,600)

def draw():
    background(200)
    #화면의 왼쪽 중앙으로 이동
    translate(width/4,height/2)
    noFill() #원을 색칠하지 않음
    stroke(0) #검은색 테두리
    ellipse(0,0,2*r1,2*r1)

    #원주를 회전하는 원 그리기
    fill(255,0,0) #빨간색
    y = r1*sin(t)
    x = r1*cos(t)
    ellipse(x,y,r2,r2)
```

일단 원의 반지름을 나타내는 변수를 선언하고, t를 사용해 점이 이동하는 데 걸리는 시간을 나타낸다. 그런 다음 draw() 함수에서 배경을 gray(200)으로 설정하고, 화면을 중심으로 이동시킨 뒤, 반지름을 r1으로 하는 큰 원을 그린다. 마지막으로 x와 y에 대한 극좌표를 사용해 원주를 회전하는 빨간색 원을 그린다.

빨간색 원이 원주를 회전하도록 하려면, t가 변하도록 하면 된다. 따라서 draw() 함수의 마지막 부분에 다음과 같이 시간 변수 t가 조금씩 증가하도록 설정한다.

```
t += 0.05
```

하지만 지금까지 작성한 코드를 실행하면 할당 전에 참조된 지역 변수 t에 대한 오류 메시지가 나타난다. 여기서는 전역 시간 변수 t를 사용해야 하므로, draw() 함수의 시작 부분에 다음 코드를 추가하자.

```
global t
```

그림 6-11과 같이 큰 원을 따라 움직이는 빨간색 원이 나타난다.

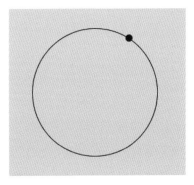

그림 6-11 큰 원을 따라 움직이는 빨간색 원

이제 파동을 그리기 위해 화면의 오른쪽 끝으로 이동하고, 빨간색 타원에서 녹색 선을 x = 200까지 확장시킨다. 그런 다음 draw() 함수의 t + = 0.05 바로 직전에 다음 코드를 추가하자. 사인 곡선을 그리는 전체 코드는 다음과 같다.

```
r1 = 100 #큰 원의 반지름
r2 = 10 #작은 원의 반지름
t = 0 #시간 변수

def setup():
    size(600,600)

def draw():
    global t
    background(200)
    #화면의 왼쪽 중앙으로 이동
    translate(width/4,height/2)
    noFill() #원을 색칠하지 않음
    stroke(0) #검은색 테두리
    ellipse(0,0,2*r1,2*r1)

    #원주를 회전하는 원 그리기:
    fill(255,0,0) #빨간색
    y = r1*sin(t)
    x = r1*cos(t)
    ellipse(x,y,r2,r2)

    stroke(0,255,0) #초록색 선
    line(x,y,200,y)
    fill(0,255,0) #초록색 타원
    ellipse(200,y,10,10)

    t += 0.05
```

회전하는 빨간색 원과 동일한 높이(y값)에 초록색 선을 그리고, 초록색 선은 수평선과 항상 평행을 유지한다. 또한 초록색 타원은 위아래로 움직이는 빨간색 타원과 같은 높이에 위치하게 된다. 위의 코드를 실행하면 그림 6-12와 같이 나타난다.

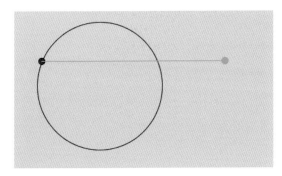

그림 6-12 파동을 그릴 준비가 됐다.

여기서 초록색 타원은 빨간색 타원의 위아래로 얼마나 움직이는지 측정하는 용도로 추가된 것이다.

흔적 남기기

이제 초록색 원이 시간 경과에 따라 높이에 대한 흔적을 남기도록 해보자. 흔적을 남긴다는 것은 모든 높이를 저장하고 기록한다는 것을 의미한다. 숫자, 문자, 단어, 점 등과 같이 많은 것을 저장하려면 **리스트**가 필요하다. 다음을 setup() 함수 앞의 변수 선언부에 추가하자.

```
circleList = []
```

새로 생성한 변수에는 초록색 원의 위치를 저장할 것이며 현재는 빈 리스트다. 이제 draw() 함수의 전역 변수 선언부에 circleList 변수를 추가하자.

```
global t, circleList
```

draw() 함수에서 x와 y를 계산하면 circleList에 y 좌표를 추가해야 하며, 이를 수행하기 위해서는 여러 가지 방법이 존재한다. 앞서 append() 함수를 배웠으므로 append() 함수는 리스트의 끝에 값을 추가한다는 것을 알고 있을 것이다. 따라서 여기서는 다음과 같이 파이썬의 insert() 함수를 사용해 리스트의 첫 부분에 새로운 값을 추가해보자.

```
circleList.insert(0,y)
```

하지만 위와 같은 방법으로 값을 추가하면 빨간색 타원이 원주를 한 바퀴 돌 때마다, 리스트는 계속 커질 것이다. 따라서 다음과 같이 리스트에 이미 존재하는 249개의 항목에 새로운 값을 추가해 길이를 250으로 제한하자.

```
y = r1*sin(t)
x = r1*cos(t)
#list에 값을 추가
circleList = [y] + circleList[:249]
```

새롭게 추가한 코드는 방금 계산한 y 값을 가진 리스트와 circleList의 처음 249개의 항목을 연결하고, 250개의 항목으로 이뤄진 리스트는 이제 새로운 circleList가 된다. 이제 다음과 같이 draw() 함수의 마지막 부분(t를 증가시키기 전)에서 circleList의 모든 요소를 반복하고, 초록색 타원이 흔적을 남기고 있는 것처럼 보이게 하는 새로운 타원을 그리는 루프를 만들어보자.

```
#흔적을 남기기 위해 circleList를 반복:
for i in range(len(circleList)):
    #흔적을 위한 작은 타원
    ellipse(200+i,circleList[i],5,5)
```

위의 코드는 i가 0에서부터 circleList의 길이까지 증가하는 루프를 사용해 리스트의 각 항목에 대한 타원을 그린다. x값은 200에서 시작해 i 값에 따라 증가하며, 타원의 y 값은 circleList에 저장된 y 값이다.

이제 코드를 실행하면 그림 6-13과 같이 나타난다.

178

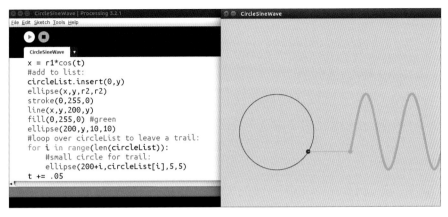

그림 6-13 사인 곡선

이제 사인 곡선이 초록색으로 흔적을 남기며 화면 밖으로 빠져나가는 것을 볼 수 있다.

파이썬 내장 함수인 enumerate() 함수 사용하기

파이썬의 내장 함수인 enumerate() 함수를 사용해 리스트의 각 지점에 타원을 그릴 수도 있다. 이러한 방법은 리스트에 있는 항목의 색인과 값을 추적하는데 편리하고 더 파이썬 다운 방법이다.

IDLE에서 새로운 파일을 열고 다음의 코드를 입력해보자.

```
>>> myList = ["I","love","using","Python"]
>>> for index, value in enumerate(myList):
        print(index,value)
0 I
1 love
2 using
3 Python
```

한 개의 변수 (i) 대신 두 개의 변수(index와 value)를 사용했다. 앞서 작성한 circleSine Wave.pyde에서 enumerate() 함수를 사용하려면 다음과 같이 두 변수를 사용해 반복자(i, index)와 원(c, value)을 추적할 수 있다.

```
#흔적을 남기기 위해 circleList를 반복
for i,c in enumerate(circleList):
    #흔적을 위한 작은 타원:
    ellipse(200+i,c,5,5)
```

circleSineWave.pyde의 최종 코드는 다음과 같다.

circleSineWave.pyde

```
r1 = 100 #큰 원의 반지름
r2 = 10 #작은 원의 반지름
t = 0 #시간 변수
circleList = []

def setup():
    size(600,600)

def draw():
    global t, circleList
    background(200)
    #화면의 왼쪽 중앙으로 이동
    translate(width/4,height/2)
    noFill() #원을 색칠하지 않음
    stroke(0) #검은색 테두리
    ellipse(0,0,2*r1,2*r1)

    #원주를 회전하는 원 그리기
    fill(255,0,0) #빨간색
    y = r1*sin(t)
    x = r1*cos(t)
    #list에 값을 추가:
    circleList = [y] + circleList[:245]

    ellipse(x,y,r2,r2)
    stroke(0,255,0) #초록색 선
    line(x,y,200,y)
    fill(0,255,0) #초록색 타원
    ellipse(200,y,10,10)

    #흔적을 남기기 위해 circleList를 반복:
```

180

```
for i,c in enumerate(circleList):
    #흔적을 위한 작은 원:
    ellipse(200+i,c,5,5)

t += 0.05
```

지금까지는 삼각 함수를 시작하는 학생들에게 보여주기 위한 내용이었다. 이제부터는 애니메이션을 자신만의 버전으로 만들어보자.

스피로그래프 프로그램 만들기

지금까지 원을 회전시키고 흔적을 남기는 방법을 배웠으므로, 이제부터 스피로그래프 타입 모델을 만들어보자. 스피로그래프는 겹쳐지는 두 개의 원형 기어로 이뤄진 장난감이며, 두 개의 기어에는 멋있고 굴곡 있는 디자인을 만들 수 있도록 펜과 연필로 그림을 그릴 수 있는 구멍이 있다. 많은 사람들이 어린 시절 스피로그래프로 멋진 디자인을 만들며 놀았을 것이다. 하지만 이제는 지금까지 배운 사인과 코사인 코드를 이용해 컴퓨터로 스피로그래프 타입의 디자인을 만들어 본다.

먼저 새로운 프로세싱 스케치 파일을 열고, 파일 이름을 spirograph.pyde로 저장한 뒤, 다음 코드를 입력하자.

spirograph.pyde

```
r1 = 300.0 #가장 큰 원의 반지름
r2 = 175.0 #두 번째 원의 반지름
r3 = 5.0 #작은 원의 반지름
#가장 큰 원의 위치:
x1 = 0
y1 = 0
t = 0 #시간 변수
points = [] #값을 넣을 빈 list

def setup():
    size(600,600)

def draw():
```

```
global r1,r2,x1,y1,t
translate(width/2,height/2)
background(255)
noFill()
#가장 큰 원
stroke(0)
ellipse(x1,y1,2*r1,2*r1)
```

화면 중앙에 가장 큰 원을 위치시키고, 큰 원에 사용할 변수를 만들었다. 이제는 원주에 스피로그래프 세트에서 작은 원판 역할을 하는 작은 원을 그려보자.

작은 원 그리기

그림 6-14와 같이 큰 원의 둘레에 작은 원을 위치시켜보자.

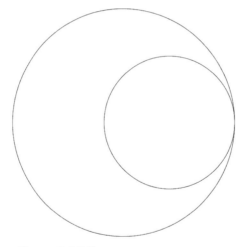

그림 6-14 두 개의 원

그런 다음 작은 원을 스피로그래프 기어처럼 큰 원의 **내부**를 회전하도록 만들 것이다. 앞서 작성한 spirograph.pyde를 다음과 같이 수정해 두 번째 원을 그려보자.

```
#큰 원
stroke(0)
```

```
ellipse(x1,y1,2*r1,2*r1)

#두번째 원
x2 = (r1 - r2)
y2 = 0
ellipse(x2,y2,2*r2,2*r2)
```

작은 원을 큰 원의 내부에서 회전하도록 하려면 원이 진동하도록 **두 번째 원**의 위치에 사인과 코사인 관련 코드를 추가해야 한다.

작은 원 회전시키기

마지막으로 draw() 함수의 마지막 부분에 다음과 같이 시간 변수 t를 증가시키는 코드를 추가하자.

```
#큰 원
stroke(0)
ellipse(x1,y1,2*r1,2*r1)

#두번째 원
x2 = (r1 - r2)*cos(t)
y2 = (r1 - r2)*sin(t)
ellipse(x2,y2,2*r2,2*r2)
t += 0.05
```

이제 두 번째 원이 큰 원의 내부의 둘레를 따라 상하좌우로 진동할 것이다. 코드를 실행하면 두 번째 원이 원 내부를 잘 회전하는 것을 볼 수 있다. 하지만 스피로그래프에서 펜을 넣어 그림을그리는 작은 원이 없으므로, 세 번째 원을 만들어 그 점을 나타낼 것이다. 세 번째 원의 위치는 두 번째 원의 중심과 두 반지름의 차이를 더한 값이다. **점**을 그리기 위한 코드는 다음과 같다.

```
#점 그리기
x3 = x2+(r2 - r3)*cos(t)
y3 = y2+(r2 - r3)*sin(t)
```

```
fill(255,0,0)
ellipse(x3,y3,2*r3,2*r3)
```

코드를 실행하면, 두 번째 원이 첫 번째 원의 둘레를 따라 미끄러지듯 회전하는 것처럼 점이 두 번째 원의 가장자리에 위치하는 것을 볼 수 있다. 하지만 세 번째 원(점)은 두 번째 원의 중심과 원주 사이에 일정한 비율로 떨어져 있어야 하므로, setup() 함수 이전에 비율 변수 prop을 선언할 것이다. 또한 다음과 같이 draw() 함수 시작부에 prop을 전역 변수로 선언하는 것을 명심하자.

```
prop = 0.9
--(생략)-

global r1,r2,x1,y1,t,prop

--(생략)-
x3 = x2+prop*(r2 - r3)*cos(t)
y3 = y2+prop*(r2 - r3)*sin(t)
```

이제 점의 회전 속도를 구해야 한다. 각 속도(점의 회전 속도)가 큰 원과 작은 원의 비율임을 증명하기 위해서는 간단한 대수학을 사용해야 한다. 이 때 음수는 점이 반대 방향으로 회전한다는 것을 기억하자. 다음과 같이 x3와 y3 관련 행을 다음과 같이 업데이트하자.

```
x3 = x2+prop*(r2 - r3)*cos(-((r1-r2)/r2)*t)
y3 = y2+prop*(r2 - r3)*sin(-((r1-r2)/r2)*t)
```

이제 사인 곡선을 그릴 때처럼 점 (x3, y3)을 points 리스트에 저장하고 점 사이에 선을 그리는 것만 남았다. 전역 변수 선언부에 points 리스트를 추가하자.

```
global r1,r2,x1,y1,t,prop,points
```

세 번째 타원(점)을 그린 후 각 점을 리스트에 저장한다. 이 과정은 6단원 앞 부분의 circleSineWave.pyde에서 사용한 방법과 동일하다. 마지막으로 다음의 코드를 추가해 리스트의 각 점들 사이에 선을 그리도록 하자.

```
fill(255,0,0)
ellipse(x3,y3,2*r3,2*r3)
#리스트에 값을 추가
points = [[x3, y3]] + points[:2000]
for i,p in enumerate(points): #points 리스트 값을 확인
    if i < len(points)-1: #마지막 점까지 계속
        stroke(255,0,0) #각 점 사이에 빨간색 선 그리기
        line(p[0],p[1],points[i+1][0],points[i+1][1])

t += 0.05
```

앞서 사인 곡선의 흔적을 남기는 예제에서 이와 비슷한 방법을 사용했다. 위의 코드는 현재 리스트에 있는 값들을 points 리스트에 있는 2000개의 항목과 연결하며, 이를 통해 자동으로 포인트 목록에 저장할 값을 제한시킨다. 이제 코드를 실행시키면 그림 6-15와 같이 프로그램이 스피로그래프를 그리는 것을 볼 수 있다.

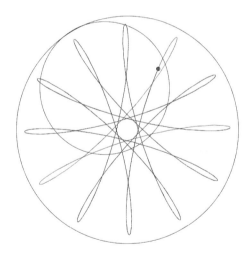

그림 6-15 스피로그래프 그리기

다른 디자인을 그리려면 두 번째 원(r2)의 크기와 점(prop)의 위치를 변경시키면 된다. 예를 들어, 그림 6-16의 스피로그래프는 r2가 105이며, prop이 0.8이다.

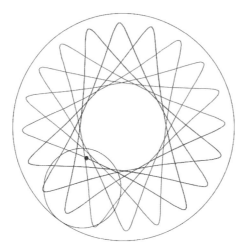

그림 6-16 r2와 prop을 변경해 만든 다른 스피로그래프 디자인

지금까지 사인과 코사인을 사용해 도형을 상하좌우로 진동시켰다. 하지만 도형을 두 개의 다른 방향으로 진동시키는 것도 가능할까? 이제부터 한 번 살펴보자.

하모노그래프 만들기

1800년대에 2개의 진자에 연결된 책상 형태의 하모노그래프라는 발명품이 있었다. 진자가 흔들리면 판에 달린 펜이 종이 위에 그림을 그리는 형태이며, 진자가 앞뒤로 흔들리고 점점 흔들림이 사라져감에 따라 그림 6-17과 같이 그림의 패턴은 흥미로운 형태로 바뀐다.

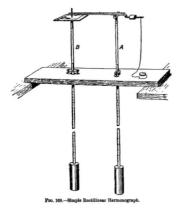

FIG. 166.—Simple Rectilinear Harmonograph.

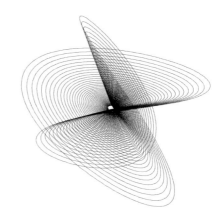

그림 6-17 하모노그래프 기계 및 디자인

프로그래밍과 몇 가지 식을 사용해 하모노그래프가 그림 6-17과 같은 패턴을 그리는 방법을 모델링할 수 있다. 한 개의 진자에 대한 진동을 모델링하는 식은 다음과 같다.

$$x = a * \cos(ft + p)e^{-dt}$$
$$y = a * \sin(ft + p)e^{-dt}$$

위의 두 식에서 x와 y는 각각 펜의 수평과 수직 변위(왼쪽/오른쪽, 위/아래 거리)를 나타내며, 변수 a는 운동의 진폭(크기)이고, f는 진자의 진동수, t는 경과 시간, p는 위상 이동, e는 자연 로그의 밑(2.7 정도의 상수), d는 감쇠 계수(진자의 감속 속도)다. 시간 변수 t는 두 방정식에서 모두 동일하지만 다른 변수는 다를 수 있다. 예를 들어, 왼쪽/오른쪽 진동수는 위/아래 진동수와 다를 수 있다.

하모노그래프 프로그램 만들기

이제 한 진자의 움직임을 모델링하는 프로세싱 스케치를 만들어보자. 새로운 프로세싱 스케치 파일을 열고, 파일 이름을 harmonograph.pyde로 저장한 뒤, 다음 코드를 입력해보자.

harmonograph.pyde

```
t = 0

def setup():
    size(600,600)
    noStroke()

def draw():
    global t
❶  a1,a2 = 100,200 #진폭
    f1,f2 = 1,2 #진동수
    p1,p2 = 0,PI/2 #위상 이동
    d1,d2 = 0.02,0.02 #감쇠 계수
    background(255)
    translate(width/2,height/2)
❷  x = a1*cos(f1*t + p1)*exp(-d1*t)
    y = a2*sin(f2*t + p2)*exp(-d2*t)
    fill(0) #검정색
```

```
    ellipse(x,y,5,5)
    t += .1
```

여기까지는 시간 변수 (t)와 진폭 (a1, a2), 진동수 (f1, f2), 위상 이동 (p1, p2), 감쇠 계수 (d1,d2)를 사용한 일반적인 setup()과 draw() 함수다.

하모노그래프를 그리는 펜의 위치에 대한 두 식에 대입할 변수를 정의한다 ❶. 그런 다음 ❷(x =와 y =) 코드를 사용하기에 앞서 정의한 변수를 사용해 타원의 좌표를 계산한다.

이제 코드를 실행하면 원이 움직이는 것을 볼 수 있지만 무엇을 그리고 있는지 확인할 수 없다. 따라서 리스트에 각 점의 값을 넣고 리스트에 있는 모든 값을 그래프로 나타낼 것이다. 시간 변수 t를 선언한 부분에 다음과 같이 points 리스트를 선언하자.

harmonograph.pyde

```
t = 0
points = []

def setup():
    size(600,600)
    noStroke()

def draw():
    global t,points
    a1,a2 = 100,200
    f1,f2 = 1,2
    p1,p2 = 0,PI/2
    d1,d2 = 0.02,0.02
    background(255)
    translate(width/2,height/2)
    x = a1*cos(f1*t + p1)*exp(-d1*t)
    y = a2*cos(f2*t + p2)*exp(-d2*t)
    #points 리스트에 위치 저장
    points.append([x,y])
    #points 리스트의 값을 연결해서 선 그리기
    for i,p in enumerate(points):
        stroke(0) #검정색
        if i < len(points) - 1:
            line(p[0],p[1],points[i+1][0],points[i+1][1])
    t += .1
```

프로그램의 시작부에 points 리스트를 정의하고, draw() 함수의 전역 변수 선언부에 points를 추가한다. x와 y의 위치를 계산한 후에는 선을 그리기 위한 [x,y]를 points 리스트에 추가한다. 마지막으로 points 리스트의 각 점을 선으로 연결한다. 그런 다음 파이썬의 enumerate() 함수를 사용해 마지막 점보다 한 점 앞에서 멈춘다. 그 이유는 마지막 점에서 다음 점으로 선을 그리려고 할 때 인덱스 범위를 벗어났다는 오류 메시지를 피하기 위함이다. 이제 코드를 실행하면 그림 6-18과 같이 점이 흔적을 남기는 것을 볼 수 있다.

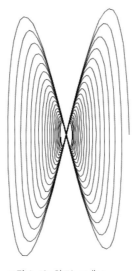

그림 6-18 하모노그래프

만약 다음과 같이 감쇠 계수 부분을 주석 처리하면 점은 계속 같은 위치에 흔적을 남길 것이다.

```
x = a1*cos(f1*t + p1)#*exp(-d1*t)
y = a2*cos(f2*t + p2)#*exp(-d2*t)
```

감쇠 계수는 진자의 최대 진폭이 점진적으로 감소하는 것을 모델링한 것이며, 많은 하모노그래프디자인을 **가리비 모양**으로 보이게 만든다. 처음 몇 번은 디자인을 그리는 것을 보는 것도 흥미롭겠지만, 한번에 points 리스트를 채울 수 있는 방법은 없을까?

한번에 리스트 채우기

매 프레임마다 리스트를 채우는 대신 리스트를 한번에 채울 수 있는 방법을 생각해보자. 다음과 같이 기존의 draw() 함수에 있던 코드를 별도의 새로운 함수로 분리시켜보자.

```
def harmonograph(t):
    a1,a2 = 100,200
    f1,f2 = 1,2
    p1,p2 = PI/6,PI/2
    d1,d2 = 0.02,0.02
    x = a1*cos(f1*t + p1)*exp(-d1*t)
    y = a2*cos(f2*t + p2)*exp(-d2*t)
    return [x,y]
```

이제 draw() 함수에 다음과 같이 t의 값에 따라 여러 개의 점을 추가하는 루프가 필요하다.

```
def draw():
    background(255)
    translate(width/2,height/2)
    points = []
    t = 0
    while t < 1000:
        points.append(harmonograph(t))
        t += 0.01

    #points 리스트의 값을 연결해서 선 그리기
    for i,p in enumerate(points):
        stroke(0) #검정색
        if i < len(points) - 1:
            line(p[0],p[1],points[i+1][0],points[i+1][1])
```

코드를 실행하면 한번에 전체 하모노그래프가 나타나는 것을 볼 수 있다. 타원의 크기와 위상 이동을 변경했으므로 그림 6-19와 같이 모양이 다르게 보일 것이다. 각 값을 직접 변경해 보고 어떻게 디자인이 변화되는지 확인해보자.

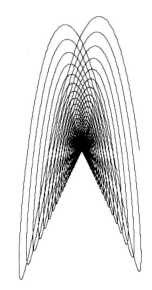

그림 6-19 다른 공식을 사용해 하모노그래프 만들기

2개의 진자가 1개보다 좋다

다음과 같이 각 식에 다른 값을 추가해 다른 진자를 추가하고 더 복잡한 디자인을 만들어
보자.

```
x = a1*cos(f1*t + p1)*exp(-d1*t) + a3*cos(f3*t + p3)*exp(-d3*t)
y = a2*sin(f2*t + p2)*exp(-d2*t) + a4*sin(f4*t + p4)*exp(-d4*t)
```

모든 작업은 각 행마다 동일한 코드를 추가하고, 몇 개의 숫자를 변경시켜 하나 이상
의 진자를 시뮬레이션하기 위함이다. 당연히 새로운 변수를 만들고 변수에 값을 부여해
야 한다. 다음 코드는 http://www.walkingrandomly.com/?p=151에서 발견한 디자인
중 하나를 만드는 방법이다.

```
def harmonograph(t):
    a1=a2=a3=a4 = 100
    f1,f2,f3,f4 = 2.01,3,3,2
    p1,p2,p3,p4 = -PI/2,0,-PI/16,0
```

```
d1,d2,d3,d4 = 0.00085,0.0065,0,0
x = a1*cos(f1*t + p1)*exp(-d1*t) + a3*cos(f3*t + p3)*exp(-d3*t)
y = a2*sin(f2*t + p2)*exp(-d2*t) + a4*sin(f4*t + p4)*exp(-d4*t)
return [x,y]
```

위 코드에서 변경된 것은 상수 a와 f, p, d의 값으로 이를 통해 완전히 다른 디자인을 만들어낼 수 있다. 선을 그리기 전에 stroke(255,0,0)를 추가하면 그림 6-20과 같이 선이 빨간색이 된다.

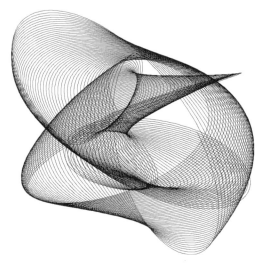

그림 6-20 완전한 하모노그래프

다음 코드는 harmonograph.pyde의 최종 코드다.

harmonograph.pyde

```
t = 0
points = []

def setup():
    size(600,600)
    noStroke()

def draw():
```

```
background(255)
translate(width/2,height/2)
points = []
t = 0
while t < 1000:
    points.append(harmonograph(t))
    t += 0.01

#points 리스트의 값을 연결해서 선 그리기
for i,p in enumerate(points):
    stroke(255,0,0) #빨간색
    if i < len(points) - 1:
        line(p[0],p[1],points[i+1][0],points[i+1][1])

def harmonograph(t):
    a1=a2=a3=a4 = 100
    f1,f2,f3,f4 = 2.01,3,3,2
    p1,p2,p3,p4 = -PI/2,0,-PI/16,0
    d1,d2,d3,d4 = 0.00085,0.0065,0,0
    x = a1*cos(f1*t + p1)*exp(-d1*t) + a3*cos(f3*t + p3)*exp(-d3*t)
    y = a2*sin(f2*t + p2)*exp(-d2*t) + a4*sin(f4*t + p4)*exp(-d4*t)
    return [x,y]
```

요약

삼각법 수업에서 학생들은 알려지지 않은 변의 길이 혹은 각도를 찾는 문제를 풀어야 한다. 하지만 이제는 사인과 코사인이 점과 도형을 회전시키고 변형시켜 스피로그래프나 하모노그래프 같은 디자인을 만드는 데 쓰인다는 것을 배웠다. 6단원에서는 각 점을 리스트에 저장한 후 루프를 통해 각 점 사이에 선을 그리는 데 얼마나 유용하게 사용되는지를 살펴봤다. 또한 enumerate()와 vertex()와 같은 파이썬 함수를 살펴봤다.

7단원에서는 6단원에서 배운 사인과 코사인을 이용한 회전 개념을 사용해 완전히 새로운 종류의 숫자를 만들 것이다. 또한 이러한 새로운 숫자를 사용해 그리드를 회전하고 변형시켜, 픽셀의 위치를 사용해 복잡한 예술 작품을 만들어보자.

7

복소수

−1의 제곱근을 허수 또는 i라고 부른다. 허수라는 이름은 실제로 그 숫자가 존재하지 않거나 실제 사용 목적이 없는 것처럼 느끼게 한다. 하지만 허수는 실제로 존재하며, 전자기학과 같은 분야에서 많이 사용되고 있다.

7단원에서는 실수와 허수를 가지고 $a + bi$(a, b는 실수이며, i는 허수)의 형태로 나타내는 복소수를 사용해 아름다운 예술 작품을 만들어볼 것이다. 복소수는 실수와 허수의 두 가지 정보를 가지고 있기 때문에 1차원 객체를 2차원 객체로 전환하는 데 사용할 수 있다. 파이썬은 복소수의 조작을 훨씬 간단하게 만들며, 복소수를 사용하여 마법같이 멋진 일이 일어나도록 할 수 있다. 일반적으로 전자와 광자의 운동을 설명하기 위해 복소수를 사용하며, 실생활에서 사용하는 숫자의 경우 허수 부분이 0인 복소수인 셈이다.

먼저 복소 좌표평면에서 복소수를 그리는 방법을 살펴볼 것이다. 또한 파이썬의 리스트로 복소수를 표현하고, 복소수를 더하고 곱하는 함수를 작성하는 방법을 살펴본다. 마지막으로 복소수의 절대값을 구하는 방법을 알아본다. 복소수를 조작하는 방법을 배운 후에는 간편하게 망델브로 집합과 줄리아 집합을 만드는 프로그램을 작성할 수 있을 것이다.

복소 좌표계

프랭크 패리스^{Frank Farris}의 저서 『Creating Symmetry』(Princeton University Press, 2015)에서는 "복소수는 하나의 수 $z = x + iy$를 압축해 실수의 직교 좌표 쌍(x,y)으로 표현하는 단순한 방법이다"라고 요약한다. 직교 좌표계에서 x는 가로 축을 나타내고 y는 세로 축을 나타내지만, 그 숫자들을 더하거나 곱하지 않고 위치를 나타내는 것뿐이라는 것을 이미 알고 있다.

대조적으로 복소수는 위치를 나타낼 수 있을 뿐만 아니라 다른 숫자처럼 계산할 수 있으며, 기하학적으로 살펴보면 도움이 된다. 이제 그림 7-1과 같이 실수를 가로 축에, 허수를 세로 축에 위치하도록 좌표계를 조금 바꿔보자.

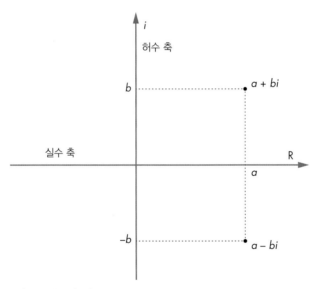

그림 7-1 복소 좌표계

그림 7-1을 통해 $a + bi$와 $a - bi$가 복소 좌표계에서 어디에 위치하는지 살펴봤다.

복소수 더하기

복소수의 덧셈과 뺄셈은 실수와 동일하게 하나의 숫자와 다른 하나의 숫자를 계산하면 된다. 예를 들어, 2 + 3*i*와 4 + *i*를 더하려면 그림 7-2와 같이 실수 부분과 허수 부분을 각각 더하면 6 + 4*i*가 된다.

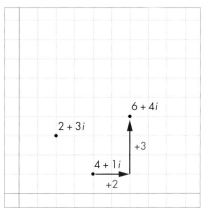

그림 7-2 두 개의 복소수 더하기

그림 7-2를 살펴보면 4 + *i*에서 2 + 3*i*를 더하려면 양의 실수 방향으로 2 단위를 이동하고, 양의 허수 방향으로 3단위를 이동해 6 + 4*i*에 위치하게 된다.

이제 다음 코드를 사용해 두 개의 복소수를 더하는 함수를 작성해 보자. IDLE에서 새로운 파일을 열고, 파일 이름을 complex.py로 저장하자.

```
def cAdd(a,b):
    '''두 개의 복소수 더하기'''
    return [a[0]+b[0],a[1]+b[1]]
```

cAdd()라는 함수를 정의해 리스트 형식으로 [x,y] 두 개의 복소수를 입력하고 다른 리스트로 반환한다. 리스트의 첫 번째 항인 a[0]+b[0]는 두 개 리스트의 첫 번째 항의 합(인덱스가 0)이며, 두 번째 항인 a[1]+b[1]은 인덱스가 1인 두 번째 항의 합이다. 프로그램을 저장하고 실행해보자.

이제 복소수 u = 1 + 2i와 v = 3 + 4i를 사용해 프로그램을 테스트해 볼 것이다. 쉘에서 cAdd() 함수에 다음과 같이 입력해보자.

```
>>> u = [1,2]
>>> v = [3,4]
>>> cAdd(u,v)
[4, 6]
```

복소수 1 + 2i와 3 + 4i의 합계인 4 + 6i를 얻게 될 것이다. 복소수를 더하는 것은 x 방향과 y 방향으로 단계를 이동하는 것과 같다. 나중에 망델브로 집합 및 줄리아 집합과 같이 아름다운 디자인을 만들 때 cAdd()를 다시 사용할 것이다

복소수에 i 곱하기

복소수의 덧셈은 별로 유용하게 사용되지 않지만 곱셈은 매우 유용하게 쓰인다. 예를 들어, 복소수에 *i*를 곱하면 복소수가 원점을 중심으로 90도 회전한다. 복소 좌표계에서 실수에 −1을 곱하면 그림 7-3과 같이 원점을 중심으로 180도를 회전한다.

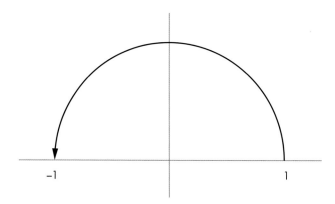

그림 7-3 숫자에 −1을 곱해 180도 회전시키기

그림 7-3을 살펴보면, 1 곱하기 −1은 −1이므로 1은 0을 중심으로 반대쪽으로 이동한다.

이와 동일하게 복소수에 −1을 곱하면 180도 회전하므로, 그림 7-4와 같이 −1의 제곱근을 곱하면 90도 회전한다.

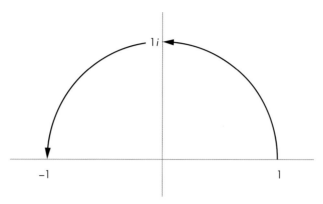

그림 7-4 숫자에 i를 곱해 90도 회전시키기

다시 말해 i는 −1의 제곱근이므로 1에 i를 곱하면 −1을 곱하는 것의 반만큼 회전한다. 따라서 결과(i)에 i를 다시 곱하면 90도 회전하고, 결론적으로 −1에 위치한다. 이를 통해 동일한 수(i)를 두 번 곱하면 음수를 얻을 수 있으므로 제곱근의 정의를 확인할 수 있다.

두 개의 복소수 곱하기

이제 두 개의 복소수를 곱하면 어떻게 되는지 살펴보자. 두 개의 이항식을 곱하는 것처럼 곱셈 공식을 사용해 대수적으로 두 개의 복소수를 곱할 수 있다.

$$(a + bi)(c + di)$$
$$= ac + adi + bci + bdi^2$$
$$= ac + (ad + bc)i + bd(-1)$$
$$= ac - bd + (ad + bc)i$$
$$= [ac - bd, ad + bc]$$

곱셈 공식을 더 쉽게 설명하기 위해 위 과정을 다음과 같이 cMult() 함수로 변환해보자.

```
def cMult(u,v):
    '''두 개의 복소수의 곱을 반환'''
    return [u[0]*v[0]-u[1]*v[1],u[1]*v[0]+u[0]*v[1]]
```

cMult() 함수를 테스트하기 위해 $u = 1 + 2i$에 $v = 3 + 4i$를 곱할 것이다. 쉘에 다음과 같이 입력해보자.

```
>>> u = [1,2]
>>> v = [3,4]
>>> cMult(u,v)
[-5, 10]
```

함수를 실행시키면 아웃풋으로 $-5 + 10i$가 출력된다.

이전 절에서 복소수에 i를 곱하면 복소 좌표계에서 원점을 중심으로 90도 회전하는 것과 같다는 것을 배웠다. 이를 이용해 $v = 3 + 4i$로 테스트해보자.

```
>>> cMult([3,4],[0,1])
[-4, 3]
```

결과는 $-4 + 3i$다. $3 + 4i$와 $-4 + 3i$를 그래프로 나타내면 그림 7-5와 같다

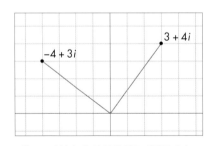

그림 7-5 복소수에 i를 곱해 90도 회전시키기

그림 7-5를 살펴보면 -4 + 3i는 3 + 4i가 원점을 기준으로 90도 회전한 것이다.

이제 복소수를 더하고 곱하는 방법을 배웠으므로, 망델브로 집합과 줄리아 집합을 만드는 데 사용할 복소수의 절대값을 찾는 방법을 살펴볼 것이다.

magnitude() 함수 만들기

복소수의 절대값은 복소 좌표 평면의 원점에서 복소수까지의 거리다. 이제 피타고라스 정리를 사용해 magnitude() 함수를 만들어보자. complex.py로 돌아가서 파이썬 math 모듈의 sqrt 함수를 불러온다.

```
from math import sqrt
```

magnitude() 함수는 피타고라스 정리를 식으로 나타낸 것에 불과하다.

```
def magnitude(z):
    return sqrt(z[0]**2 + z[1]**2)
```

복소수 $2 + i$의 절대값을 구해보자.

```
>>> magnitude([2,1])
2.23606797749979
```

이제 복소수 값의 크기에 따라 화면에 픽셀의 색을 지정하는 파이썬 프로그램을 작성할 준비가 됐다.

망델브로 집합 만들기

망델브로 집합을 만들려면 화면의 각 픽셀을 복소수 z로 표시한 다음, 값을 반복해 제곱하고 원래의 수 z를 더해야 한다.

$$z_{n+1} = z_n^2 + c$$

그런 다음 아웃풋에 대해 동일한 작업을 반복해서 수행한다. 숫자가 계속 커지면 원래의 복소수에 해당하는 픽셀에 절대값이 2와 같은 특정 숫자보다 커지는 횟수에 따라 색을 지정한다. 숫자가 계속 작아지면 다른 색을 지정한다.

숫자에 1보다 큰 숫자를 곱하면 원래 숫자보다 커진다는 것을 이미 알고 있는 사실이다. 숫자에 1을 곱하면 숫자는 그대로 유지되고, 1보다 작은 숫자를 곱하면 숫자는 원래 숫자보다 작아진다. 복소수도 그림 7-6의 복소 평면에서 살펴보면 동일한 패턴을 따른다.

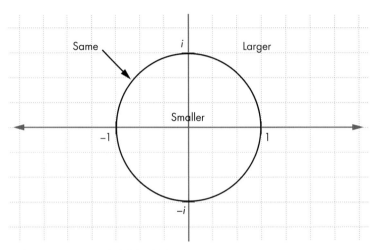

그림 7-6 복소수를 곱하면 일어나는 현상 시각화

단순히 복소수만 곱하면 망델브로 집합은 그림 7-6과 같이 원으로만 나타난다. 하지만 추후에 복소수를 제곱하거나 숫자를 더하면 간단한 원을 매우 복잡하고 놀라울 정도로 아름다운 형태로 변형시킨다. 그러나 아름다운 형태의 디자인을 만들기에 앞서 그리드의 모든 지점에서 연산을 수행해야 한다.

연산의 결과에 따라 일부는 작아지면서 0으로 수렴하고, 일부는 커지면서 발산할 것이다. 이때 특정 숫자에 가까워지는 것을 수학 용어로 **수렴**이라고 하며, 계속 값이 매우 커지는 것을 **발산**이라고 한다. 이제 픽셀의 값이 너무 커져서 그리드 밖으로 나가게 되는 횟수에 따라 색을 지정할 것이다. 이 때 사용하는 공식은 앞서 작성한 cMult() 함수에 몇 단계를 추가한 것이다. 숫자를 제곱하고, 그 값에 원래의 복소수를 더한 다음 특정 값으로 발산할 때까지 같은 과정을 반복한다. 제곱된 복소수의 절댓값이 2(원하는 최댓값을 선택할 수 있음)보다 커지면 발산했다는 것을 의미하며, 2보다 커지지 않으면 검은색으로 남겨둘 것이다.

예를 들어, 복소수 $z = 0.25 + 1.5i$를 사용해 망델브로 집합 연산을 수동으로 해보자.

```
>>> z = [0.25,1.5]
```

z를 제곱해 그 값을 변수 z2에 저장하자.

```
>>> z2 = cMult(z,z)
>>> z2
[-2.1875, 0.75]
```

그런 다음 cAdd() 함수를 사용해 z2와 z를 더한다.

```
>>> cAdd(z2,z)
[-1.9375, 2.25]
```

이제 피타고라스 정리를 사용해 복소수가 원점에서 2 단위 이상 떨어져 있는지 알아볼 것이다. 앞서 사용한 magnitude() 함수를 사용해 복소수의 크기가 2보다 큰지 확인해보자.

```
>>> magnitude([-1.9375,2.25])
2.969243380054926
```

여기서 "숫자가 원점에서 2 단위 이상 떨어져 있으면, 그 값은 발산한다"와 같이 규칙을 설정한다. 따라서 복소수 $z = 0.25 + 1.5i$는 이와 같은 과정을 한번만 반복해도 발산한다.

이번에는 다음과 같이 $z = 0.25 + 0.75i$로 테스트해보자.

```
>>> z = [0.25,0.75]
>>> z2 = cMult(z,z)
>>> z3 = cAdd(z2,z)
>>> magnitude(z3)
1.1524430571616109
```

동일한 과정을 한 번 더 반복할 경우를 대비해 z2와 z를 더한 값을 z3에 저장한 것을 제외하고 이전에 수행한 연산을 동일하게 했다. 여전히 2보다 작은 숫자이므로, 새로 구한 값을 z에 대입하고 동일한 과정을 반복해보자. 일단 새로운 변수 z1을 만들어 원래의 z를 저장한다.

```
>>> z1 = z
```

복소수 z3의 최신 값을 사용해 연산 과정을 반복해보자. 먼저 z3의 최신 값을 제곱하고, z1을 더한 뒤 절대 값을 구할 것이다.

```
>>> z2 = cMult(z3,z3)
>>> z3 = cAdd(z2,z1)
>>> magnitude(z3)
0.971392565148097
```

아웃풋 0.97이 앞서 구한 1.152보다 작아서 발산하지 않는다고 생각할 수도 있지만 아직까지 연산을 두 번 밖에 반복하지 않았다는 것을 명심하자. 수동으로 이것을 계산하는 것은 매우 귀찮은 일이다. 따라서 이제부터는 신속하고 쉽게 연산을 수행할 수 있도록 프로그램을 만들어보자. 값을 제곱하고, 더하고, 절대값을 찾는 함수를 사용해 mandelbrot() 이라는 함수를 만들어, 연산 과정을 자동화해 수렴하는 수와 발산하는 수를 시각적으로 분리시킬 것이다. 어떤 디자인이 만들어 질 것인지 상상해보자. 원? 타원? 이제부터 살펴보자.

mandelbrot() 함수 만들기

이제 새로운 프로세싱 스케치를 열고, 파일 이름을 mandelbrot.pyde로 저장하자. 여기서 재창조하고자 하는 망델브로 집합은 1970년대 컴퓨터를 사용해 이 과정을 처음으로 탐색한 수학자 베노아 망델브로의 이름을 따서 지어졌다. 이제부터 다음 코드를 사용해 제곱과 덧셈 과정을 숫자가 발산할 때까지 반복할 것이다.

```
def mandelbrot(z,num):
    '''연산 과정을 num 만큼 반복하며, 발산할 때까지 반복한 횟수를 반환한다. '''
❶  count=0

    #z1을 z로 정의
    z1=z
    #num 만큼 반복
❷  while count <= num:
        #발산하는지 확인
        if magnitude(z1) > 2.0:
        #발산할 때까지의 횟수 반환
            return count
        #z 반복
    ❸  z1=cAdd(cMult(z1,z1),z)
        count+=1
    #z가 과정이 끝나도록 발산하지 않는 경우
    return num
```

mandelbrot() 함수는 복소수 z 및 반복 횟수를 매개 변수로 사용한다. 이러한 과정을 거쳐 z가 발산하는 데 걸리는 횟수를 반환하고, 발산하지 않으면 (함수의 끝부분에서) num을 반환한다. 그런 다음 반복 횟수를 추적하기 위해 변수 count를 만들고 ❶ z를 변경하지 않고 유지하도록 하기 위해 제곱 등의 연산을 통해 변경되는 새로운 복소수 z1을 만든다.

변수 count가 num과 같아질 때까지 반복 과정을 계속하도록 루프를 사용한다 ❷. 루프 안에서는 z1의 절대값을 연산해 발산하는지 확인하고 발산하는 경우, count를 반환하고 루프를 종료한다. 그렇지 않은 경우 복소수에 대한 연산의 정의대로 z1을 제곱하고 그 값에 z1을 더한다 ❸. 마지막으로 변수 count를 1만큼 증가시키고 동일 과정을 반복한다.

mandelbrot.pyde 프로그램을 사용해 복소수 $z = 0.25 + 0.75i$의 반복 횟수를 구할 수 있다. 다음은 각 루프 이후의 절대값이다.

```
0.7905694150420949
1.1524430571616109
0.971392565148097
1.1899160852817983
2.122862368187107
```

첫 번째 숫자는 연산을 수행하기 전 z = 0.25 + 0.75i의 절대값이다.

$$\sqrt{0.25^2 + 0.75^2} = 0.790569\ldots$$

위의 값을 살펴보면, 연산 과정을 4번 반복한 후에 값이 2보다 커지면서 발산하는 것을 확인할 수 있다. 그림 7-7은 각 단계를 시각화하기 위해 그래프로 나타낸 것이다.

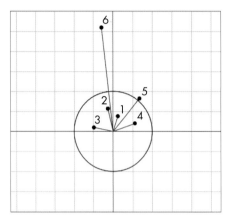

그림 7-7 복소수 0.25 + 0.75i가 발산할 때까지 mandelbrot() 함수를 실행

빨간색 원은 반지름이 2이며 복소수가 발산한다고 판단하는 기준치를 나타낸다. 원래의 z 값을 제곱하고 더하면서 숫자의 위치가 회전하고 이동해 결국 규칙에서 허용하는 것보다 원점에서 멀어진다.

4단원에서 배운 그래프 기술을 사용해 프로세싱 화면에 점과 함수를 그래프로 나타내보자. 일단 complex.py(`cAdd`, `cMult` 및 `magnitude`)에서 사용한 모든 복소수 함수를 복사해 mandelbrot.pyde의 하단에 붙여 넣자. 그런 다음 프로세싱의 `println()` 함수를 사용해 발산 지점에서의 반복 횟수를 콘솔에 출력할 것이다. 아래의 코드를 `mandelbrot()` 함수 앞에 추가해보자.

mandelbrot.pyde

```
# x값의 범위
xmin = -2
xmax = 2
```

```
# y값의 범위
ymin = -2
ymax = 2

#범위 계산
rangex = xmax - xmin
rangey = ymax - ymin

def setup():
    global xscl, yscl
    size(600,600)
    noStroke()
    xscl = float(rangex)/width
    yscl = float(rangey)/height

def draw():
    z = [0.25,0.75]
    println(mandelbrot(z,10))
```

일단 프로그램의 도입부에서 실수 값(x)와 허수 값(y)의 범위를 계산한다. 그런 다음 setup()에서, 복소수(이 경우, −2와 2 사이의 숫자)를 얻기 위해 픽셀(이 경우, 0에서 600까지)을 곱하는 데 필요한 환산 계수(xscl과 yscl)를 계산한다. draw() 함수에서는 복소수 z를 정의한 다음 그 값을 mandelbrot() 함수에 대입해 반환 받은 값을 출력한다. 화면에는 아무것도 나타나지 않지만 콘솔에는 4가 출력되는 것을 볼 수 있다. 이제부터는 화면의 모든 픽셀의 위치를 mandelbrot() 함수에 대입하고 결과를 표시해 볼 것이다.

다시 mandelbrot.pyde 프로그램의 mandelbrot() 함수로 돌아가보자. 이제부터 픽셀의 위치에 대해 곱셈과 덧셈 연산을 반복하면서 값을 반환하고, 값이 발산하지 않으면 해당 픽셀을 검정색으로 채울 것이다. 다음과 같이 draw() 함수를 업데이트해보자.

mandelbrot.pyde

```
def draw():
    #그리드 상의 모든 x와 y를 지남
❶ for x in range(width):
        for y in range(height):
❷        z = [(xmin + x * xscl) ,
```

```
            (ymin + y * yscl) ]
      #값을 mandelbrot() 함수에 대입
❸ col=mandelbrot(z,100)
      #함수가 100을 반환하면
      if col == 100:
          fill(0) #사각형을 검정색으로
      else:
          fill(255) #사각형을 흰색으로
      #작은 사각형 그리기
      rect(x,y,1,1)
```

모든 픽셀을 이동하려면 x와 y에 대한 중첩 루프가 필요하다 ❶. 그런 다음 복소수 z는
x + iy임을 선언한다 ❷. 화면의 좌표에서 복소수 z를 계산하는 것은 약간 까다롭다. 예를
들어, xmin 값에서 시작해 단계에 맞는 환산 계수를 곱해 더한다. mandelbrot() 함수를 통
해 픽셀 단위로 이뤄진 화면의 크기인 0에서 600 사이는 가지 않고, −2와 2사이만을 움
직일 것이다 ❸.

mandelbrot() 함수는 복소수를 제곱하고 더하는 과정을 100번 반복하고, 발산하는 데
걸린 반복 횟수를 반환한다. 그런 다음 프로세싱에서 color라는 키워드가 이미 존재하므
로 반환된 숫자를 col이라는 변수에 저장한다. 이때 col에 저장된 숫자는 픽셀의 색깔을
지정한다. 일단은 발산하지 않는 모든 픽셀이 검은색이 되도록 해 망델브로 집합을 화면
에 띄워보자. 픽셀이 발산하는 경우에는 흰색으로 표현할 것이다. 지금까지 작성한 코드
를 실행하면 그림 7-8과 같이 유명한 망델브로 집합이 나타난다.

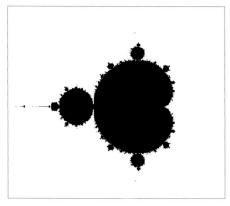

그림 7-8 유명한 망델브로 세트

놀랍지 않은가? 단지 복소수를 제곱하고 더한 뒤, 그 숫자의 절대값에 따라 픽셀을 채색함으로써 컴퓨터 없이는 상상조차 할 수 없었던 매우 복잡한 디자인을 만들었다. 다음과 같이 x와 y의 범위를 변경해 디자인의 특정 지점을 확대할 수도 있다.

```
#x값의 범위
xmin = -0.25
xmax = 0.25

#y값의 범위
ymin = -1
ymax = -0.5
```

이제 아웃풋이 그림 7-9와 같이 나타날 것이다.

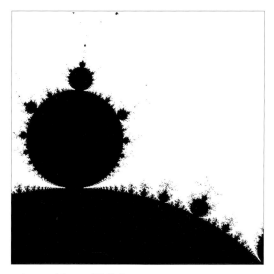

그림 7-9 망델브로 집합 확대

망델브로 집합을 확대해서 사람들이 인터넷에 게시한 비디오를 찾아보길 적극 권장한다.

망델브로 집합에 색 추가하기

이제 망델브로 디자인에 색을 추가해보자. 다음 코드를 추가해 RGB(빨간색, 초록색, 파란색) 스케일이 아닌 HSB(색조, 채도, 밝기) 스케일을 사용할 것이라는 것을 선언하자.

```
def setup():
    size(600,600)
    colorMode(HSB)
    noStroke()
```

그런 다음 mandelbrot() 함수가 반환한 값에 따라 사각형의 색을 지정하도록 한다.

```
    if col == 100:
        fill(0)
    else:
        fill(3*col,255,255)
    #작은 사각형 그리기
    rect(x,y,1,1)
```

fill() 함수에서 변수 col(복소수가 발산하는데 걸린 반복 횟수)에 3을 곱해 HSB 색상 모드의 H(색조)를 만든다. 이제 코드를 실행하면 그림 7-10과 같이 멋지게 채색된 망델브로 디자인이 나타난다.

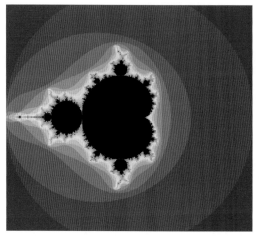

그림 7-10 발산 값을 사용해 망델브로 집합의 색 채색하기

진한 주황색 원에서부터 검은색 망델브로 집합이 되는 밝은 주황색 타원에 이르기까지 모든 단계에서 발산 지점을 확인할 수 있다. 이제 다른 색을 이용해서도 테스트해 볼 수 있다. 예를 들어, fill() 함수 부분을 다음과 같이 변경해보자.

```
fill(255-15*col,255,255)
```

변경한 코드를 실행하면 그림 7-11과 같이 그림에서 파란색이 더 많이 보이게 된다.

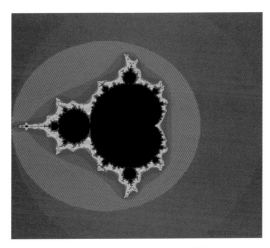

그림 7-11 다른 색을 이용해 채색한 망델브로 집합

다음으로 비슷한 디자인이며, 입력값에 따라 모양이 변하는 줄리아 집합을 살펴볼 것이다.

줄리아 집합 만들기

망델브로 집합에서 각 점의 색을 결정하기 위해 시작 점을 복소수 z로 지정하고 그 값을 제곱한 뒤 원래의 수 z를 더하는 과정을 반복했다. 줄리아 집합은 망델브로 집합처럼 구성돼 있지만 제곱한 값에 원래의 수 z를 더하는 대신, 계속 같은 상수인 복소수 c를 더한다는 점이 다르다. 따라서 c를 변경시키면 다양한 줄리아 집합을 만들 수 있다.

julia() 함수 만들기

줄리아 집합을 위키피디아에서 검색하면 여러 가지 아름다운 줄리아 디자인과 그 디자인을 만드는데 사용할 복소수를 제공한다. 일단 $c = -0.8 + 0.156i$를 사용해 줄리아 집합을 만들어보자. 앞서 사용한 mandelbrot() 함수를 조금만 변경하면 julia() 함수로 사용할 수 있다. mandelbrot.pyde 스케치를 julia.pyde로 다시 저장하고 다음과 같이 mandelbrot() 함수를 변경시켜보자.

julia.pyde

```
def julia(z,c,num):
    '''연산 과정을 num 만큼 반복하며, 발산할 때까지 반복한 횟수를 반환한다. '''
    count = 0
    #z1을 z로 정의
    z1 = z
    #num 만큼 반복
    while count <= num:
        #발산하는지 확인
        if magnitude(z1) > 2.0:
            #발산할 때까지의 횟수 반환
            return count
        #z 반복
    ❶  z1 = cAdd(cMult(z1,z1),c)
        count += 1
    #z가 과정이 끝나도록 수렴하지 않는 경우
    return num
```

julia() 함수는 mandelbrot() 함수와 거의 비슷하다. 유일하게 변경된 코드는 z를 c로 변경한 것이다 ❶. 복소수 c는 z와 다르므로 다음과 같이 draw()의 julia() 함수에 전달해야 한다.

```
def draw():
    #그리드 상의 모든 x와 y를 지남
    for x in range(width):
        for y in range(height):
            z = [(xmin + x * xscl) , (ymin + y * yscl) ]
    ❶      c = [-0.8,-0.156]
```

212

```
#값을 julia() 함수에 대입
col=julia(z,c,100)
#함수가 100을 반환하면
if col == 100:
    fill(0)
else:
    fill(3*col,255,255)
#작은 사각형 그리기
rect(x,y,1,1)
```

줄리아 집합을 위해 소수 c를 선언하기❶ 전까지는 mandelbrot.pyde와 완전히 같다. 그런 다음 julia() 함수를 호출할 때 인수에 c를 추가한다. 코드를 실행하면 그림 7-12와 같이 망델브로 디자인과는 매우 다른 디자인이 나타난다.

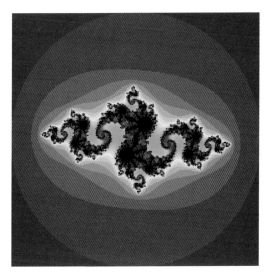

그림 7-12 c = −0.8 − 0.156i인 줄리아 집합

줄리아 집합에서 가장 좋은 점은 입력값 c를 변경하면 다른 아웃풋을 얻을 수 있다는 것이다. 예를 들어, c를 −0.4 − 0.6i로 변경하면 그림 7-13과 같은 디자인이 나타난다.

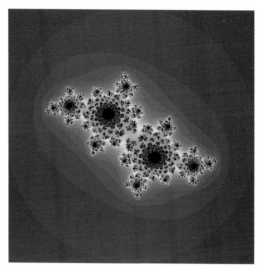

그림 7-13 $c = -0.4 - 0.6i$인 줄리아 집합

예제 7-1 줄리아 집합 그리기

$c = 0.285 + 0.01i$인 줄리아 집합을 그려보자.

요약

7단원에서는 복소 좌표 평면에 복소수를 표현하는 방법과 회전하는 방법을 배웠으며, 이를 통해 두 개의 복소수를 더하고 곱하는 방법도 배웠다. 그런 다음 복소수의 발견과 컴퓨터의 발명 없이는 불가능했을 놀라운 예술 작품을 복소수를 이용한 mandelbrot()과 julia() 함수를 통해 만드는 방법을 배웠다.

　지금까지 살펴봤듯이 모든 숫자는 상상의 숫자다. 하지만 이제는 다행히 복소수를 생각하면 숫자와 코드로 만든 아름다운 디자인이 생각날 것이다.

8

컴퓨터 그래픽 및
연립 방정식에 행렬 사용하기

 학생들은 수학 수업에서 행렬이 실제로 어떻게 사용되는지 배우지 않고 행렬의 덧셈, 뺄셈, 곱셈 등을 배운다. 행렬을 사용하면 대용량 집합을 쉽게 그룹화하고 여러 관점에서 객체의 좌표를 시뮬레이션할 수 있으므로 머신러닝과 2차원 및 3차원 그래픽에 매우 중요하게 사용된다. 다시 말해 행렬이 없으면 비디오 게임이 존재할 수 없다는 뜻이다.

행렬이 그래픽을 만드는 데 얼마나 유용한지 이해하려면 먼저 행렬의 산술 연산 방법부터 이해해야 한다. 8단원 에서는 행렬을 더하고 곱하는 방법을 배우고, 프로세싱에서 2차원 및 3차원 객체를 만들고 변형하는 방법을 살펴본다. 마지막으로 행렬을 사용해 대규모 연립 방정식을 즉각적으로 해결할 수 있는 방법을 배운다.

행렬이란 무엇인가?

행렬은 작동하는데 있어 특정 규칙을 가진 직사각형 배열이다. 그림 8-1에서 행렬이 어떻게 생겼는지 살펴보자.

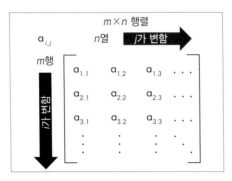

그림 8-1 m행과 n열을 가진 행렬

숫자는 행과 열로 배열돼 있으며, m과 n은 각각 행과 열의 전체 개수를 나타낸다. 예를 들어, 2×2 행렬은 다음과 같이 2개의 행과 2개의 열을 가진다.

$$\begin{bmatrix} 1 & 5 \\ -9 & 2 \end{bmatrix}$$

또한 3×4 행렬은 다음과 같이 3개의 행과 4개의 열을 가진다.

$$\begin{bmatrix} 4 & -3 & 11 & -13 \\ 1 & 0 & 7 & 20 \\ -12 & 2 & 5 & 6 \end{bmatrix}$$

일반적으로 문자 i로 행 번호를 나타내고, 문자 j로 열 번호를 나타낸다. 여기서 주의해야 할 점은 행렬의 각 요소끼리는 서로 연산을 하는 것이 아니라, 단지 함께 나열되는 것이라는 것이다. 이는 (x,y) 형식을 사용해 좌표를 나타내는 방법과 비슷하지만 행렬은 좌표에서 동작하지 않는다. 예를 들어, 점 (2,3)의 2와 3은 그래프 상 어디에 위치하는지 알려주는 데 사용하는 것이지, 2와 3을 곱하거나 더하는 것을 의미하지 않는다. 하지만 일반적인 숫자처럼 행렬에서도 두 개의 행렬에 대해 덧셈, 뺄셈, 곱셈이 가능하다는 것을 곧 살펴볼 것이다.

행렬 덧셈

행렬은 동일한 차원(크기와 모양)의 행렬끼리만 더하거나 뺄 수 있다. 즉, 동일한 위치에 있는 요소끼리 더하거나 뺄 수 있다는 뜻이다. 다음은 두 개의 2×2 행렬을 더하는 예다.

$$\begin{bmatrix} ① & -2 \\ ③ & 4 \end{bmatrix} + \begin{bmatrix} ⑤ & 6 \\ ⑦ & 8 \end{bmatrix} = \begin{bmatrix} 6 & 4 \\ -4 & 12 \end{bmatrix}$$

예를 들어, 두 행렬에서 같은 위치에 있는 첫 번째 행, 첫 번째 열의 1과 5를 더하면 6이 된다. 동일한 방법으로 좌측 하단에 위치한 3과 −7을 더하면 −4가 된다.

변수에 행렬을 저장할 수 있으므로 파이썬 함수로 만들기는 매우 쉽다. IDLE에서 새로운 파일을 열고 파일 이름을 matrices.py로 저장한 뒤, 다음 코드를 입력해보자.

matrices.py

```
A = [[2,3],[5,-8]]
B = [[1,-4],[8,-6]]

def addMatrices(a,b):
    '''두 개의 2x2 행렬 더하기'''
    C = [[a[0][0]+b[0][0],a[0][1]+b[0][1]],
        [a[1][0]+b[1][0],a[1][1]+b[1][1]]]
    return C

C = addMatrices(A,B)
print(C)
```

파이썬 리스트를 사용해 2×2 행렬 A와 B를 선언한다. 예를 들어, A는 두 개의 요소를 가진 두 개의 리스트로 이뤄져 있다. 그런 다음 두 개의 행렬을 인수로 갖는 addMatrices() 라는 함수를 선언한다. 마지막으로 첫 번째 행렬의 각 요소와 두 번째 행렬의 동일한 위치에 있는 요소를 더하는 행렬 C를 만든다.

이제 matrices.py를 실행하면 결과는 다음과 같다.

```
[[3, -1], [13, -14]]
```

행렬 A와 B를 더한 결과를 2×2 행렬로 나타내면 다음과 같다.

$$\begin{bmatrix} 3 & -1 \\ 13 & -14 \end{bmatrix}$$

이제 두 행렬을 더하는 방법을 살펴봤으므로, 행렬을 곱해보고 좌표를 변환해보자.

행렬 곱셈

행렬의 곱셈은 행렬의 덧셈보다 훨씬 유용하게 쓰인다. 예를 들어, 8단원의 뒷부분에서 살펴보겠지만 (x,y) 좌표의 행렬에 변환 행렬을 곱하면 2차원 또는 3차원 도형을 회전시킬 수 있다.

행렬을 곱할 때는 단순히 동일한 위치에 있는 요소끼리 값을 곱하지 않는다. 대신 첫 번째 행렬의 각 행에 있는 요소에 두 번째 행렬의 각 열에 있는 요소를 곱한다. 즉, 첫 번째 행렬의 열의 개수와 두 번째 행렬의 행의 개수가 동일해야 곱할 수 있다. 예를 들어, 다음의 두 행렬은 곱할 수 있다.

$$\begin{bmatrix} 1 & 2 \\ 3 & 4 \end{bmatrix} \begin{bmatrix} 5 \\ 6 \end{bmatrix}$$

먼저 첫 번째 행렬의 첫 번째 행의 요소(1과 2)와 두 번째 행렬의 첫 번째 열의 요소(5와 6)을 곱한다. 각 요소의 곱을 더하면 결과 행렬의 첫 번째 행, 첫 번째 열의 요소가 된다. 동일한 방법으로 첫 번째 행렬의 두 번째 행도 계산하면 다음과 같은 결과 행렬이 나타난다.

$$\begin{bmatrix} 1 & 2 \\ 3 & 4 \end{bmatrix} \begin{bmatrix} 5 \\ 6 \end{bmatrix} = \begin{bmatrix} 1\times5 + 2\times6 \\ 3\times5 + 4\times6 \end{bmatrix} = \begin{bmatrix} 17 \\ 39 \end{bmatrix}$$

다음은 두 개의 2×2 행렬을 곱하는 공식이다.

$$\begin{bmatrix} a & b \\ c & d \end{bmatrix} \begin{bmatrix} e & f \\ g & h \end{bmatrix} = \begin{bmatrix} ae + bg & af + bh \\ ce + dg & cf + dh \end{bmatrix}$$

또한 다음과 같이 A가 1×4 행렬이고 B가 4×2 행렬인 두 행렬도 곱할 수 있다.

$$A = \begin{bmatrix} 1 & 2 & -3 & -1 \end{bmatrix}$$

$$B = \begin{bmatrix} 4 & -1 \\ -2 & 3 \\ 6 & -3 \\ 1 & 0 \end{bmatrix}$$

결과 행렬은 어떻게 생겼을까? A의 첫 번째 행에 B의 첫 번째 열을 곱하면 결과 행렬의 첫 번째 행, 첫 번째 열의 숫자가 된다. 이와 동일한 방식으로 첫 번째 행, 두 번째 열의 값도 구하면 된다. 따라서 결과 행렬은 1×2 행렬이 된다. 행렬을 곱할 때 첫 번째 행렬의 행에 있는 요소와 두 번째 행렬의 열에 있는 요소가 곱해진다. 즉, 결과 행렬은 첫 번째 행렬의 행의 개수와 두 번째 행렬의 열의 개수로 이뤄진 행렬이 된다.

이제 행렬 A의 요소에 행렬 B의 요소를 직접 곱하고 곱을 더해보자.

$$AB = [\ 1\times 4 + 2\times -2 + -3\times 6 + -1\times 1 \quad 1\times -1 + 2\times 3 + -3\times -3 + -1\times 0\ ]$$

$$AB = [\ -19 \quad 14\ ]$$

위의 과정은 자동화하기 복잡해 보일 수 있지만 행렬을 인풋으로 사용하면 열과 행의 개수를 쉽게 구할 수 있다.

행렬의 곱셈을 위한 프로그램은 행렬의 덧셈을 위한 코드보다 더 많은 작업이 필요하다. 다음을 matrices.py에 추가해보자.

```python
def multmatrix(a,b):
    #행렬 a와 b의 곱을 구해서 반환
    m = len(a) #첫 번째 행렬의 행의 개수
    n = len(b[0]) #두 번째 행렬의 열의 개수
    newmatrix = []
    for i in range(m):
        row = []
        # b의 모든 열에 대해 루프
        for j in range(n):
            sum1 = 0
            #열의 모든 요소에 대해 루프
            for k in range(len(b)):
                sum1 += a[i][k]*b[k][j]
            row.append(sum1)
        newmatrix.append(row)
    return newmatrix
```

multmatrix() 함수는 두 개의 행렬 a와 b를 매개 변수로 사용한다. 함수의 시작 부분에서 행렬 a의 행의 개수 m과 행렬 b의 열의 개수 n을 선언한다. 그리고 결과 행렬을 저장할 새로운 리스트 newmatrix를 만든다. **행 곱하기 열** 연산은 m번 발생하므로 첫 번째 루프 for i in range(m)는 i가 m번 반복하도록 한다. 모든 행에 대해 n개의 요소로 행을 채울 수 있도록 newmatrix에 빈 행을 추가한다. 다음 루프는 행렬 b에 n개의 열이 있으므로 j가 n번 반복하도록 만든다. 여기서 까다로운 부분은 적절한 요소끼리 값을 계산하는 것이지만 조금만 생각하면 쉽게 해결할 수 있다.

여기서는 어떤 요소끼리 곱할 것인지만 생각하면 된다. j = 0일 때, a의 i번째 행에 있는 요소에 b의 첫 번째 열(인덱스 0)을 곱하고, 앞서 살펴본 것처럼 newmatrix의 새로운 행에서 첫 번째 열이 된다. 그런 다음 동일한 방법으로 j = 1일 때, 행렬 a의 i번째 행과 행렬 b의 두 번째 열(인덱스 1)을 계산하면 newmatrix의 새로운 행에서 두 번째 열이 된다. 이렇게 행렬 a의 모든 행에 대해 같은 과정을 반복한다.

행렬 a에 있는 행의 모든 요소에 대해 행렬 b에 있는 열에 대응하는 요소가 있다. 행렬 a의 열의 개수와 행렬 b의 행의 개수는 동일하므로, len(a[0]) 또는 len(b)로 표현할 수 있다. 여기서는 len(b)로 표현한다. 따라서 세 번째 루프에서 k는 len(b)번 반복한다. 행렬 a의 i번째 행에 있는 첫 번째 요소와 행렬 b의 j번째 열에 있는 첫 번째 요소를 곱하는 과정을 다음과 같이 표현할 수 있다.

```
a[i][0] * b[0][j]
```

동일한 방식으로 행렬 a의 i번째 행의 두 번째 요소와 행렬 b의 j번째 열에 있는 두 번째 요소를 다음과 같이 계산할 수 있다.

```
a[i][1] * b[1][j]
```

j 루프에서는 모든 열에 대해 sum1(sum은 이미 파이썬에서 사용하는 명령어이므로 sum1을 사용함)은 0부터 시작하며, 각각의 요소마다 값을 증가시킨다.

```
sum1 += a[i][k] * b[k][j]
```

한눈에 파악하기 어렵지만 위의 코드는 두 행렬의 모든 요소를 곱하고 더하는 역할을 한다. k 요소를 모두 계산한 후(k 루프가 끝난 후)에는 row에 sum1을 추가하고, 행렬 b의 모든 열을 계산한 후(j 루프가 끝난 후)에는 그 행을 newmatrix에 추가한다. 행렬 a의 모든 행을 계산한 후에는 결과 행렬을 반환한다.

```
>>> a = [[1,2,-3,-1]]
>>> b = [[4,-1],
         [-2,3],
         [6,-3],
         [1,0]]
>>> print(multmatrix(a,b))
[[-19, 14]]
```

다음을 살펴보자.

$$(1)(4) + (2)(-2) + (-3)(6) + (-1)(1) = -19$$

그리고

$$(1)(-1) + (2)(3) + (-3)(-3) + (-1)(0) = 14$$

따라서 두 개의 행렬(곱셈이 가능한 두 행렬인 경우)을 곱하는 새로운 함수가 제대로 동작하는 것을 확인할 수 있다. 다음의 2×2 행렬 두 개를 곱해보자.

$$a = \begin{bmatrix} 1 & -2 \\ 2 & 1 \end{bmatrix}$$

$$b = \begin{bmatrix} 3 & -4 \\ 5 & 6 \end{bmatrix}$$

행렬 a와 행렬 b를 곱하기 위해 다음과 같이 입력해보자.

```
>>> a = [[1,-2],[2,1]]
>>> b = [[3,-4],[5,6]]
>>> multmatrix(a,b)
[[-7, -16], [11, -2]]
```

위의 코드는 파이썬의 리스트를 사용해 2×2 행렬을 입력하는 방법이다. 두 행렬의 곱셈은 다음과 같이 나타낼 수 있다.

$$\begin{bmatrix} 1 & -2 \\ 2 & 1 \end{bmatrix} \begin{bmatrix} 3 & -4 \\ 5 & 6 \end{bmatrix} = \begin{bmatrix} -7 & -16 \\ 11 & -2 \end{bmatrix}$$

이제 정답을 확인해보자. 먼저 행렬 a의 첫 번째 행에 행렬 b의 첫 번째 열을 곱한다.

$$(1)(3) + (-2)(5) = 3 - 10 = -7$$

결괏값 −7은 결과 행렬의 첫 번째 행, 첫 번째 열에 있는 값이 된다. 다음으로 행렬 a의 두 번째 행에 행렬 b의 첫 번째 열을 곱한다.

$$(2)(3) + (1)(5) = 6 + 5 = 11$$

결괏값 11은 결과 행렬의 두 번째 행, 첫 번째 열에 있는 값이 된다. 동일한 방법으로 다른 값도 모두 일치하는 것을 확인할 수 있다. 이제 multmatrix() 함수를 사용하면 귀찮은 계산을 하지 않아도 된다.

행렬 곱셈에서 순서의 중요성

행렬의 곱셈에서 매우 중요한 것은 A×B와 B×A가 일치하지 않는다는 것이다. 앞에서 사용한 예를 통해 이를 증명해보자.

$$\begin{bmatrix} 3 & -4 \\ 5 & 6 \end{bmatrix} \begin{bmatrix} 1 & -2 \\ 2 & 1 \end{bmatrix} = \begin{bmatrix} -5 & -10 \\ 17 & -4 \end{bmatrix}$$

다음은 파이썬 쉘에서 동일한 두 행렬을 역순으로 곱하는 방법이다.

```
>>> a = [[1,-2],[2,1]]
>>> b = [[3,-4],[5,6]]
>>> multmatrix(b,a)
[[-5, -10], [17, -4]]
```

이와 같이 multmatrix(a,b) 대신 multmatrix(b,a)를 사용해 역순으로 동일한 행렬을 곱하면 완전히 다른 결과 행렬을 얻는다. 따라서 행렬의 곱셈에서 A×B와 B×A가 동일하지 않다는 점을 명심하고 넘어가자.

2차원 도형 그리기

이제 행렬을 연산하는 방법을 배웠으므로, 리스트에 여러 개의 점을 대입해 2차원 도형을 만들어보자. 프로세싱에서 새로운 스케치를 열고, 파일 이름을 matrices.pyde로 저장하자. 앞서 4단원에서 작성한 grid.pyde를 가지고 있다면 그리드를 생성하는 코드를 복사해서 붙여넣기 하자. 그렇지 않은 경우, 다음의 코드를 입력하자.

matrices.py

```python
#x값의 범위 설정
xmin = -10
xmax = 10

#y값의 범위 설정
ymin = -10
ymax = 10

#범위 계산
rangex = xmax - xmin
rangey = ymax - ymin

def setup():
    global xscl, yscl
    size(600,600)
    #그리드를 그리기 위한 환산 계수
    xscl= width/rangex
    yscl= -height/rangey
    noFill()

def draw():
    global xscl, yscl
    background(255) #흰색
    translate(width/2,height/2)
    grid(xscl, yscl)

def grid(xscl,yscl):
    '''그래프를 위한 그리드 생성'''
    #하늘색 선
    strokeWeight(1)
    stroke(0,255,255)
```

```
for i in range(xmin,xmax+1):
    line(i*xscl,ymin*yscl,i*xscl,ymax*yscl)
for i in range(ymin,ymax+1):
    line(xmin*xscl,i*yscl,xmax*xscl,i*yscl)
stroke(0) #검정색 축
line(0,ymin*yscl,0,ymax*yscl)
line(xmin*xscl,0,xmax*xscl,0)
```

이제 행렬을 사용해 간단한 도형을 그리고 그 도형을 변형해 볼 것이다. 지은이의 이니셜이기도 하며, 회전이나 반사 대칭이 없는 문자 F를 그려보자. 그림 8-2와 같이 각 점을 그리드 위에 나타내보자.

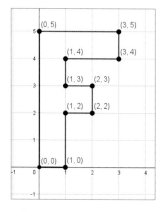

그림 8-2 F를 그리는데 필요한 점

다음 코드를 draw() 함수 다음에 추가해 그리드에 F의 모든 점을 그리고, 그 점들 사이에 선을 이어보자.

```
fmatrix = [[0,0],[1,0],[1,2],[2,2],[2,3],[1,3],[1,4],[3,4],[3,5],[0,5]]

def graphPoints(matrix):
    #연속된 점 사이에 선을 그림
    beginShape()
    for pt in matrix:
        vertex(pt[0]*xscl,pt[1]*yscl)
    endShape(CLOSE)
```

먼저 fmatrix라는 리스트를 만들고 각 행에 문자 *F*의 점을 입력한다. graphPoints() 함수는 행렬을 매개 변수로 사용하고, 각 행은 프로세싱의 beginShape()와 endShape() 함수를 사용해 도형의 꼭짓점이 된다. 그런 다음 draw() 함수에서 fmatirx를 인수로 해 graphPoints() 함수를 호출한다. draw() 함수의 끝 부분에 다음 코드를 추가해보자.

```
strokeWeight(2) #두꺼운 선
stroke(0) #검정색
graphPoints(fmatrix)
```

지금까지 여러 개의 점의 좌표를 가진 리스트 fmatrix를 만들고, graphPoints() 함수를 호출해 리스트에 있는 모든 점을 그래프로 그리도록 프로그래밍했다.

프로세싱에 내장된 strokeWeight() 함수를 사용해 도형의 윤곽선을 얼마나 두껍게 만들지 제어할 수 있으며, stroke() 함수를 사용해 윤곽선의 색상을 선택할 수 있다. stroke(0)은 그림 8-3과 같이 *F*를 검은색으로 그린다.

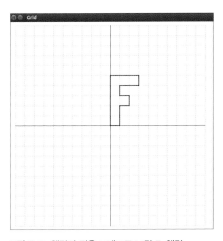

그림 8-3 행렬의 점을 그래프로 그린 F-행렬

학교에서 행렬에 대해 배울 때, 행렬을 더하고 곱하는 방법을 배웠지만 왜 배우는지는 들은 적이 없다. 이제 행렬의 곱셈을 사용해 도형 *F*를 변형시켜 보자.

행렬 변형하기

행렬의 곱셈으로 도형을 변형시키는 방법을 살펴보기 위해 웹에서 찾은 2×2 변환 행렬 (그림 8-4 참조)을 사용할 것이다.

R^2의 고정된 좌표계에서 주어진 벡터 v_0을 반시계 방향으로 각도 θ만큼 회전시키는 행렬을 살펴보자. 변환 행렬은 다음과 같으며,

$$R_\theta = \begin{bmatrix} \cos\theta & -\sin\theta \\ \sin\theta & \cos\theta \end{bmatrix},$$

결과적으로,

$$\mathbf{v}' = R_\theta \mathbf{v}_0.$$

그림 8-4 mathworld.wolfram.com에서 찾은 변환 행렬

변환 행렬은 F를 반시계 방향으로 세타(θ)만큼 회전시킬 것이다. 만약 세타가 90도면 $\cos(90) = 0$이고, $\sin(90) = 1$이다. 그러므로 반시계 방향으로 90도를 회전시키는 변환 행렬은 다음과 같다.

$$R = \begin{bmatrix} 0 & -1 \\ 1 & 0 \end{bmatrix}$$

이제 matrices.pyde의 setup() 함수 앞에 다음 코드를 추가해 변환 행렬을 만들어보자.

```
transformation_matrix = [[0,-1],[1,0]]
```

그런 다음 f-행렬에 변환 행렬(T)을 곱하고 결과를 새로운 행렬에 저장한다. 여기서 f-행렬이 10×2 행렬이고, 변환 행렬이 2×2 행렬이므로, 두 행렬을 곱하는 유일한 방법은 $T \times F$가 아닌 $F \times T$이다.

첫 번째 행렬의 열의 개수가 두 번째 행렬의 행의 개수와 같아야 한다는 점을 다시 상기하고 넘어가자. 이제 draw() 함수에서 변형 전의 f-행렬을 검정색으로 그리고 새로운 행렬을 빨간색으로 그리도록 설정하고, graphPoints(fmatrix) 부분을 다음과 같이 변경시켜보자.

```
newmatrix = multmatrix(fmatrix,transformation_matrix)
graphPoints(fmatrix)
```

```
stroke(255,0,0) #빨간색 결과 행렬
graphPoints(newmatrix)
```

위의 코드를 실행시키기 전에 matrices.py에서 작성한 multmatrix() 함수를 프로그램 하단에 추가한다. 그런 다음 코드를 실행시키면 그림 8-5와 같이 나타난다.

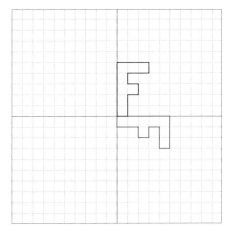

그림 8-5 시계 방향으로 회전하기?

도형 *F*가 반시계 방향으로 회전하지 않았다는 것을 알 수 있을 것이다. 그림 8-4의 수학 표기법을 다시 살펴보면 곱셈의 순서가 다르다는 것을 알 수 있다. 즉, 변환 행렬(T)과 f-행렬을 T × F의 순으로 곱해야 한다는 뜻이다.

$$v' = R_\theta v_0$$

위의 식은 변환된 벡터 v(v′)가 회전 벡터 R_θ와 초기 벡터 v_0를 곱한 결과임을 의미한다. 벡터 표기법은 좌표 표기법과는 다르다. 예를 들어, 벡터가 x 방향으로 2, y 방향으로 3 이동하면, 좌표 표기법과 같이 (2,3)으로 표기하지 않는다. 대신 다음과 같이 1 × 2 행렬이 아닌 2 × 1 행렬로 표기한다.

$$\begin{bmatrix} 2 \\ 3 \end{bmatrix}$$

따라서 리스트 표기법으로는 [[2],[3]]와 같이 나타낸다. 이제 f-행렬을 다음과 같이 바꿔보자.

```
fmatrix = [[[0],[0]],[[1],[0]],[[1],[2]],[[2],[2]],[[2],[3]],
           [[1],[3]],[[1],[4]],[[3],[4]],[[3],[5]],[[0],[5]]]
```

또는 다음과 같이 나타낼 수도 있다.

```
fmatrix = [[0,1,1,2,2,1,1,3,3,0],[0,0,2,2,3,3,4,4,5,5]]
```

첫 번째 f-행렬 표기법은 한 점의 x값과 y 값을 한번에 표기하고 있지만 대괄호가 너무 많다. 두 번째 f-행렬 표기법은 한 점의 x값과 y 값을 나란히 표기하지 않고 있다. 더 편리한 방법이 있는지 찾아보자.

전치 행렬

행렬에서 중요한 개념 중 하나인 **전치**는 행렬의 열이 행이 되고, 행이 열이 되는 경우를 의미한다. 이제 f-행렬의 전치 행렬을 다음과 같이 F^T로 나타낸다.

$$F = \begin{bmatrix} 0 & 0 \\ 1 & 0 \\ 1 & 2 \\ 2 & 2 \\ 2 & 3 \\ 1 & 3 \\ 1 & 4 \\ 3 & 4 \\ 3 & 5 \\ 0 & 5 \end{bmatrix}$$

$$F^T = \begin{bmatrix} 0 & 1 & 1 & 2 & 2 & 1 & 1 & 3 & 3 & 0 \\ 0 & 0 & 2 & 2 & 3 & 3 & 4 & 4 & 5 & 5 \end{bmatrix}$$

전치 행렬을 만드는 transpose() 함수를 만들어보자. matrices.pyde의 draw() 함수 다음에 아래 코드를 추가해보자.

```
def transpose(a):
```

```
'''행렬 a의 전치행렬 만들기'''
output = []
m = len(a)
n = len(a[0])
# n x m 행렬 생성
for i in range(n):
    output.append([])
    for j in range(m):
        #a[i][j]를 a[j][i]로 대체
        output[i].append(a[j][i])
return output
```

일단 전치 행렬을 저장할 output이라는 빈 리스트를 생성한다. 그런 다음 행렬의 행의 개수인 m과 열의 개수인 n을 정의해 아웃풋을 n × m 행렬로 출력하도록 한다. n개의 행에 대해 행렬의 i번째 행에 있는 모든 요소를 j번째 열에 이동시켜 전치 행렬을 만든다.

다음 코드는 행렬의 행과 열을 전환시킨다.

```
output[i].append(a[j][i])
```

마지막으로 전치 행렬을 반환한다. 이제 matrices.py 파일에 transpose() 함수를 추가하고 다음과 같이 입력해 코드가 제대로 동작하는지 확인해보자.

```
>>> a = [[1,2,-3,-1]]
>>> transpose(a)
[[1], [2], [-3], [-1]]
>>> b = [[4,-1],
        [-2,3],
        [6,-3],
        [1,0]]
>>> transpose(b)
[[4, -2, 6, 1], [-1, 3, -3, 0]]
```

제대로 동작한다. 이제 변환 행렬을 곱하기 전에 f-행렬을 전치시켜야 한다. 따라서 다음의 코드를 추가해 f-행렬의 전치 행렬을 만들어보자.

```
def draw():
    global xscl, yscl
    background(255) #흰색
    translate(width/2,height/2)
    grid(xscl, yscl)
    strokeWeight(2) #두꺼운 선
    stroke(0) #검정색

❶   newmatrix = transpose(multmatrix(transformation_matrix, transpose(fmatrix)))
    graphPoints(fmatrix)
    stroke(255,0,0) #빨간색 결과 행렬
    graphPoints(newmatrix)
```

draw() 함수의 newmatrix 행에서 transpose() 함수를 호출한다 ❶. 이제 그림 8-6과 같이 F를 반시계 방향으로 회전한 빨간색 도형이 나타난다.

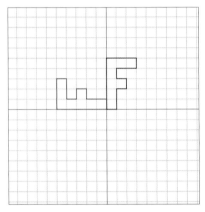

그림 8-6 행렬을 이용한 반시계 방향 회전

matrices.pyde의 최종 코드는 다음과 같다.

```
#x값의 범위 설정
xmin = -10
xmax = 10
```

```python
#y값의 범위 설정
ymin = -10
ymax = 10

#범위 계산
rangex = xmax - xmin
rangey = ymax - ymin

transformation_matrix = [[0,-1],[1,0]]

def setup():
    global xscl, yscl
    size(600,600)
    #그리드를 그리기 위한 환산 계수
    xscl= width/rangex
    yscl= -height/rangey
    noFill()

def draw():
    global xscl, yscl
    background(255) #흰색
    translate(width/2,height/2)
    grid(xscl,yscl)
    strokeWeight(2) #두꺼운 선
    stroke(0) #검정색
    newmatrix = transpose(multmatrix(transformation_matrix,transpose(fmatrix)))
    graphPoints(fmatrix)
    stroke(255,0,0) #빨간색 결과 행렬
    graphPoints(newmatrix)

fmatrix = [[0,0],[1,0],[1,2],[2,2],[2,3],[1,3],[1,4],[3,4],[3,5],[0,5]]

def multmatrix(a,b):
    '''행렬 a와 행렬 b의 곱을 구해서 반환
    m = len(a) #첫번째 행렬의 행의 개수
    n = len(b[0]) #두번째 행렬의 열의 개수
    newmatrix = []
    for i in range(m): #행렬 a의 모든 행에 대해 루프
        row = []
        #행렬 b의 모든 열에 대해 루프
        for j in range(n):
            sum1 = 0
```

```python
            #열의 모든 요소에 대해 루프
            for k in range(len(b)):
                sum1 += a[i][k]*b[k][j]
            row.append(sum1)
        newmatrix.append(row)
    return newmatrix


def transpose(a):
    '''행렬 a의 전치 행렬 만들기'''
    output = []
    m = len(a)
    n = len(a[0])
    #n x m 행렬 생성
    for i in range(n):
        output.append([])
        for j in range(m):
            # a[i][j]를 a[j][i]로 대체
            output[i].append(a[j][i])
    return output


def graphPoints(matrix):
    #연속된 점 사이에 선을 그림
    beginShape()
    for pt in matrix:
        vertex(pt[0]*xscl,pt[1]*yscl)
    endShape(CLOSE)


def grid(xscl, yscl):
    '''그래프를 위한 그리드 생성'''
    #하늘색 선
    strokeWeight(1)
    stroke(0,255,255)
    for i in range(xmin,xmax + 1):
        line(i*xscl,ymin*yscl,i*xscl,ymax*yscl)
    for i in range(ymin,ymax+1):
        line(xmin*xscl,i*yscl,xmax*xscl,i*yscl)
    stroke(0) #검정색 축
    line(0,ymin*yscl,0,ymax*yscl)
    line(xmin*xscl,0,xmax*xscl,0)
```

실시간으로 행렬 회전시키기

지금까지 행렬을 통해 단순히 도형을 한 번 변형시키는 방법을 배웠다. 하지만 이러한 방법으로 도형을 실시간으로 상호작용하면서 변형시킬 수도 있다. matrices.pyde의 draw() 함수를 다음과 같이 변경시켜보자.

```
def draw():
    global xscl, yscl
    background(255) #흰색
    translate(width/2,height/2)
    grid(xscl, yscl)
    ang = map(mouseX,0,width,0,TWO_PI)
    rot_matrix = [[cos(ang),-sin(ang)],
                  [sin(ang),cos(ang)]]
    newmatrix = transpose(multmatrix(rot_matrix,transpose(fmatrix)))
    graphPoints(fmatrix)
    strokeWeight(2) #두꺼운 선
    stroke(255,0,0) #빨간색 결과 행렬
    graphPoints(newmatrix)
```

7단원에서 sin()과 cos()을 사용해 도형을 회전시키고 진동시킨 것을 기억해보자. 여기서는 회전 행렬을 사용해 도형을 변형한다. 다음은 일반적인 2×2 회전 행렬의 예다.

$$R(\theta) = \begin{bmatrix} \cos(\theta) & -\sin(\theta) \\ \sin(\theta) & \cos(\theta) \end{bmatrix}$$

여기서는 정해진 세타(θ) 값이 없으므로, 회전 각도를 변수 ang로 나타낸다. 여기서 흥미로운 점은 마우스로 ang 변수의 값을 변경한다는 것이다. 따라서 모든 루프에서 마우스의 위치를 통해 ang의 값을 정하고 ang를 각 표현식에 연결한다. 그런 다음 ang의 사인 및 코사인을 빠르게 계산해 회전 행렬과 f-행렬을 곱한다. 각 루프는 마우스의 위치에 따라 회전 행렬이 조금씩 변화한다.

이제 그림 8-7과 같이 빨간색 *F*가 마우스의 움직임에 맞춰 원점을 중심으로 회전한다.

이는 컴퓨터 화면에서 일종의 애니메이션을 볼 때 일어나는 변형과 비슷하다. 컴퓨터 그래픽은 행렬이 사용되는 가장 대표적인 예 중 하나다.

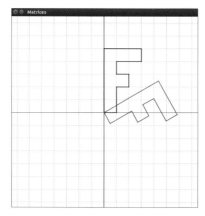

그림 8-7 행렬을 사용해 실시간으로 도형 변환시키기

3차원 도형 만들기

지금까지 행렬을 사용해 2차원 도형을 만들고 변형해봤다. 이제 수학자들이 컴퓨터 화면과 같은 2차원 표면에 3차원 물체를 나타내기 위해 어떻게 숫자를 처리하는지 살펴보자.

지금까지 작성한 코드를 matrics3D.pyde로 다시 저장하고, fmatrix를 다음과 같이 변경시켜보자.

```
fmatrix = [[0,0,0],[1,0,0],[1,2,0],[2,2,0],[2,3,0],[1,3,0],[1,4,0],
          [3,4,0],[3,5,0],[0,5,0],
```

```
        [0,0,1],[1,0,1],[1,2,1],[2,2,1],[2,3,1],[1,3,1],[1,4,1],
        [3,4,1],[3,5,1],[0,5,1]]
```

도형 F에 깊이를 추가하려면 점 행렬에 깊이에 해당하는 값을 더 추가해야 한다. 지금까지 사용한 도형 F는 2차원이기 때문에 x와 y값으로만 구성돼 있으며, 2차원 객체는 z축으로 표시된 세 번째 값이 0이라고 생각할 수 있다. 따라서 각 점에 대해 세 번째 값으로 0을 추가해 처음 10개의 점을 3차원으로 만든다. 그런 다음 10개의 값을 복사한 뒤 붙여 넣고 세 번째 값을 1로 변경하면, 앞면과 1만큼 떨어진 동일한 F의 뒤쪽 레이어가 만들어진다.

이제 도형 F에 두 개의 레이어를 만들었으므로, 앞쪽 레이어의 점과 뒤쪽 레이어의 점을 연결해야 한다. 다음과 같이 edges 리스트를 만들어 어떤 점을 선으로 연결할지 지정한다.

```
#연결할 점 리스트:
edges = [[0,1],[1,2],[2,3],[3,4],[4,5],[5,6],[6,7],
        [7,8],[8,9],[9,0],
        [10,11],[11,12],[12,13],[13,14],[14,15],[15,16],[16,17],
        [17,18],[18,19],[19,10],
        [0,10],[1,11],[2,12],[3,13],[4,14],[5,15],[6,16],[7,17],
        [8,18],[9,19]]
```

이러한 방법으로 어떤 점을 연결할 것인지 확인한다. 예를 들어, 첫 번째 요소 [0,1]은 점 0 (0,0,0)에서 점 1 (1,0,0)까지 선을 그린다. 앞의 10개의 요소는 앞쪽 레이어의 F를 그리고, 다음 10개의 요소는 뒤쪽 레이어의 F를 그린다. 그런 다음 앞쪽 F의 점과 동일한 위치에 있는 뒤쪽 F의 점 사이에 선을 그린다. 예를 들어, 점 [0,10]은 점 0 (0,0,0)과 점 10(0,0,1) 사이에 선을 그린다.

이제 점을 그래프로 그릴 때, 이전처럼 단순히 연속된 점 사이에 선을 그리지 않는다. 대신 grid() 함수를 정의하기 전에 다음과 같이 리스트에 있는 요소 사이에 선을 그리도록 graphPoints() 함수를 업데이트해보자.

```
def graphPoints(pointList,edges):
    ''' edges를 사용해 리스트의 점을 그래프로 나타냄'''
```

```
for e in edges:
    line(pointList[e[0]][0]*xscl,pointList[e[0]][1]*yscl,
        pointList[e[1]][0]*xscl,pointList[e[1]][1]*yscl)
```

프로세싱에서 line(x1,y1,x2,y2)을 사용해 두 점 (x1,y1)과 (x2,y2) 사이에 선을 그
린 것을 상기하고 넘어가자. 여기서는 edges 리스트에 있는 숫자를 사용해 pointList의 점
을 호출(프로그램을 실행할 때는 fmatrix를 사용함)한다. graphPoints() 함수는 edges 리스트
의 모든 요소 e를 반복하고, 첫 번째 숫자 e[0]로 표시되는 점을 두 번째 숫자 e[1]로 표시
되는 점에 연결한다. 그런 다음 x 좌표에 x값을 조정하는 환산 계수 xscl 변수를 곱한다.

```
pointList[e[0]][0]*xscl
```

동일한 방식으로 y 좌표도 구한다.

```
pointList[e[0]][1]*yscl
```

rot와 tilt 두 개의 회전 변수를 만들어 마우스의 회전 각도를 나타낼 수 있도록 한다.
첫 번째 변수 rot는 마우스의 x값을 0과 2π 사이의 각도로 매핑하고, 2차원 도형에서 사
용한 것과 동일하게 회전 행렬에 넣는다. 동일한 방법으로 tilt 변수에도 마우스의 y 값
을 매핑하고 사용한다. 다음 코드를 draw() 함수에서 행렬의 곱셈 전에 추가하자.

```
rot = map(mouseX,0,width,0,TWO_PI)
tilt = map(mouseY,0,height,0,TWO_PI)
```

다음으로 회전 행렬을 곱하고 모든 변환이 하나의 행렬로 통합될 수 있게 하는 함수
를 만들 것이다. 이렇게 행렬 곱셈을 사용하면 변환을 수행하는 것이 매우 쉬워지며, 단
순히 **곱셈**만으로도 도형을 더 많이 변형시킬 수 있다.

회전 행렬 만들기

이제 두 개의 개별 행렬에서 단일 회전 행렬을 만들어보자. 수학 책에서 3차원 회전 행렬을 본 적이 있다면 아마 다음과 같았을 것이다.

$$R_y(\theta) = \begin{bmatrix} \cos(\theta) & 0 & \sin(\theta) \\ 0 & 1 & 0 \\ -\sin(\theta) & 0 & \cos(\theta) \end{bmatrix}$$

$$R_x(\theta) = \begin{bmatrix} 1 & 0 & 0 \\ 0 & \cos(\theta) & \sin(\theta) \\ 0 & -\sin(\theta) & \cos(\theta) \end{bmatrix}$$

$R_y()$는 y 축을 회전축으로 점을 회전시키므로 좌우 회전하며, $R_x()$는 x 축을 회전축으로 점을 회전시키므로 상하 회전한다.

이제 rot와 tilt 값을 받아 행렬에 대입하는 rottilt() 함수를 만들 것이다. 이것이 두 개의 행렬을 하나로 결합하는 방법이다. 다음 코드를 matrices3D.pyde에 추가해보자.

```
def rottilt(rot,tilt):
    #여러 각도의 회전 행렬을 반환
    rotmatrix_Y = [[cos(rot),0.0,sin(rot)],
                   [0.0,1.0,0.0],
                   [-sin(rot),0.0,cos(rot)]]
    rotmatrix_X = [[1.0,0.0,0.0],
                   [0.0,cos(tilt),sin(tilt)],
                   [0.0,-sin(tilt),cos(tilt)]]
    return multmatrix(rotmatrix_Y,rotmatrix_X)
```

rottilt() 함수는 rotmatrix_Y와 rotmatrix_X를 곱해 하나의 회전 행렬을 반환한다. 이것은 x 축 R_x를 중심으로 회전하고, y 축 R_y, 스케일 S 및 이동 T를 중심으로 회전하는 등의 일련의 행렬 연산이 있을 때 매우 유용하게 쓰인다. 즉, 각 연산에 대해 별도의 곱셈을 수행하는 대신 모든 연산을 결합해서 단일 행렬로 표현할 수 있다. 행렬 곱셈을 사용하면 다음의 새로운 행렬을 만들 수 있다.

$$M = R_y(R_x(S(T)))$$

새로 추가된 내용에 따라 draw() 함수를 다음과 같이 수정해보자.

```
def draw():
    global xscl, yscl
    background(255) #흰색
    translate(width/2,height/2)
    grid(xscl, yscl)
    rot = map(mouseX,0,width,0,TWO_PI)
    tilt = map(mouseY,0,height,0,TWO_PI)
    newmatrix = transpose(multmatrix(rottilt(rot,tilt),transpose(fmatrix)))
    strokeWeight(2) #두꺼운 선
    stroke(255,0,0) #빨간색 결과 행렬
    graphPoints(newmatrix,edges)
```

프로그램을 실행하면 그림 8-8과 같은 3차원 *F*가 나타난다.

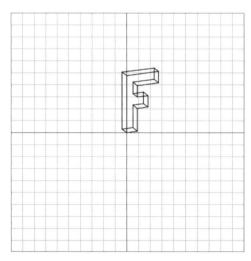

그림 8-8 3차원 F

xmin, xmax, ymin 및 ymax를 변경해 *F*를 더 크게 만들고 draw() 함수에서 grid() 함수를 호출하는 부분을 주석 처리해 파란 눈금을 제거할 수 있다.

다음은 회전하는 3차원 *F*를 만드는 최종 코드다.

```
#x값의 범위 설정
xmin = -5
xmax = 5

#y값의 범위 설정
ymin = -5
ymax = 5

#범위 계산
rangex = xmax - xmin
rangey = ymax - ymin

def setup():
    global xscl, yscl
    size(600,600)
    #그리드를 그리기 위한 환산 계수
    xscl= width/rangex
    yscl= -height/rangey
    noFill()

def draw():
    global xscl, yscl
    background(0) #검정색
    translate(width/2,height/2)
    rot = map(mouseX,0,width,0,TWO_PI)
    tilt = map(mouseY,0,height,0,TWO_PI)
    strokeWeight(2) #두꺼운 선
    stroke(0) #검정색
    newmatrix = transpose(multmatrix(rottilt(rot,tilt),transpose(fmatrix)))
    #graphPoints(fmatrix)
    stroke(255,0,0) #빨간색 결과 행렬
    graphPoints(newmatrix,edges)

fmatrix = [[0,0,0],[1,0,0],[1,2,0],[2,2,0],[2,3,0],[1,3,0],[1,4,0],
        [3,4,0],[3,5,0],[0,5,0],
        [0,0,1],[1,0,1],[1,2,1],[2,2,1],[2,3,1],[1,3,1],[1,4,1],
        [3,4,1],[3,5,1],[0,5,1]]

#연결할 점의 리스트:
edges = [[0,1],[1,2],[2,3],[3,4],[4,5],[5,6],[6,7],
```

```
                [7,8],[8,9],[9,0],
                [10,11],[11,12],[12,13],[13,14],[14,15],[15,16],[16,17],
                [17,18],[18,19],[19,10],
                [0,10],[1,11],[2,12],[3,13],[4,14],[5,15],[6,16],[7,17],
                [8,18],[9,19]]


def rottilt(rot,tilt):
    #여러 각도의 회전 행렬을 반환
    rotmatrix_Y = [[cos(rot),0.0,sin(rot)],
                   [0.0,1.0,0.0],
                   [-sin(rot),0.0,cos(rot)]]
    rotmatrix_X = [[1.0,0.0,0.0],
                   [0.0,cos(tilt),sin(tilt)],
                   [0.0,-sin(tilt),cos(tilt)]]
    return multmatrix(rotmatrix_Y,rotmatrix_X)


def multmatrix(a,b):
    '''행렬 a와 행렬 b의 곱을 구해서 반환
    m = len(a) #첫 번째 행렬의 행의 개수
    n = len(b[0]) #두 번째 행렬의 열의 개수
    newmatrix = []
    for i in range(m): #행렬 a의 모든 행에 대해 루프
        row = []
        #행렬 b의 모든 열에 대해 루프
        for j in range(n):
            sum1 = 0
            #열의 모든 요소에 대해 루프
            for k in range(len(b)):
                sum1 += a[i][k]*b[k][j]
            row.append(sum1)
        newmatrix.append(row)
    return newmatrix


def graphPoints(pointList,edges):
    ''' edges를 사용해 리스트의 점을 그래프로 나타냄'''
    for e in edges:
        line(pointList[e[0]][0]*xscl,pointList[e[0]][1]*yscl,
            pointList[e[1]][0]*xscl,pointList[e[1]][1]*yscl)


def transpose(a):
    '''행렬 a의 전치 행렬 만들기'''
    output = []
```

```
m = len(a)
n = len(a[0])
# n x m 행렬 만들기
for i in range(n):
    output.append([])
    for j in range(m):
        #a[i][j]를 a[j][i]로 대체
        output[i].append(a[j][i])
return output
```

그리드를 제거하고, draw() 함수에 background(0)를 사용해 배경색을 검정색으로 변경했으므로, 3차원 F가 우주 공간에서 회전하는 것처럼 보일 것이다(그림 8-9 참조).

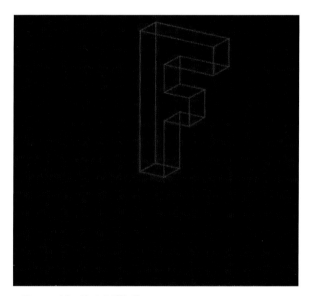

그림 8-9 마우스를 따라 변형되는 F

행렬을 이용해 연립 방정식 풀기

2개 또는 3개의 알려 지지 않은 값을 가진 연립 방정식을 풀려고 시도해본 적이 있는가? 아마도 수학을 공부하는 모든 학생들에게 어려운 문제 중 하나였을 것이다. 미지수의 개수가 증가할수록 연립 방정식을 푸는 것은 더욱 더 복잡해진다. 하지만 다음과 같은 연립 방정식을 해결하는 데 행렬이 매우 유용하게 사용된다.

$$2x + 5y = -1$$
$$3x - 4y = -13$$

예를 들어, 다음과 같이 행렬의 곱을 사용해 위의 연립 방정식을 나타낼 수 있다.

$$\begin{bmatrix} 2 & 5 \\ 3 & -4 \end{bmatrix} \begin{bmatrix} x \\ y \end{bmatrix} = \begin{bmatrix} -1 \\ -13 \end{bmatrix}$$

위의 식은 양변을 2로 나눠 쉽게 해결할 수 있는 대수 방정식 $2x = 10$과 매우 비슷하게 생겼다. 이와 같이 좌변의 행렬로 우변을 나눌 수 있다면 말이다.

사실 좌변 행렬의 역행렬을 구하면 대수 방정식에서 2의 역수인 1/2을 양변에 곱한 것과 같이 쉽게 해결할 수 있다. 즉, 1/2는 2에 대한 곱셈의 역원이라 하며, 이는 매우 복잡한 방법이다.

가우스 소거법

행렬을 사용해 연립 방정식을 더욱 효율적으로 해결하는 방법은 행 연산을 통해 왼쪽에 위치한 2×2 행렬을 숫자 1을 나타내는 단위 행렬로 변환하는 것이다. 예를 들어, 행렬에 단위 행렬을 곱하면 다음과 같이 원래의 행렬이 된다.

$$\begin{bmatrix} 1 & 0 \\ 0 & 1 \end{bmatrix} \begin{bmatrix} x \\ y \end{bmatrix} = \begin{bmatrix} x \\ y \end{bmatrix}$$

오른쪽에 위치한 행렬은 x와 y의 해가 될 것이므로, 다음과 같이 1이 대각선의 위치에 오도록 해야 한다.

$$\begin{bmatrix} 1 & 0 \\ 0 & 1 \end{bmatrix} \ or \ \begin{bmatrix} 1 & 0 & 0 \\ 0 & 1 & 0 \\ 0 & 0 & 1 \end{bmatrix}$$

모든 정방 행렬의 단위 행렬은 대각선 상에 1을 가지고 있으며, 행의 개수와 열의 개수가 같다.

가우스 소거법은 단위 행렬을 구하기 위해 행렬의 전체 행에 연산을 수행하는 방법이다. 행에 상수를 곱하거나 나눌 수 있으며, 서로 다른 행을 더하거나 뺄 수도 있다.

가우스 소거법을 사용하기 전에, 먼저 계수와 상수를 하나의 행렬로 만들어야 한다.

$$\begin{bmatrix} 2 & 5 \\ 3 & -4 \end{bmatrix} \begin{bmatrix} x \\ y \end{bmatrix} = \begin{bmatrix} -1 \\ -13 \end{bmatrix} \rightarrow \begin{bmatrix} 2 & 5 & -1 \\ 3 & -4 & -13 \end{bmatrix}$$

그런 다음 왼쪽 상단의 숫자를 1로 만드는 수로 전체 행을 나눈다. 즉, 2/2가 1이므로 첫 번째 행의 모든 항을 2로 나눈다. 이러한 연산은 다음과 같은 행렬을 가지게 한다.

$$\begin{bmatrix} 1 & 5/2 & -1/2 \\ 3 & -4 & -13 \end{bmatrix}$$

이제 0이 위치해야 하는 곳에 덧셈의 역원(어떤 수에 더해서 그 값이 0이 되게 하는 수)을 구한다. 예를 들어, 위의 행렬을 단위 행렬로 만들려면 두 번째 행에서 3이 0이 돼야 한다. 3에 대한 덧셈의 역원은 −3이므로 첫 번째 행의 각 요소에 −3을 곱하고, 두 번째 행의 각 요소에 −3을 곱한 첫 번째 행의 값을 더한다. 즉, 첫 번째 행의 1에 −3을 곱한 다음, 두 번째 행에 1 × (−3)인 −3을 더한다. 동일한 연산을 행의 모든 요소에 수행한다. 예를 들어, 세 번째 열의 −1/2에 −3을 곱하면 1.5가 되고, 그 값을 동일한 열의 모든 요소에 더한다. 여기서는 −13에 1.5를 더하면 −11.5 즉, −23/2이 된다. 이러한 과정을 계속 반복하면 다음과 같은 행렬을 얻게 된다.

$$\begin{bmatrix} 1 & 5/2 & -1/2 \\ 0 & -23/2 & -23/2 \end{bmatrix}$$

이제 두 번째 행에서 1이 위치해야 하는 곳에 동일한 연산을 반복한다. 두 번째 행의 모든 값에 −2/23을 곱하면 다음과 같이 된다.

$$\begin{bmatrix} 1 & 5/2 & -1/2 \\ 0 & 1 & 1 \end{bmatrix}$$

마지막으로 첫 번째 행의 두 번째 열을 0으로 만들기 위해 5/2에 대한 덧셈의 역원을 두 번째 행에 곱해 첫 번째 행에 더한다. 여기서는 두 번째 행의 모든 요소에 −5/2를 곱해서 첫 번째 행의 해당하는 열과 각각 더한다. 이러한 연산이 첫 번째 행의 1에 영향을 미치지 않고 있음을 기억하고 넘어가자.

$$\begin{bmatrix} 1 & 0 & -3 \\ 0 & 1 & 1 \end{bmatrix}$$

연립 방정식에 대한 해는 맨 오른쪽 열의 숫자로, $x = -3$, $y = 1$이 된다. 이제 행렬을 통해 구한 연립 방정식의 해를 원래의 식에 대입해 올바르게 구했는지 확인해보자.

$$2(-3) + 5(1) = -6 + 5 = -1$$
$$3(-3) - 4(1) = -9 - 4 = -13$$

연립 방정식의 해를 정확하게 구했지만 매우 복잡한 과정이었다. 이제 간편하게 연립 방정식을 풀 수 있도록 파이썬 프로그램을 만들어보자.

gauss() 함수 만들기

이번 절에서는 연립 방정식을 풀기 위한 gauss() 함수를 만들어 볼 것이다. 프로그래밍을 통해 앞서 살펴본 과정을 구현하는 것이 복잡해 보일 수도 있지만 사실상 다음 두 단계만 코드로 구현하면 된다.

1. 대각선에 있는 항의 값으로 행에 있는 모든 항을 나눈다
2. 하나의 행에 있는 각 항과 그 항에 대응하는 다른 행의 항을 더한다.

행의 모든 항목 나누기

먼저 행의 모든 항목을 숫자로 나눈다. 예를 들어, 한 행이 [1,2,3,4,5]로 이뤄져 있다고 가정해보고, 다음 코드를 이용해 해당 행을 2로 나눠보자. 새로운 파이썬 파일을 열고, 파일 이름을 gauss.py로 저장한 뒤 다음 코드를 입력해보자.

```python
divisor = 2
row = [1,2,3,4,5]
for i, term in enumerate(row):
    row[i] = term / divisor
print(row)
```

위의 row 리스트를 이용한 루프는 enumerate() 함수를 사용해 인덱스와 값을 추적한다. 그런 다음 각 요소 row[i]에 term을 divisor로 나눈 값을 할당한다. 위의 코드를 실행시키면 다음과 같이 5개의 값을 가진 리스트를 반환한다.

```
[0.5, 1.0, 1.5, 2.0, 2.5]
```

대응하는 요소에 각 요소 더하기

다음으로 한 행의 각 요소와 대응하는 다른 행의 요소를 더한다. 예를 들어, 첫 번째 행의 모든 요소에 이전 행(이 경우, 첫 번째 행의 이전 행은 행 0이므로 값이 없음)의 요소를 더한 뒤, 그 값을 첫 번째 행의 요소에 할당한다.

```
>>> my_matrix = [[2,-4,6,-8],
                 [-3,6,-9,12]]
>>> for i in range(len(my_matrix[1])):
        my_matrix[1][i] += my_matrix[0][i]
>>> print(my_matrix)
[[2, -4, 6, -8], [-1, 2, -3, 4]]
```

동일한 과정을 my_matrix의 두 번째 행(인덱스 1)에 있는 모든 항목에 반복한다. 그런 다음 두 번째 행의 각 요소(인덱스 i)에 첫 번째 행(인덱스 0)에 대응하는 요소를 더한다. 여기서 주의할 점은 첫 번째 행은 값이 변경되지 않았다는 것이다. 이제 이런 과정을 통해 연립 방정식을 풀어 보자.

모든 행에 동일한 연산 반복하기

이제 행렬의 모든 행에 대해 위에서 살펴본 연산을 수행해야 한다. 먼저 다음과 같이 연립 방정식의 좌변에 x, y, z 항을, 우변에 상수만을 위치하도록 정렬한 후, 모든 항의 계수를 행렬 A로 정의한다.

$$A = \begin{bmatrix} 2 & 1 & -1 & 8 \\ -3 & -1 & 2 & -1 \\ -2 & 1 & 2 & -3 \end{bmatrix} \Longleftarrow \begin{matrix} 2x + y - z = 8 \\ -3x - y + 2z = -1 \\ -2x + y + 2z = -3 \end{matrix}$$

먼저 다음 코드를 통해 행의 모든 요소를 대각선에 위치한 요소로 나눠 1이 되도록 한다.

```python
for j,row in enumerate(A):
    #대각선 요소가 1이 되도록 나누기
    if row[j] != 0: #대각선 요소는 0이 될 수 없음
        divisor = row[j] #대각선 요소
        for i, term in enumerate(row):
            row[i] = term / divisor
```

enumerate() 함수를 사용하면 행렬 A의 첫 번째 행 $A([2,1,-1,8])$을 가져올 수 있으며, j는 해당 행의 인덱스(이 경우, 인덱스가 0임)가 된다. 대각선 요소는 행 번호와 열 번호가 첫 번째 행, 첫 번째 열과 같이 숫자가 같은 경우를 나타낸다.

이제 모든 행에 동일한 연산을 수행한 뒤 다음 단계 연산을 수행한다. i와 j가 동일하지 않은 각항의 j번째 요소에 대해 덧셈의 역원을 구하고, 행 j의 각 항에 역원을 곱한 뒤, 그 값을 i번째 행의 대응하는 요소에 더한다. 다음 코드를 gauss() 함수에 추가하자.

```python
    for i in range(m):
        if i != j: #j행 제외
            #덧셈의 역원 구하기
            addinv = -1*A[i][j]
        #i행의 모든 요소에 대해 루프
        for ind in range(n):
            #j행의 대응하는 요소에 i행의 요소에 대한 덧셈의 역원 곱한 값 더하기
            A[i][ind] += addinv*A[j][ind]
```

m이 행의 개수이므로 모든 행에서 동일한 연산을 하도록 for i in range(m)을 사용한다. 이미 대각선의 요소로 각각의 행을 나눴기 때문에 해당 행에는 아무것도 할 필요가 없다. 따라서 i와 j가 동일하지 않은 경우에만 연산을 수행하도록 한다. 지금까지 사용한 예에서는 행렬 A의 첫 번째 행의 각 요소를 3으로 곱한 뒤, 이에 대응하는 두 번째 행의 요소

를 더했다. 그런 다음 첫 번째 행에 있는 모든 요소를 2로 곱한 뒤, 이에 대응하는 세 번째 행의 요소를 더했다. 이를 통해 첫 번째 열의 두 번째와 세 번째 행이 0이 됐다.

$$\begin{bmatrix} 1 & 1/2 & -1/2 & 4 \\ -3 & -1 & 2 & -1 \\ -2 & 1 & 2 & -3 \end{bmatrix} \longrightarrow \begin{bmatrix} 1 & 1/2 & -1/2 & 4 \\ 0 & 1/2 & 1/2 & 1 \\ 0 & 2 & 1 & 5 \end{bmatrix}$$

이제 첫 번째 열의 계산이 끝났다. 지금부터 두 번째 열의 두 번째 행에 1이 위치하도록 동일한 과정을 반복해보자.

gauss() 함수 완성하기

지금까지 살펴본 모든 코드를 gauss() 함수에 넣고 결과를 출력해보자. 다음은 연립 방정식을 해결하는 최종 코드다.

```
def gauss(A):
    '''가우스 소거법을 이용해 행렬을 단위 행렬로 변환한 뒤,
    마지막 열은 연립 방정식의 해가 위치하도록 한다. '''
    m = len(A)
    n = len(A[0])
    for j,row in enumerate(A):
        #대각선의 요소가 1이 되도록 나누기
        if row[j] != 0: #대각선의 요소는 0이 될 수 없음
            divisor = row[j]
            for i, term in enumerate(row):
                row[i] = term / divisor
        #모든 행에 이전 행에 대한 덧셈의 역원 더하기
        for i in range(m):
            if i != j: #j행 제외
                #덧셈의 역원 구하기
                addinv = -1*A[i][j]
                #i행의 모든 요소에 대해 루프
                for ind in range(n):
                    # j행의 대응하는 요소에 i행의 요소에 대한 덧셈의 역원 곱한 값 더하기
                    A[i][ind] += addinv*A[j][ind]
    return A
#예
B = [[2,1,-1,8],
```

```
        [-3,-1,2,-1],
        [-2,1,2,-3]]
print(gauss(B))
```

아웃풋은 다음과 같다.

```
[[1.0, 0.0, 0.0, 32.0], [0.0, 1.0, 0.0, -17.0], [-0.0, -0.0, 1.0, 39.0]]
```

다음은 위의 아웃풋을 행렬 형식으로 표시한 것이다.

$$\begin{bmatrix} 1 & 0 & 0 & 32 \\ 0 & 1 & 0 & -17 \\ 0 & 0 & 1 & 39 \end{bmatrix}$$

각 행의 마지막 숫자를 살펴보면 $x = 32$, $y = -17$, $z = 39$이다. 이제 이 값을 기존의 방정식에 대입해 제대로 구했는지 확인해보자.

$$2(32) + (-17) - (39) = 8. \text{ 확인!}$$
$$-3(32) - (-17) + 2(39) = -1. \text{ 확인!}$$
$$-2(32) + (-17) + 2(39) = -3. \text{ 확인!}$$

대단하다! 이제 2~3개의 미지수가 있는 연립 방정식뿐만 아니라 더 많은 미지수를 포함한 연립 방정식도 해결할 수 있다. 파이썬을 모르는 학생이 네 개의 미지수가 있는 연립 방정식을 풀려면 매우 힘든 과정을 거쳐야 한다. 하지만 파이썬 쉘을 통해 매우 간단하고 빠르게 문제가 풀리는 걸 보고 놀랄 것이다. 이제 지금까지 작성한 gauss() 함수를 이용해 예제 8-2를 해결해보자.

예제 8-2 연립 방정식 해결하기

앞서 만든 프로그램을 사용해 다음의 w, x, y, z에 대한 연립 방정식의 해를 구해보자.

$$2w - x + 5y + z = -3$$
$$3w + 2x + 2y - 6z = -32$$
$$w + 3x + 3y - z = -47$$
$$5w - 2x - 3y + 3z = 49$$

요약

길었던 수학 모험이 끝났다. 거북이가 화면을 돌아다니게 하는 프로그램을 만들기 위한 몇 가지 기본적인 파이썬 문법을 살펴보고, 복잡한 수학 문제를 해결하는 파이썬 함수를 만드는 작업을 했다. 더 나아가 8단원에서는 파이썬으로 행렬의 덧셈과 곱셈뿐만 아니라 행렬을 이용해 2차원 및 3차원 도형을 변형하는 방법을 직접 살펴봤다. 파이썬을 사용해 행렬의 덧셈, 곱셈, 전치 등의 작업을 수행할 수 있다는 것은 매우 놀라운 일이다.

또한 연립 방정식을 해결하는 과정을 프로그램을 통해 구현해봤다. 더 나아가 예제를 통해 8단원에서 만든 프로그램을 이용해 3×3 행렬뿐만 아니라 4×4 행렬, 또는 더 큰 정방 행렬도 해결할 수 있다는 것을 살펴봤다.

행렬은 가상의 뉴런^{neuron}으로 이어지는 수십 개 또는 수백 개의 경로가 있는 신경망을 만드는 데 필수적인 도구다. 인풋은 8단원 에서 만든 프로그램과 동일한 방법으로 행렬의 곱셈과 전치를 사용해 네트워크를 통해 **전파**된다.

지금까지 8단원에서 살펴본 내용은 예전에는 대학이나 대기업에서 한 층 전체를 차지하는 거대하고 값비싼 컴퓨터를 이용할 수 없는 사람은 전혀 수행할 수 없는 일이었다. 하지만 이제는 파이썬을 사용해 번개처럼 빠른 속도록 행렬 계산을 처리하고 프로세싱을 사용해 결과를 시각화할 수 있게 됐다.

8단원에서는 복잡한 연립 방정식을 즉시 해결하고, 마우스의 움직임에 따라 즉각적으로 반응하는 그래픽을 만들어봤다. 9단원에서는 잔디와 양이 있는 생태계 모델을 만들어 스스로 실행하는 프로그램을 만들어 볼 것이다. 이 프로그램에서는 시간이 지남에 따라 양이 스스로 태어나고, 먹고, 번식하고 죽으면서 변화될 것이다. 따라서 해당 프로그램을 1분 이상 가동시키면, 해당 환경에서 잔디의 성장과 양의 섭식과 번식 사이에 균형점을 찾을 수 있다.

Part 3

새로운 길 개척하기

9

클래스로 객체 생성하기

지금까지 프로세싱에서 함수 및 다른 코드를 사용해 멋진 그래픽을 만들었으므로 이제 클래스를 사용해 창의력을 발휘해보자. 클래스는 새로운 유형의 객체를 만들 수 있는 구조체다. 객체는 변수로 나타내는 속성과 함수로 표현하는 메소드를 가질 수 있다. 파이썬을 사용해 여러 객체를 만들 수 있지만 많은 객체를 만들려면 매우 큰 작업이 될 것이다. 클래스를 사용하면 동일한 속성을 가진 여러 객체를 쉽게 만들 수 있지만, 클래스를 사용하기 위해서는 특정 구문을 알고 넘어가야 한다.

공식 파이썬 웹 사이트에 나와 있는 다음 예제를 통해 클래스를 사용해 Dog 객체를 만드는 방법을 살펴보자. 일단 IDLE에서 새로운 파일을 열고, 파일 이름을 dog.py로 저장한 후 다음 코드를 입력해보자.

dog.py

```
class Dog:
    def __init__(self,name):
        self.name = name
```

Dog 클래스를 사용해 Dog라는 새로운 객체를 만들었다. 다른 언어와 동일하게 파이썬에서도 클래스의 이름을 대문자로 시작하는 것이 관례지만, 대문자로 시작하지 않는다고 작동하지 않는 것은 아니다. 클래스를 인스턴스화하거나 생성하려면 객체를 생성하는 특별한 메소드인 파이썬의 __init__(init의 앞과 뒤에 _가 두 개씩 있음) 메소드를 사용해야 한다. __init__ 행은 클래스의 인스턴스(이 경우, 여러 개의 Dog)를 만들 수 있다. 즉, __init__ 메소드에서는 원하는 클래스의 속성을 만들 수 있다. 위의 코드에서는 하나의 개(Dog 객체)는 한 개의 이름을 갖게 즉, 모든 개(Dog 객체)가 고유한 이름을 가질 수 있도록 self 구문을 사용한다. self 구문은 객체를 정의할 때만 사용하며, 객체를 호출할 때는 필요하지 않다.

그런 다음 다음 코드를 사용해 고유한 이름을 가진 Dog 객체를 만들 수 있다.

```
d = Dog('Fido')
```

이제 d는 Fido라는 이름을 가진 Dog 객체다. 파일을 실행해 쉘에 다음과 같이 입력해 보자.

```
>>> d.name
'Fido'
```

name 속성을 정의했으므로 d.name을 호출하면 Fido라는 값을 얻을 수 있다. 다시 다음과 같이 다른 Dog(개) 객체를 만들어, Bettisa라는 이름을 붙여주자.

```
>>> b = Dog('Bettisa')
>>> b.name
'Bettisa'
```

두 마리의 개(Dog 객체)는 서로 다른 이름을 가지고 있기 때문에, 프로그램은 두 마리의 개Dog 이름을 완벽하게 기억하고 있다. 이 사실은 새로 생성한 객체에 위치 및 기타 속성을 저장할 때 매우 중요한 내용이 된다.

마지막으로 클래스에 함수를 추가해 Dog 객체가 행동을 하도록 할 수 있다. 하지만 클래스 내부의 함수는 함수라고 하지 않고 **메소드**라고 칭하므로 주의하자. Dog 객체가 짖는 행동을 할 수 있게, 다음과 같이 메소드를 추가해보자.

dog.py

```
class Dog:
    def __init__(self,name):
        self.name = name

    def bark(self):
        print("Woof!")

d = Dog('Fido')
```

이제 Dog 객체 d의 bark() 메소드를 호출하면 d는 짖는다.

```
>>> d.bark()
Woof!
```

아직까지는 Dog 클래스가 필요한 이유가 분명하지 않지만, 이를 통해 클래스를 사용하면 무엇이든 반복해서 창의적으로 만들 수 있다는 것을 아는 것이 중요하다. 9단원에서는 공을 튀기거나 양을 방목하는 등 클래스를 사용해 유용한 객체를 많이 만들어 볼 것이다. 이제 공 튀기기 예제를 통해 클래스를 사용하면 멋진 일을 얼마나 시간을 절약하면서 할 수 있는지 살펴보자.

공 튕기기 프로그램

프로세싱 스케치를 시작하고, 파일 이름을 BouncingBall.pyde로 저장하자. 다음 코드를 통해 추후에 벽에 튕기는 공이 될 원을 하나 그린다.

BouncingBall.pyde

```
def setup():
    size(600,600)

def draw():
    background(0) #검정색
    ellipse(300,300,20,20)
```

일단 화면의 크기를 너비 600 픽셀, 높이 600 픽셀로 설정한다. 그런 다음 배경색을 검정색으로 설정하고, ellipse() 함수를 사용해 원을 그린다. ellipse() 함수의 처음 두 숫자는 원의 중심이 화면의 왼쪽 상단에서부터 얼마나 떨어져 있는지를 의미하고, 나머지 두 숫자는 타원의 너비와 높이를 나타낸다. 여기서 ellipse(300,300,20,20)는 그림 9-1과 같이 화면의 중앙에 위치하며 너비와 높이가 20인 원을 그린다.

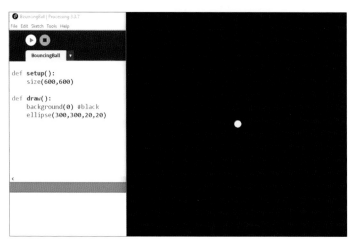

그림 9-1 공 팅기기 프로그램을 위해 하나의 원 그리기

이제 성공적으로 화면의 중앙에 원을 그렸으므로, 원이 움직이도록 해보자.

공 움직이기

이제 공의 위치를 바꿔 공을 움직이게 할 것이다. 먼저 x값의 변수와 y 값의 변수를 만들고 화면의 중간인 300으로 설정하자. BouncingBall.pyde의 초반부에 다음 두 줄의 코드를 추가하자.

BouncingBall.pyde

```
xcor = 300
ycor = 300

def setup():
    size(600,600)
```

여기서는 xcor 변수를 사용해 x값을 나타내고, ycor 변수를 사용해 y 값을 나타내며, 두 변수에 300을 할당한다.

이제 원의 위치를 변경하기 위해 x값과 y 값을 임의의 숫자로 변경해보자. 다음과 같이 xcor와 ycor 변수를 사용해 원을 그려야 한다는 것을 명심하자.

BouncingBall.pyde

```
xcor = 300
ycor = 300

def setup():
  size(600,600)

def draw():
❶ global xcor, ycor
  background(0) #검정색
  xcor += 1
  ycor += 1
  ellipse(xcor,ycor,20,20)
```

여기서 주의해야 할 점은 global xcor, ycor ❶를 사용해 draw() 함수에서 새로운 변수를 만들지 않고 앞서 선언한 전역 변수를 사용하도록 파이썬에게 지시해야 한다는 것이다. 해당 코드를 포함시키지 않으면 "local variable 'xcor' referenced before assignment."와 같은 에러가 발생한다. 프로세싱에서 xcor 및 ycor에 값이 할당되면 각 변수를 1씩 증가시키고 전역 변수(xcor, ycor)를 사용해 지정된 위치를 중심으로 해 원을 그린다.

프로그램을 저장하고 실행하면, 그림 9-2처럼 공이 이동한다.

이제 x값과 y 값이 계속 증가하기 때문에 공이 오른쪽 아래로 이동하게 되고, 일정 시간이 지난 후에는 화면에서 벗어나서 보이지 않게 된다. 지금까지 작성한 프로그램은 xcor와 ycor 변수를 계속해서 증가시키기만 하므로, 벽에 공을 튕기는 등의 동작을 할 수가 없다. 이제부터 공이 화면에서 사라지지 않게 하는 방법에 대해 살펴보자.

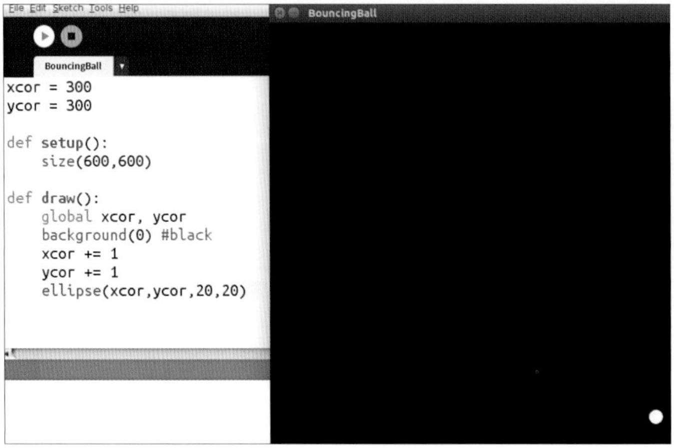

그림 9-2 공이 움직인다.

벽에 공 튕기기

x값과 y 값에 1을 더해 값을 변경하면 원의 위치가 변경된다. 수학에서는 시간에 따른 위치 변화를 속도라고 한다. 시간에 따른 x값의 양의 변화(양의 x 속도)는 공을 오른쪽으로 움직이게 하며, 음의 x 속도는 공을 왼쪽으로 움직이게 한다. 이제 이러한 **양의 방향으로 이동** 및 **음의 방향으로 이동**을 이용해 벽에 공이 튕기게 해보자. 먼저 다음과 같이 x-속도와 y-속도를 나타내는 변수를 만들어 추가해보자.

BouncingBall.pyde

```
xcor = 300
ycor = 300
xvel = 1
yvel = 2

def setup():
    size(600,600)

def draw():
    global xcor,ycor,xvel,yvel
    background(0) #검정색
```

258

```
xcor += xvel
ycor += yvel
#공이 벽에 닿으면 방향을 전환함.
if xcor > width or xcor < 0:
    xvel = -xvel
if ycor > height or ycor < 0:
    yvel = -yvel
ellipse(xcor,ycor,20,20)
```

먼저 xvel = 1과 yvel = 2로 설정해 공의 이동 속도를 지정한다. 그런 다음 draw() 함수에서 xvel과 yvel을 전역 변수로 선언하고 xvel과 yvel을 사용해 x 좌표 및 y 좌표를 증가시킨다. 예를 들어, xcor += xvel는 속도에 따라 위치를 변경한다.

두 개의 if 문은 공이 화면 밖으로 이동하면 공의 속도를 음의 값으로 변경한다. 공의 속도를 음의 값으로 변경하면 공이 움직이던 방향과 반대 방향으로 움직이게 되고, 화면 상에는 공이 벽에서 튀어 오르는 것처럼 보이게 된다.

이때 공이 반대 방향으로 움직여야 하는 좌표 상의 지점을 정확히 지정해야 한다. 예를 들어, xcor > width는 xcor가 화면의 너비보다 큰 경우 즉, 공이 화면의 오른쪽 가장자리에 닿는 경우를 나타낸다. 또한 xcor < 0는 xcor가 0보다 작은 경우 즉, 공이 화면의 왼쪽 가장자리에 닿는 경우를 나타낸다. 마찬가지로, ycor > height는 ycor가 화면의 높이보다 큰 경우, 즉, 공이 화면 하단에 닿는 경우를 나타내며, ycor < 0는 공이 화면 위쪽에 닿는 경우를 나타낸다. 공이 오른쪽으로 이동하는 것은 x-속도가 양의 방향으로 이동하는 것을 의미하며, 왼쪽으로 이동하는 것은 음의 방향으로 이동하는 것을 의미한다. 이때 속도가 이미 음수이면 (공이 왼쪽으로 움직이는 경우), 음수의 반대 방향은 양수 방향이므로 공은 오른쪽으로 이동하게 된다.

다음 코드를 실행하면 그림 9-3과 같이 나타난다.

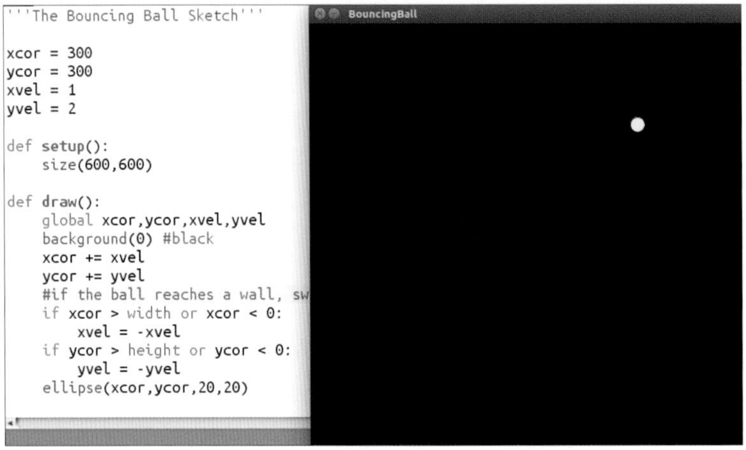

```
'''The Bouncing Ball Sketch'''

xcor = 300
ycor = 300
xvel = 1
yvel = 2

def setup():
    size(600,600)

def draw():
    global xcor,ycor,xvel,yvel
    background(0) #black
    xcor += xvel
    ycor += yvel
    #if the ball reaches a wall, sw
    if xcor > width or xcor < 0:
        xvel = -xvel
    if ycor > height or ycor < 0:
        yvel = -yvel
    ellipse(xcor,ycor,20,20)
```

그림 9-3 튀어 오르는 한 개의 공

이제 공이 벽에서 튕기는 것처럼 보이며, 화면 밖으로 사라지지 않는다.

클래스 없이 여러 개의 공 만들기

벽에 튕기는 또 다른 공을 만들려면 어떻게 해야 할까? 일단 두 번째 공의 x값과 y 값에 해당하는 변수와 x-속도, y-속도에 해당하는 4개의 새로운 변수를 만들어야 한다. 그런 다음 설정한 속도에 맞춰 위치를 변화시키고 벽에 튕겨야 하는지 확인한 다음 ellipse() 함수를 이용해 타원을 그려야 한다. 과정은 간단하지만 코드의 길이가 두 배가 된다. 세 번째 공을 그리려면 코드의 길이가 세 배가 될 것이며, 20개의 공을 화면 상에서 움직이게 하기 위한 코드의 길이는 말할 필요도 없다. 또한 여러 개의 공에 대한 x와 y의 위치와 속도를 전부 개별적으로 관리하려면 매우 힘들 것이다. 다음 코드를 살펴보자.

```
#공1:
ball1x = random(width)
ball1y = random(height)
ball1xvel = random(-2,2)
ball1tvel = random(-2,2)

#공2:
ball2x = random(width)
```

260

```
ball2y = random(height)
ball2xvel = random(-2,2)
ball2tvel = random(-2,2)

#공3:
ball3x = random(width)
ball3y = random(height)
ball3xvel = random(-2,2)
ball3tvel = random(-2,2)

#공1 업데이트:
ball1x += ball1xvel
ball1y += ball1yvel
ellipse(ball1x,ball1y,20,20)

#공2 업데이트:
ball2x += ball2xvel
ball2y += ball2yvel
ellipse(ball2x,ball2y,20,20)

#공3 업데이트:
ball3x += ball3xvel
ball3y += ball3yvel
ellipse(ball3x,ball3y,20,20)
```

이 코드는 고작 세 개의 공을 화면 상에서 이동하도록 한 코드다. 보다시피 공이 벽에 튕기는 코드를 넣지 않았음에도 불구하고 매우 길다. 이제 클래스를 사용해 위의 코드를 더 간결하게 만들어보자.

클래스를 사용해 객체 생성하기

프로그래밍에서 클래스는 고유한 속성을 사용해 객체를 만드는 방법을 자세히 설명하는 레시피와 같다. 클래스를 사용해 공을 만드는 방법을 한번 선언한 뒤, for 루프를 사용해 여러 개의 공을 만들어 리스트에 넣도록 해보자. 리스트는 문자열, 숫자 및 객체와 같은 여러 가지 속성을 한번에 저장하는 데 유용하다.

다음 세 단계를 통해 클래스를 사용한 객체를 만들어보자.

1. 클래스 만들기: 공, 행성, 로켓 등을 만드는 레시피와 비슷하다.
2. 객체 인스턴스화하기: setup() 함수에서 객체 호출을 통해 작업을 수행한다.
3. 객체 업데이트하기: draw() 함수에서 루프를 통해 작업을 수행한다.

이제 세 단계를 사용해 앞서 작성한 코드를 클래스로 만들어보자.

클래스 만들기

클래스를 사용해 객체를 만드는 첫 번째 단계는 프로그램에 공을 만드는 방법을 알려주는 클래스를 만드는 것이다. BouncingBall.pyde 프로그램의 앞 부분에 다음 코드를 추가해보자.

BouncingBall.pyde

```
ballList=[] #공을 담을 빈 리스트

class Ball:
    def __init__(self,x,y):
        '''Ball 객체 초기화'''
        self.xcor = x
        self.ycor = y
        self.xvel = random(-2,2)
        self.yvel = random(-2,2)
```

이제 Ball 클래스에서 위치 및 속도 변수를 속성으로 사용할 것이므로 기존 코드에서 다음과 같은 같은 행은 삭제한다.

```
xcor = 300
ycor = 300
xvel = 1
yvel = 2
```

공을 저장하는 데 사용할 빈 리스트 ballList를 만들고, 레시피를 정의하기 시작한다.

클래스 객체의 이름(여기서는 Ball로 표기)은 항상 대문자로 시작한다. __init__ 메소드는 초기화될 때 객체가 갖는 모든 속성을 포함해 클래스를 생성할 수 있게 한다. 따라서 __init__ 메소드를 사용해야 클래스가 제대로 동작한다.

self는 단순히 모든 객체가 고유한 메소드 및 속성을 가짐을 의미하며, Ball 객체 외에는 사용할 수 없는 함수 및 변수임을 나타낸다. 즉, 각 Ball마다 자신의 xcor, ycor 등의 변수를 가짐을 의미한다. BouncingBall.pyde에서는 특정 시점에 Ball을 생성해야 하므로, __init__ 메소드에 x 및 y 매개 변수를 만들었으며, 이를 통해 다음과 같이 공을 만들 때 공의 위치를 알 수 있다.

```
Ball(100,200)
```

이 경우, 공은 좌표 (100,200)에 위치하며, 코드의 마지막 두 줄은 x와 y의 속도를 -2와 2 사이의 임의의 숫자로 지정하도록 한다.

객체 인스턴스화하기

이제 Ball이라는 클래스를 만들었으므로, draw() 함수가 반복될 때마다 공을 업데이트하는 방법을 알려주기 위해 update 메소드를 만든다. 그런 다음 __init__ 메소드와 마찬가지로 update 메소드를 Ball 클래스 안에 넣는다. 앞서 작성한 공 튀기는 코드를 잘라내 update 메소드에 붙여 넣은 뒤 다음과 같이 객체의 각 속성에 self.를 붙이면 된다.

BouncingBall.pyde

```
ballList=[] #공을 담을 빈 리스트

class Ball:
    def __init__(self,x,y):
        '''Ball 객체 초기화'''
        self.xcor = x
        self.ycor = y
        self.xvel = random(-2,2)
        self.yvel = random(-2,2)

    def update(self):
```

```
        self.xcor += self.xvel
        self.ycor += self.yvel
        #공이 벽에 닿으면 방향을 전환함.
        if self.xcor > width or self.xcor < 0:
            self.xvel = -self.xvel
        if self.ycor > height or self.ycor < 0:
            self.yvel = -self.yvel
        ellipse(self.xcor,self.ycor,20,20)
```

여기서는 Ball 클래스의 update() 메소드에 공이 이동하고 벽에 튕기는 모든 코드를 추가했다. 유일하게 새로운 코드는 속도 변수에 self.를 붙여, Ball 객체의 속도 속성으로 만든 것이다. 너무 많은 객체를 인스턴스화한 것처럼 보일 수도 있지만, 이를 통해 x 좌표와 같은 변수를 특정 공의 속성임을 나타낸다. 추후에 백 개의 공을 업데이트할 것이므로 각자의 위치와 속도를 추적할 수 있는 self가 필요하다.

이제 프로그램이 공을 만들고 업데이트하는 방법을 알았으므로, 다음과 같이 setup() 함수를 업데이트해 세 개의 공을 만들고 ballList에 넣어보자.

```
def setup():
    size(600,600)
    for i in range(3):
        ballList.append(Ball(random(width),
                             random(height)))
```

앞의 코드에서 ballList를 이미 만들었으므로 임의의 위치에 있는 Ball을 리스트에 추가한다. 프로그램이 새로운 공을 생성(인스턴스화)하면 0과 화면 너비 사이의 임의의 수를 x 좌표로 선택하고, 0과 화면 높이 사이의 임의의 수를 y 좌표로 선택한다. 그런 다음 새로운 공을 list에 저장한다. 여기서는 for i in range(3)를 사용했기 때문에 리스트에 3개의 공을 만들어 저장한다.

객체 업데이트하기

이제 draw() 함수를 이용해 모든 루프에서 ballList에 저장된 공을 업데이트해 원을 그리도록 프로그램에 지시해보자.

BouncingBall.pyde

```
def draw():
    background(0) #검정색
    for ball in ballList:
        ball.update()
```

배경색은 검정색으로 설정하고, ballList에 있는 모든 공에 대해 update() 메소드를 실행한다. draw() 함수에 있던 다른 코드는 Ball 클래스에 포함시킨다.

이제 프로그램을 실행하면 세 개의 공이 화면 상에서 움직이며 벽에 튕기는 것이 나타난다. 클래스를 사용하면 가장 편한 점은 공의 개수를 변경시키고 싶을 때 매우 간편하게 변경시킬 수 있다는 것이다. 즉, setup() 함수의 for i in range(number)에서 number만 변경시키면 더 많은 공을 움직이게 할 수 있다. 예를 들어, number를 20으로 변경하면 그림 9-4와 같이 나타난다.

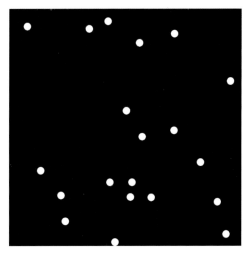

그림 9-4 원하는 만큼 많은 공 만들기

또한 클래스를 사용하면 각각의 객체에 다른 속성이나 메소드를 적용시킬 수 있다. 예를 들어, 모든 공의 색이 동일해야 할 필요는 없으므로, Ball 클래스에 다음 코드를 추가해보자.

```
class Ball:
    def __init__(self,x,y):
        '''Ball 객체 초기화'''
        self.xcor = x
        self.ycor = y
        self.xvel = random(-2,2)
        self.yvel = random(-2,2)
        self.col = color(random(255),
                         random(255),
                         random(255))
```

이제 공이 만들어질 때 각각 다른 고유한 색을 가지게 된다. 프로세싱의 color() 함수는 각각 빨간색, 초록색, 파란색을 나타내는 세 개의 숫자를 필요로 하며, RGB 값으로 0에서 255로 나타낸다. random(255)는 무작위로 숫자를 선택하므로 공의 색을 무작위로 선택할 수 있다. 하지만 __init__ 메소드는 한번만 실행되기 때문에 일단 공의 색이 정해지면 계속 동일하게 유지된다.

그런 다음 update() 메소드에 다음 코드를 추가해 임의로 선택한 색이 공의 색이 되도록 한다.

```
fill(self.col)
ellipse(self.xcor,self.ycor,20,20)
```

도형이나 선을 그리기 전에 도형은 fill() 함수 그리고 선은 stroke() 함수를 사용해 선이나 도형의 색을 설정할 수 있다. 여기서는 각 공마다 고유한 자신의 색(self 사용)을 칠하도록 한다.

프로그램을 실행하면 그림 9-5와 같이 각 공마다 고유의 색을 가지게 된다.

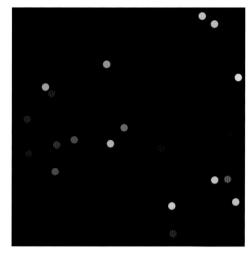

그림 9-5 각 공에게 색 부여하기

예제 9-1 다양한 크기의 공 만들기

BouncingBall.pyde를 변경해 각 공의 크기가 5에서 50이 되도록 설정해보자.

양 방목 프로그램

이제 클래스를 만들 수 있으으므로 클래스를 이용해 유용한 프로그램을 만들어보자. 지금부터 프로세싱 스케치로 풀을 먹고 돌아다니는 양의 생태계를 표현한 양 방목 프로그램을 만들어볼 것이다. 양 방목 프로그램에서는 양이 움직이면 에너지가 줄어들고, 풀을 먹으면 에너지가 보충된다. 또한 충분한 에너지가 있으면 번식하고, 에너지가 고갈되면 죽는다. 이번 프로그램을 다 만들고 난 후에는 생물학, 생태학, 진화론에 대해 많은 것을 배울 수 있을 것이다.

이 프로그램에서 Sheep 객체는 9단원의 앞부분에서 만든 Ball 객체와 비슷하다. 각각의 Sheep 객체는 고유한 x 및 y 좌표로 나타내는 위치와 크기를 가지며 원으로 표시된다.

Sheep 클래스 만들기

새로운 프로세싱 스케치를 만들고, 파일 이름을 SheepAndGrass.pyde로 저장하자. 먼저 각자의 x 좌표와 y 좌표 및 크기를 가지는 Sheep 객체를 만든다. 그런 다음 양의 위치에 원을 그리는 update() 메소드를 만든다.

다음 코드는 앞서 다룬 Ball 클래스와 거의 동일하다.

SheepAndGrass.pyde

```python
class Sheep:
    def __init__(self,x,y):
        self.x = x #x 좌표
        self.y = y #y 좌표
        self.sz = 10 #크기

    def update(self):
        ellipse(self.x,self.y,self.sz,self.sz)
```

앞으로 양 떼를 만들 것이기 때문에 가장 먼저 Sheep 클래스를 만들었다. __init__ 메소드에서 x 좌표 및 y 좌표를 양 인스턴스를 만들 때 사용할 매개 변수로 설정한다. 우선 양의 크기(원의 지름)를 10 픽셀로 설정했지만 더 크거나 작은 양을 원하는 경우 크기를 변경하면 된다. 여기서 update() 메소드는 단순히 지정한 위치에 10 픽셀 크기의 원을 그리게 한다.

이제 다음과 같이 setup()과 draw() 함수를 추가해 shawn이라는 이름을 가진 한 마리의 양을 그려보자.

```python
def setup():
    global shawn
    size(600,600)
    # (300,200) 위치에 shawn이라는 Sheep 객체 만들기
    shawn = Sheep(300,200)

def draw():
    background(255)
    shawn.update()
```

가장 먼저 setup() 함수에서 Sheep 객체의 인스턴스인 shawn을 만든다. 그런 다음 draw() 함수에서 shawn 인스턴스를 업데이트한다. 하지만 shawn이 전역 변수임을 알리는 global shawn을 추가하지 않으면 draw() 함수의 shawn과 setup() 함수의 shawn이 동일한 것인지 인식하지 못하므로 주의하자.

코드를 실행하면 그림 9-6과 같이 화면에 흰색 원이 나타난다.

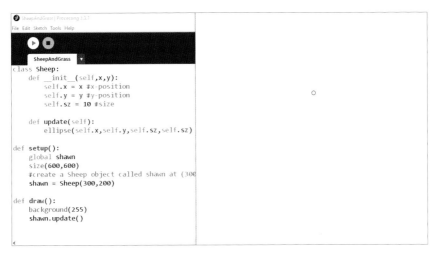

그림 9-6 한 마리의 양

흰색 화면에 좌표 (300,200), 즉, 시작점으로부터 오른쪽으로 300 픽셀, 아래로 200 픽셀 이동한 곳에 위치한 작은 원으로 된 양이 그려졌다.

돌아다니는 양 만들기

이제 양이 돌아다니도록 만들어보자. 우선 x 좌표와 y 좌표가 −10과 10 사이의 임의의 숫자가 되도록 해 양이 무작위로 돌아다니도록 만들 것이다(나중에 언제든지 원하는 대로 움직이도록 가능하게 한다). 다음과 같이 update() 메소드를 업데이트해보자.

SheepAndGrass.pyde

```
def update(self):
    #양이 여기저기 돌아다니게 만들기
```

```
        move = 10 #이동할 수 있는 최댓값
        self.x += random(-move, move)
        self.y += random(-move, move)
        fill(255) #흰색
        ellipse(self.x,self.y,self.sz,self.sz)
```

양이 화면에서 이동할 수 있는 최댓값 또는 거리를 지정하기 위해 move라는 변수를 만든다. 그런 다음 move를 10으로 설정하고 x 좌표와 y 좌표가 -move(-10)과 move(10) 사이의 임의의 숫자가 되도록 한다. 마지막으로 fill(255)를 사용해 양의 색을 흰색으로 설정한다.

지금까지 완성한 코드를 실행하면 양이 화면상에서 무작위로 돌아다니는 것을 볼 수 있지만, 얼마 후 화면 밖으로 벗어나게 된다.

이제 양의 무리를 만들어보자. 하나 이상의 객체를 만들고 업데이트하려면 리스트를 사용하는 것이 좋다. 그런 다음 draw() 함수에서 리스트에 저장된 각각의 Sheep 객체를 업데이트한다. 다음과 같이 코드를 업데이트해보자.

SheepAndGrass.pyde

```
class Sheep:
    def __init__(self,x,y):
        self.x = x #x 좌표
        self.y = y #y 좌표
        self.sz = 10 #크기

    def update(self):
        #양이 여기저기 돌아다니게 만들기
        move = 10 #이동할 수 있는 최댓값
        self.x += random(-move, move)
        self.y += random(-move, move)
        fill(255) #흰색
        ellipse(self.x,self.y,self.sz,self.sz)

sheepList = [] #양을 저장하기 위한 리스트

def setup():
    size(600,600)
```

```
    for i in range(3):
        sheepList.append(Sheep(random(width),
                               random(height)))

def draw():
    background(255)
    for sheep in sheepList:
        sheep.update()
```

위의 코드는 앞서 공 튕기기 프로그램에서 사용한 코드와 매우 비슷하다. 먼저 양을 저장할 리스트를 만들고, for 루프를 만들어 sheepList에 Sheep 인스턴스를 저장한다. 그런 다음 draw() 함수에서 미리 정의한 update() 메소드에 따라 각 인스턴스를 업데이트하는 또 다른 for 루프를 만든다. 이제 코드를 실행하면 세 마리의 양이 무작위로 화면을 이동할 것이다. for i in range(3)의 3을 더 큰 숫자로 바꿔 많은 양이 화면 상에서 움직이도록 만들어보자.

에너지 속성 만들기

걷는 것은 에너지를 필요로 한다. 이제 양을 만들 때 일정량의 에너지를 부여하고, 움직일 때 에너지를 소모하도록 만들어보자. 다음 코드를 사용해 SheepAndGrass.pyde의 __init__ 및 update 메소드를 업데이트해보자.

```
class Sheep:
    def __init__(self,x,y):
        self.x = x #x 좌표
        self.y = y #y 좌표
        self.sz = 10 #크기
        self.energy = 20 #에너지의 양

    def update(self):
        #양이 여기저기 돌아다니게 만들기
        move = 10
        self.energy -= 1 #움직일 때 소모하는 에너지
        if self.energy <= 0:
            sheepList.remove(self)
```

```
    self.x += random(-move, move)
    self.y += random(-move, move)
    fill(255) #흰색
    ellipse(self.x,self.y,self.sz,self.sz)
```

__init__ 메소드에 energy 속성을 생성하고 20을 할당해 모든 양이 20의 에너지를 가지고 프로그램을 시작하도록 설정한다. 그런 다음 update() 메소드에 self.energy -= 1을 추가해 양이 화면에서 움직일 때마다 에너지가 1씩 감소하도록 한다.

이제 양의 에너지가 고갈됐는지 확인하고, self.energy <= 0를 사용해 에너지가 0보다 작거나 같은 경우 remove() 함수를 사용해 sheepList에서 해당 양을 삭제한다. 에너지가 고갈돼 Sheep 인스턴스가 리스트에서 삭제되면 해당 인스턴스는 더 이상 존재하지 않는다.

클래스를 사용해 잔디 만들기

프로그램을 실행하면 화면 상에 양이 잠시 움직이다가 사라지는 것을 볼 수 있다. 이는 양이 움직이면 에너지가 소모되고 에너지가 고갈되면 양이 죽도록 프로그래밍했기 때문이다. 이제 양 떼에게 식량을 제공할 것이다. 잔디 밭의 각 구역을 Grass로 칭하고 해당 클래스를 만들어보자. Grass 클래스는 자체의 x값 및 y 값, 크기size, 에너지energy 속성을 가지며, 양이 풀을 먹은 경우 색이 변하도록 설정할 것이다.

앞으로 양 방목 프로그램을 만들면서 다양한 색을 사용할 것이므로, 필요할 때 이름만으로 색을 사용할 수 있도록 다음 코드를 SheepAndGrass.pyde 앞 부분에 추가해보자. 다른 색을 원한다면 추가해도 좋다.

```
WHITE = color(255)
BROWN = color(102,51,0)
RED = color(255,0,0)
GREEN = color(0,102,0)
YELLOW = color(255,255,0)
PURPLE = color(102,0,204)
```

색 이름에 모두 대문자를 사용한 것은 해당 값이 상수이고 변하지 않는다는 의미이지만, 프로그래머 사이의 암묵적인 약속일 뿐 원하는 경우 변경해도 된다. 위와 같이 색을 상수로 설정하면 매번 RGB 값을 쓰지 않고도 색 이름만으로 쉽게 색을 지정할 수 있게 된다. SheepAndGrass.pyde에서 Sheep 클래스 뒤를 다음과 같이 업데이트해 초록색 잔디를 만들어보자.

```
class Grass:
    def __init__(self,x,y,sz):
        self.x = x
        self.y = y
        self.energy = 15 #한 구역을 먹음으로써 생기는 에너지
        self.eaten = False #아직 양이 먹지 않음
        self.sz = sz

    def update(self):
        fill(GREEN)
        rect(self.x,self.y,self.sz,self.sz)
```

지금쯤이면 클래스 표기법의 구조에 익숙해지기 시작했을 것이다. 일반적으로 __init__ 메소드로 시작하며 속성을 생성한다. Grass 클래스에 잔디의 x 좌표와 y 좌표, 에너지 양, 잔디를 먹었는지 여부를 추적하는 부울(참/거짓) 변수 및 크기 속성을 생성한다. 잔디 구역을 업데이트하기 위해 Grass 객체의 위치에 초록색 사각형을 만든다.

이제 양과 마찬가지로 잔디를 초기화하고 업데이트해야 한다. 많은 잔디를 생성할 것이므로 setup() 함수 이전에 다음 코드를 추가해 리스트를 만들어보자.

```
sheepList = [] #양을 저장하기 위한 리스트
grassList = [] #잔디를 저장하기 위한 리스트
patchSize = 10 #잔디 한 구역의 크기
```

앞으로 잔디 한 구역의 크기를 변경할 수도 있으므로, patchSize라는 변수를 만들어 원하는 경우 쉽게 변경할 수 있도록 한다. 그런 다음 setup() 함수에서는 양을 생성하는 코드 다음에 아래와 같은 코드를 추가해 잔디를 만들어보자.

```
def setup():
    global patchSize
```

```
size(600,600)
#양 만들기:
for i in range(3):
    sheepList.append(Sheep(random(width),
                           random(height)))

#잔디 만들기:
for x in range(0,width,patchSize):
    for y in range(0,height,patchSize):
        grassList.append(Grass(x,y,patchSize))
```

global patchSize는 patchSize를 전역 변수로 선언해 어느 곳에서든 사용할 것이라는 것을 알려준다. 그런 다음 두 개의 for 루프(x 루프와 y 루프)를 사용해 잔디를 grassList에 추가하고 잔디의 사각형 격자를 만든다.

마지막으로 양을 그릴 때와 마찬가지로 draw() 함수에서 모든 잔디 인스턴스를 업데이트한다. 먼저 그리는 것이 무엇이든 간에 나중에 그리는 것으로 덮어 씌워지기 때문에 다음과 같이 grass 인스턴스를 먼저 업데이트할 것이다.

SheepAndGrass.pyde

```
def draw():
    background(255)
    #grass 업데이트 먼저하고
    for grass in grassList:
        grass.update()
    #sheep 업데이트하기
    for sheep in sheepList:
        sheep.update()
```

코드를 실행하면 그림 9-7과 같이 녹색 사각형의 그리드가 나타난다.

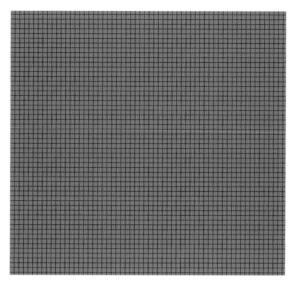

그림 9-7 그리드 선이 있는 잔디

이제 검정색 선을 삭제해 진짜 잔디밭처럼 보이도록 해보자. 다음과 같이 setup() 함수에 noStroke() 함수를 추가해 초록색 사각형의 윤곽선을 제거하자.

```
def setup():
    global patchSize
    size(600,600)
    noStroke()
```

온전한 잔디밭을 만들었다.

양이 잔디를 먹으면 갈색으로 변하도록 만들기

양이 하나의 잔디 구역에 있을 때 그 구역의 잔디를 먹고 에너지를 얻은 후, 잔디를 먹었음을 보여주기 위해 먹은 구역 잔디가 갈색이 되도록 만들 것이다. 다음과 같이 Grass 클래스의 update() 메소드를 업데이트해보자.

```
def update(self):
    if self.eaten:
```

```
        fill(BROWN)
    else:
        fill(GREEN)
    rect(self.x,self.y,self.sz,self.sz)
```

잔디가 양에게 **먹히면**eaten 잔디가 갈색이 되는 코드를 만들었으며, 그렇지 않은 경우에는 당연히 잔디는 초록색이다. 양이 잔디를 **먹는**eat 것을 확인할 수 있는 방법은 여러 가지가 있다. 첫 번째 방법은 각각의 잔디 구역에서 sheepList에 있는 모든 양이 자신의 위치에 있는지 확인하는 방법이다. 즉, 수만 개의 잔디 구역에서 수천 마리의 양의 위치를 확인한다는 의미이며, 컴퓨터가 매우 많은 일을 해야 한다.

하지만 더 간단한 방법은 grassList에 각 잔디 구역이 저장돼 있으므로, 양이 위치를 변경하면 해당 위치에 있는 잔디를 **먹힌**eaten 것(이미 먹히지 않았다면)으로 변경하고 양의 에너지를 증가시키는 것이다.

문제는 양의 x 좌표와 y 좌표가 grassList에 있는 잔디의 위치와 정확히 일치하지 않는다는 것이다. 예를 들어, patchSize가 10일때, 양이 (92,35)에 있으면 오른쪽으로 10번째(x = 0에서부터 x = 9까지가 첫 번째 구역에 속함) 아래로 4번째 잔디 구역에 위치한다. 즉, x 좌표와 y 좌표를 patchSize로 나누면 축척된 x값과 y 값인 9와 3을 얻는다.

하지만 grassList에는 행과 열이 없다. x값인 9는 10행(행 0을 잊지 말자)을 의미하므로 60개씩(patchSize를 height로 나눈 값)의 9행을 구한 다음, 60개씩의 y 값을 추가해 양이 위치한 잔디 구역의 색인index를 얻는다. 따라서 rows_of_grass라는 변수를 만들어 한 열에 몇 개의 잔디 구역이 포함되는지 저장한다. setup() 함수의 도입부에 global rows_of_grass를 추가하고 setup() 함수에서 size를 선언한 다음 줄에 아래의 코드를 추가하자.

```
rows_of_grass = height/patchSize
```

위의 코드는 화면의 높이를 patchSize로 나눠 몇 개의 잔디 구역 열이 있는지 알려준다. 이제 다음 코드를 Sheep 클래스에 추가해보자.

SheepAndGrass.py

```
    self.x += random(-move, move)
```

```
        self.y += random(-move, move)
❶   if self.x > width:
            self.x %= width
    if self.y > height:
            self.y %= height
    if self.x < 0:
            self.x += width
    if self.y < 0:
            self.y += height
    #grassList에서 양이 위치한 잔디 구역 찾기:
❷   xscl = int(self.x / patchSize)
    yscl = int(self.y / patchSize)
❸   grass = grassList[xscl * rows_of_grass + yscl]
    if not grass.eaten:
            self.energy += grass.energy
            grass.eaten = True
```

양의 위치를 업데이트한 후에는 고전 게임 소행성^{Asteroids}처럼 좌표를 감싸 ❶ 양이 화면에서 벗어나면 화면의 반대편에서 나타나도록 한다. patchSize를 기반으로 양이 위치한 구역을 계산하고 ❷, x와 y 값에 해당하는 grassList에 있는 해당 구역의 인덱스로 이동한다 ❸. 이제 양이 위치한 잔디 구역의 정확한 인덱스를 알아냈으므로, 해당 잔디 구역이 먹히지 않았다면 양이 그 잔디를 먹도록 한다. 그러면 양은 잔디를 통해 에너지를 얻고 grass 인스턴스의 eaten 속성은 True로 변경된다.

코드를 실행하면 세 마리의 양이 잔디를 먹으면서 이동하며, 먹힌 잔디는 갈색으로 변하는 것을 볼 수 있다. move 변수를 5와 같이 더 작은 값으로 변경해 양이 이동하는 속도를 줄인다. 또한 patchSize를 5와 같은 수로 변경해 한 구역의 크기를 줄일 수도 있다. 여러 가지 경우의 수를 시도해보자.

이제 더 많은 양을 만들어보자. 다음과 같이 for i in range 안의 숫자를 3 대신 20으로 바꿔보자.

```
#양 만들기
for i in range(20):
    sheepList.append(Sheep(random(width),
                           random(height)))
```

코드를 실행하면 그림 9-8과 같이 나타난다.

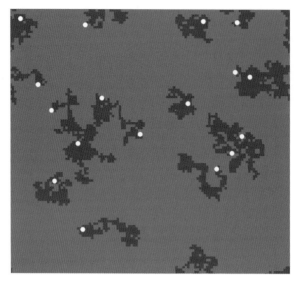

그림 9-8 양 떼

이제 20마리의 양이 움직이며 잔디를 갈색으로 만든다.

양의 색 지정하기

양이 태어날 때 자신의 색을 선택할 수 있도록 해보자. color 상수를 선언한 곳 뒤에 다음과 같이 몇 개의 색을 colorList에 저장하자.

```
YELLOW = color(255,255,0)
PURPLE = color(102,0,204)
colorList = [WHITE,RED,YELLOW,PURPLE]
```

다음과 같이 Sheep 클래스를 변경해 양이 다양한 색이 되도록 변경해보자. 먼저 Sheep 객체에게 color 속성을 부여한다. 하지만 color는 이미 프로세싱의 키워드이므로, color 대신 col을 사용한다.

```
class Sheep:
    def __init__(self,x,y,col):
        self.x = x #x 좌표
        self.y = y #y 좌표
        self.sz = 10 #크기
        self.energy = 20
        self.col = col
```

그런 다음 update() 메소드에 fill() 함수를 다음과 같이 변경한다.

```
    fill(self.col) #고유의 색
    ellipse(self.x,self.y,self.sz,self.sz)
```

양을 나타내는 원을 그리기 전에 fill(self.col)을 사용해 무작위로 선택된 색으로 타원을 채우도록 한다.

모든 Sheep이 setup() 함수에서 인스턴스화되면 각 양에게 임의의 색을 지정해야 한다. 따라서 다음 코드를 통해 random 모듈에서 choice 함수를 불러와야 한다.

```
from random import choice
```

파이썬의 choice() 함수는 리스트에서 하나의 항목을 임의로 선택한 다음 그 값을 반환한다. 다음코드를 추가해 colorList에서 양의 색을 선택할 수 있도록 해보자.

```
choice(colorList)
```

choice(colorList)는 colorList에서 한 가지 색을 골라 반환한다. 마지막으로 다음과 같이 Sheep을 만들 때 colorList에서 임의로 선택한 색을 Sheep 생성자에 인수로 전달한다.

```
def setup():
    size(600,600)
    noStroke()
    #양 만들기
    for i in range(20):
```

```
sheepList.append(Sheep(random(width),
                       random(height),
                       choice(colorList)))
```

코드를 실행하면 그림 9-9와 같이 여러 가지 색의 양이 화면을 돌아다니는 것을 볼 수 있다.

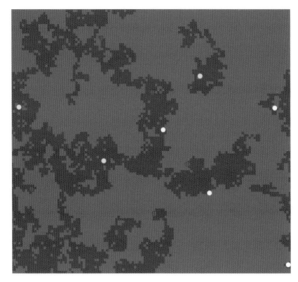

그림 9-9 형형색색의 양

각각의 양은 colorList에 정의한 네 가지 색 중 하나인 흰색, 빨간색, 노란색, 또는 보라색 중 하나의 색을 하고 있다.

양이 번식하도록 프로그래밍하기

지금까지 만든 프로그램에서는 양이 잔디밭에서 멀리 이동하면서 에너지가 떨어져서 죽을 때까지 잔디를 먹는다. 이제부터 양이 잔디를 통해 얻은 에너지 중 일부를 번식하는 데 쓰도록 만들어보자.

Sheep 클래스의 update() 메소드에 다음 코드를 추가해 양의 에너지가 50이 되면 번식을 하도록 만들어보자.

```
if self.energy <= 0:
    sheepList.remove(self)
if self.energy >= 50:
    self.energy -= 30 #번식은 에너지를 필요로 함.
    #새로운 양을 리스트에 추가
    sheepList.append(Sheep(self.x,self.y,self.col))
```

조건문 if self.energy >= 50는 양의 에너지가 50 이상인지 확인하고 50 이상일 경우, 번식을 위해 에너지를 30 감소시키고 sheepList에 새로운 양을 추가한다. 이 때 새로 태어난 양은 부모와 같은 위치에 있으며 색도 부모와 동일하게 된다. 코드를 실행하면 그림 9-10과 같이 비슷한 색의 양이 무리를 지어 있는 것을 볼 수 있다.

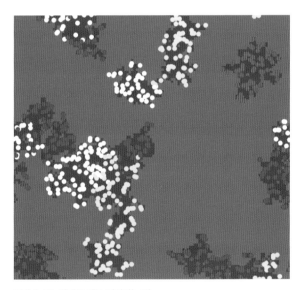

그림 9-10 잔디를 먹고 번식하는 양

잔디 재생시키기

불행하게도 양은 얼마 지나지 않아 모든 잔디를 먹고 죽게 된다. 따라서 잔디가 재생하도록 만들어야 한다. 이제 Grass 클래스의 update() 메소드를 다음과 같이 업데이트해보자.

```
def update(self):
    if self.eaten:
        if random(100) < 5:
            self.eaten = False
        else:
            fill(BROWN)
    else:
        fill(GREEN)
    rect(self.x,self.y,self.sz,self.sz)
```

random(100)은 0과 100 사이의 임의의 숫자를 생성한다. 이때 임의의 숫자가 5보다 작으면 eaten 속성을 False로 설정해 잔디 구역을 다시 초록색으로 재생한다. 여기서 5를 사용했기 때문에 각각의 잔디 구역에 대해 먹을 수 있는 잔디 양이 5/100보다 작은 경우를 의미하며 그렇지 않은 경우에는 잔디가 갈색으로 유지된다.

코드를 실행하면 그림 9-11과 같은 화면이 나타난다.

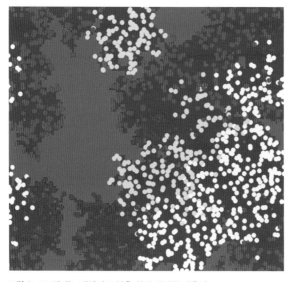

그림 9-11 잔디는 재생되고 양은 화면 전체를 채운다.

이제 양이 너무 많아서 프로그램이 느려지는 현상이 발생할 수도 있다. 양이 너무 많은 에너지를 가지고 있어 발생하는 문제이므로 잔디를 먹음으로써 생기는 에너지의 양을

15에서 12로 줄여보자.

```
class Grass:
    def __init__(self,x,y,sz):
        self.x = x
        self.y = y
        self.energy = 12 #한 구역을 먹음으로써 생기는 에너지
        self.eaten = False #아직 양이 먹지 않음
        self.sz = sz
```

이제 양의 개체수가 합리적인 속도로 증가할 수 있도록 균형이 잡힌 것 같다. 숫자를 이것저것 변경해보자.

진화론적 이점 부여하기

이제 양 무리 중 하나에 진화론적 이점을 부여해보자. 예를 들어 잔디에서 에너지를 더 많이 얻거나 한 번에 더 많은 자손을 번식하는 등의 이점을 부여할 수도 있다. 여기서는 보라색 양이 다른 양보다 조금 더 멀리 이동하도록 만들어보자. 무엇이 달라질까? Sheep 클래스의 update() 메소드를 다음과 같이 업데이트해보자.

```
def update(self):
    #양이 여기저기 돌아다니게 만들기
    move = 5 #이동할 수 있는 최댓값
    if self.col == PURPLE:
        move = 7
    self.energy -= 1
```

조건문은 양의 색이 보라색인지 확인하고, 양이 보라색인 경우 7만큼 이동하도록 하며, 그렇지 않은 양은 5만큼 이동하도록 한다. 이 경우, 보라색 양이 다른 양보다 더 멀리 이동할 수 있으므로 초록색 잔디를 더 쉽게 찾을 수 있게 된다. 이제 코드를 실행하면 그림 9-12과 같은 결과가 나타나는 걸 볼 수 있다.

그림 9-12 보라색 양에게 이점을 부여한 결과

잠시 후에 보라색 양에게 이점을 부여한 결과가 나타난다. 보라색 양은 잔디를 놓고 경쟁하면서 환경을 지배하고 다른 색의 양들을 생태계에서 밀어낸다. 이 시뮬레이션을 통해 생태계, 침입 종, 생물 다양성 및 진화론에 관한 흥미로운 토론을 시작할 수도 있다.

예제 9-2 양 수명 설정하기

age 속성을 만들어 양을 업데이트할 때마다 수명을 감소시키고 양이 제한된 시간 동안만 살 수 있도록 해보자.

예제 9-3 양 크기 변경하기

양이 가지고 있는 에너지에 따라 양의 크기를 변경시켜보자.

요약

9단원에서는 클래스를 사용해 객체를 만드는 방법을 살펴봤다. 즉, 속성을 사용해 클래스를 정의하고, 객체를 인스턴스화한 다음 업데이트하는 과정을 배웠다. 이를 통해 같은 속성을 가진 비슷한 독립적인 객체를 좀 더 효율적으로 생성할 수 있게 됐다. 따라서 클래스를 많이 사용할수록 모든 단계를 개별적으로 코딩하지 않고도 각각의 객체를 걷거나, 날거나, 주위를 돌아다니게 하는 등 더 창의적인 행위를 할 수 있다.

클래스를 사용하면 코딩 능력이 무한대로 상승한다. 이제 복잡한 상황의 모델을 쉽게 만들 수 있으므로, 일단 한 개의 입자, 행성, 양 한 마리 등이 어떻게 해야 하는지 프로그램에 정의하면 수백만 개의 동일 객체를 쉽게 만들 수 있을 것이다.

또한 적은 양의 방정식으로 물리적, 생물학적, 화학적, 또는 환경적인 상황을 탐구하기 위한 모델을 설정할 수도 있다. 한 물리학자는 이런 방법이 여러 요인이나 에이전트가 관련된 문제를 해결하는 가장 효율적인 방법이라고 말하기도 했다.

10단원에서는 재귀법이라는 신기한 현상을 사용해 프랙탈 만드는 방법을 배울 것이다.

10

재귀법을 이용해 프랙탈 만들기

프랙탈은 매우 복잡한 디자인으로 일부 작은 조각이 전체와 비슷한 기하학적 형태를 가지고 있다(그림 10-1 참조). 프랙탈은 1980년 브누아 망델브로(Benoit Mandelbrot)가 최첨단 IBM 컴퓨터에 복잡한 기능을 시각화하는 도중 발견(자연에 프랙탈이 존재하므로)했다.

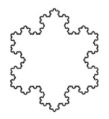

그림 10-1 프랙탈의 예

프랙탈은 정사각형, 삼각형 및 원과 같이 기하학에서 다루는 일반적인 도형과는 다른 모양을 하고 있다. 프랙탈은 비뚤어지고 들쭉날쭉해서 자연 현상을 시뮬레이션 하는데 훌륭한 모델이 된다. 따라서 실제로 과학자들은 심장의 동맥에서부터 지진, 뇌의 뉴런까지 다양한 것을 모델링하는 데 프랙탈을 사용한다.

프랙탈이 매우 흥미로운 도형인 이유는 단순한 규칙으로 이뤄진 반복되는 작은 규모의 패턴으로 놀랍도록 복잡한 도형을 설명할 수 있기 때문이다.

10단원에서 주로 살펴볼 내용은 프랙탈을 사용해 만들 수 있는 흥미롭고 복잡한 디자인이다. 요즘 모든 수학책에는 프랙탈 그림이 있지만 컴퓨터를 이용해 프랙탈을 만드는 방법은 알려주지 않는다. 따라서 10단원에서는 파이썬을 이용해 프랙탈을 만들어보자.

해안선의 길이

본격적으로 프랙탈을 만들기 전에 프랙탈이 얼마나 유용한 지 이해할 수 있는 간단한 예를 살펴보자. 수학자 루이스 리차드슨Lewis Richardson은 "영국 해안선의 길이가 얼마나 되나?"라는 간단한 질문을 던졌다. 그림 10-2에서 볼 수 있듯이, 질문에 대한 답은 답변자의 자의 길이에 따라 달라질 것이다.

그림 10-2 해안선 길이의 근삿값

자가 짧을수록 해안선의 들쭉날쭉한 가장자리를 더 정밀하게 잴 수 있기 때문에 해안선의 길이가 더 길다고 결론지을 것이다. 여기서 신기한 점은 자의 길이가 0에 가까워지면 해안선의 길이가 무한대에 접근한다는 것이다. 이러한 현상을 **해안선 역설**Coastline Paradox이라고 한다.

해안선 역설이 단순히 추상적인 수학적인 표현이라고 생각할 지도 모른다. 하지만 해안선 길이의 근삿값은 현실에서도 큰 차이가 있으며, 현대 기술로도 지도를 측정하는데 사용되는 척도에 따라 다양한 값이 나온다. 따라서 이제 그림 10-3처럼 코흐 곡선과 같은 그림을 그려 프랙탈을 사용해 거친 해안선의 길이를 구할 수 있는지 살펴보자.

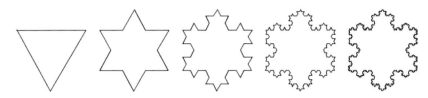

그림 10-3 점점 더 거친 해안선을 모델링하는 정교한 프랙탈

먼저 재귀법과 같은 몇 가지 트릭을 살펴보고 넘어가자.

재귀법이란 무엇인가?

프랙탈을 사용하면 아주 작은 숫자가 될 때까지 매 단계마다 작아지는 숫자나 도형의 패턴을 반복할 수 있다. 프랙탈을 만들 때의 핵심은 재귀법을 사용해서 코드 내에서 자신의 코드를 재호출해 반복하는 것이다. 다음은 재귀법을 설명하는 유머스러운 예이다 .

- 구글에 recursion(재귀법)을 검색하면 구글은 "재귀법을 의미하는가?"라고 질문한다.
- 두 권 이상의 컴퓨터 프로그래밍 책의 색인에서 **재귀법**의 설명에 **재귀법 참조**와 같이 되어 있다.

지금까지 살펴봤듯이, 재귀법은 상당히 이상한 개념이다. 재귀법의 장점은 복잡한 코드를 간단하게 정리할 수 있다는 것이며, 단점은 너무 많은 메모리를 소모하게 된다는 것이다.

factorial() 함수 만들기

이제 임의의 숫자의 팩토리얼을 구하는 함수를 만들어 실제로 재귀법을 사용해보자. 수학 수업에서 n의 팩토리얼($n!$으로 표기)이 1에서 n까지의 모든 정수의 곱이라는 것을 배웠을 것이다. 예를 들어, 5!은 $1 \times 2 \times 3 \times 4 \times 5 = 120$이다.

n의 팩토리얼을 구하는 일반식은 다음과 같다. $n! = 1 \times 2 \times 3 \cdots \times (n-2) \times (n-1)$ $\times n$. 팩토리얼은 $5! = 5 \times 4!$, $4! = 4 \times 3!$ 등과 같이 재귀 시퀀스의 좋은 예다. 수학은 대부분 패턴에 관한 것이며, 재귀법을 사용하면 패턴을 무한히 복사하고 확장할 수 있기 때문에 수학에서 재귀법은 매우 중요한 개념이다.

n의 팩토리얼을 n과 $n-1$ 팩토리얼의 곱이라고 정의할 수 있다. 일단 0(0이 아니고 1임)과 1의 팩토리얼을 정의하고 재귀문을 사용하면 된다. IDLE에서 새로운 파일을 열고, 파일 이름을 factorial.py로 저장한 후 다음 코드를 입력하자.

factorial.py

```
def factorial(n):
    if n == 0:
        return 1
    else:
        return n * factorial(n - 1)
```

먼저 0!과 1!은 모두 1이므로 사용자(또는 프로그램)가 0 또는 1의 팩토리얼을 요구하면 1을 반환한다. 그렇지 않은 경우 n과 n보다 1 작은 숫자($n-1$)의 팩토리얼을 곱해 반환한다.

이전 프로그램의 factorial() 함수의 마지막 줄에서 factorial() 함수를 호출한다는 점에 유의하자. 즉, 빵을 만드는 레시피에서 "빵 한 덩어리를 구워라"라고 하는 것과 같으므로, 이런 식으로 작성된 레시피는 따라할 수 없을 것이다. 하지만 컴퓨터에서는 가능하다.

factorial.py로 5의 팩토리얼을 구할 때, 프로그램은 순차적으로 마지막 행의 $n-1$의 팩토리얼을 구하는 행까지 진행된다. 즉, $n=5$이므로 4의 팩토리얼을 구한다. $(5-1)$의 팩토리얼을 계산하려면 $n=4$이므로 factorial() 함수를 다시 시작하고, 같은 방법으로 4의 팩토리얼, 3의 팩토리얼, 2의 팩토리얼, 1의 팩토리얼을 구하고 마지막으로 0의 팩토리얼을 구해야 한다. 이미 0의 팩토리얼인 경우 1을 반환하도록 정의했기 때문에 factorial() 함수는 1의 팩토리얼을 구하고, 2, 3, 4, 그리고 5의 팩토리얼까지 순차적으로 값을 구한다.

함수를 재귀적으로 정의하는 것은(함수 내에서 자체 함수를 호출하는 것) 복잡해 보일 수도 있지만 10단원에서 프랙탈을 만드는 데 가장 필요한 개념이다. 이제 프랙탈 나무를 만드는 것부터 시작해보자.

프랙탈 나무(fractal tree) 만들기

프랙탈을 만드는 것은 간단한 함수를 정의하고 함수 내에서 자체 함수를 호출하는 것부터 시작된다. 먼저 그림 10-4와 같은 프랙탈 나무를 만들어보자.

그림 10-4 프랙탈 나무

프로그램에 모든 선을 그리도록 지시해야 한다면 매우 복잡한 코드가 될 것이다. 하지만 재귀법을 사용하면 매우 짧은 코드가 된다. 일단 프로세싱 스케치에 translate(), rotate() 및 line() 함수를 사용해 그림 10-5와 같은 Y를 그린다.

그림 10-5 프랙탈 나무의 시작

Y를 프랙탈로 만드는 데 필요한 유일한 요구사항은 프로그램이 나뭇가지를 포함한 Y 나무를 그린 후 나무 기둥의 아래 꼭짓점으로 돌아가야 한다는 것이다. 즉, 나뭇가지는

Y 그 자체가 될 것이기 때문에 프로그램이 매번 나무 기둥의 아래 꼭짓점으로 돌아가지 않으면 원하는 프랙탈 나무를 그릴 수가 없다.

y() 함수 만들기

Y가 완벽히 대칭일 필요는 없지만 Y를 그리는 코드는 다음과 같다. 프로세싱에서 새로운 스케치를 열고 파일 이름을 fractals.pyde로 저장한 다음 다음 코드를 입력해보자.

fractals.pyde

```
def setup():
    size(600,600)

def draw():
    background(255)
    translate(300,500)
    y(100)

def y(sz):
    line(0,0,0,-sz)
    translate(0,-sz)
    rotate(radians(30))
    line(0,0,0,-0.8*sz) #오른쪽 나뭇가지
    rotate(radians(-60))
    line(0,0,0,-0.8*sz) #왼쪽 나뭇가지
    rotate(radians(30))
    translate(0,sz)
```

항상 했던 것처럼 setup() 함수에서 화면의 크기를 정의하고, draw() 함수에서 배경색(255는 흰색임)을 설정한 뒤, 도형을 그리기 시작할 위치로 이동한다. 마지막으로 프랙탈 나무의 기둥 크기를 100으로 하도록 100을 매개 변수로 해 y() 함수를 호출한다.

y() 함수는 숫자 sz를 매개 변수로 사용하며, sz는 프랙탈 나무의 기둥 길이가 된다. 그런 다음 모든 나뭇가지는 sz를 기반으로 그려진다. y() 함수의 첫 번째 행은 수직선을 사용해 나무 기둥을 그린다. 오른쪽 나뭇가지를 그리려면 일단 나무 기둥의 위쪽 꼭짓점으로 이동(음의 y방향으로 이동)한 뒤, 오른쪽으로 30도 회전한다. 오른쪽 나뭇가지를 그린

후, 왼쪽으로 회전(60도)해 왼쪽 나뭇가지를 그린다. 마지막으로 나무 기둥 아래 꼭짓점으로 다시 이동해야 하므로 30도 회전해 수직으로 위치하게 한다. 코드를 실행하면 그림 10-5와 같이 Y가 나타난다.

이제 한 개의 Y를 그리는 이 프로그램을 수정해 작은 Y를 그리면서 프랙탈을 만드는 프로그램으로 변경시켜보자. 하지만 단순히 line() 함수를 y() 함수로 변환하면 무한 루프가 돌아 다음과 같은 오류가 발생하게 된다.

```
RuntimeError: maximum recursion depth exceeded
```

앞서 작성한 factorial() 함수에서 factorial(n)을 호출하지 않고 factorial(n-1)을 호출했다는 점을 기억하자. 이제 y() 함수에 매개 변수 level을 추가해 양쪽 나뭇가지를 그릴 때 level을 한 단계 낮춰 level - 1이 되도록 설정한다. 즉, 나무 기둥은 항상 높은 level이고, 나무의 나뭇가지(오른쪽, 왼쪽)는 level이 0이 되는 것이다. fractals.pyde를 다음과 같이 변경시켜보자.

fractals.pyde

```
def setup():
    size(600,600)

def draw():
    background(255)
    translate(300,500)
    y(100,2)

def y(sz,level):
    if level > 0:
        line(0,0,0,-sz)
        translate(0,-sz)
        rotate(radians(30))
        y(0.8*sz,level-1)
        rotate(radians(-60))
        y(0.8*sz,level-1)
        rotate(radians(30))
        translate(0,sz)
```

첫 번째 line() 함수를 제외한 모든 line() 함수를 y() 함수로 대체해 나뭇가지를 그렸다는 점에 주목하자. 여기서는 draw() 함수의 y() 함수를 y(100,2)로 변경했기 때문에 2단계의 나무 기둥의 길이가 100인 프랙탈 나무가 생성된다. 그림 10-6과 같이 3단계, 4단계 등 여러 단계의 프랙탈 나무를 만들어보자.

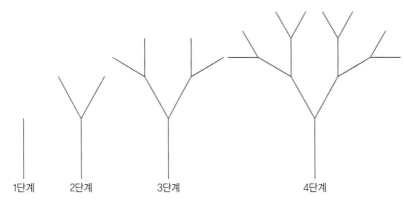

그림 10-6 1단계 ~ 4단계 프랙탈 나무

마우스 매핑하기

이제 마우스를 위아래로 움직이면 프랙탈의 모양이 실시간으로 변경되는 프로그램을 만들어보자. 즉, 마우스의 위치를 기준으로 0에서 10 사이의 값을 반환하고 동적으로 level이 변화하도록 만들 것이다. draw() 함수의 코드를 다음과 같이 업데이트해보자.

fractals.pyde

```
def draw():
    background(255)
    translate(300,500)
    level = int(map(mouseX,0,width,0,10))
    y(100,level)
```

마우스의 x값은 0과 화면의 너비 사이의 아무 곳에나 위치할 수 있다. map() 함수는 한 범위의 값을 다른 값으로 대체한다. 즉, map() 함수는 x값에 대해 0에서 600(화면의 너비)

사이의 값을 0에서 10 사이의 값이 되도록 변환한다. 그런 다음 그 값을 level이라는 변수에 할당하고, 다음 줄의 y() 함수에 전달한다.

이제 마우스의 위치에 따라 값을 반환하도록 draw() 함수를 변경했으므로, 마우스의 y 좌표를 회전하는 각도와 연결해 나무 모양을 변형시켜보자.

나무가 180도에서 완전히 접히기 때문에 회전 각도는 180도가 최대치로 설정돼야 하지만 마우스의 y값은 setup()에서 선언한 화면 높이인 600까지 커질 수 있다. 따라서 map() 함수를 사용해 현재의 최소값과 최댓값을 원하는 최소값과 최댓값으로 매핑해 값을 변환한 후 angle 변수에 할당한다. Y 프랙탈 나무를 그리는 완전한 코드는 다음과 같다.

fractals.pyde

```
def setup():
    size(600,600)

def draw():
    background(255)
    translate(300,500)
    level = int(map(mouseX,0,width,0,15))
    y(100,level)

def y(sz,level):
    if level > 0:
        line(0,0,0,-sz)
        translate(0,-sz)
        angle = map(mouseY,0,height,0,180)
        rotate(radians(angle))
        y(0.8*sz,level-1)
        rotate(radians(-2*angle))
        y(0.8*sz,level-1)
        rotate(radians(angle))
        translate(0,sz)
```

마우스의 y값을 0에서 180 사이의 값으로 변환한다. 처음부터 라디안으로 변환하려면 0과 π사이의 값을 사용하면 된다. 하지만 여기서는 0과 180 사이의 각도를 사용했으므로 rotate() 함수 내에서 radians() 함수를 사용해 값을 라디안 단위로 변환한다. 두 번째 rotate() 함수에서는 왼쪽을 의미하는 음의 각도로 angle의 두 배만큼 회전한다. 세 번째 rotate() 함수에서는 다시 오른쪽으로 회전한다.

코드를 실행하면 그림 10-7과 같이 나타난다.

그림 10-7 동적 프랙탈 나무

이제 마우스를 움직이면 프랙탈의 단계와 모양이 마우스의 위치에 따라 달라지는 것을 볼 수 있다.

프랙탈 나무를 그리면서 매우 적은 양의 코드를 사용해 복잡한 디자인을 그릴 수 있게 해주는 재귀법에 대해 배웠다. 이제 다시 해안선의 길이를 구하는 문제로 돌아가보자. 어떻게 해안선이 들쭉날쭉해지는 것만으로 해안선의 길이가 두 배, 세 배가 될 수 있을까?

코흐 곡선

코흐 곡선^{Koch Snowflake}은 스웨덴의 수학자 헬게 폰 코흐^{Helge von Koch}의 이름을 딴 유명한 프랙탈로 1904년에 쓴 논문에서 처음 사용했다. 코흐 곡선은 정삼각형으로 이뤄져 있으며, 선으로 시작해 그 중앙에 **혹**^{bump}을 추가한다. 그런 다음 그림 10-8과 같이 이전 세그먼트의 모든 선에 혹을 추가하는 과정을 반복한다.

그림 10-8 각 세그먼트에 혹 추가하기

이제 새로운 프로세싱 스케치를 시작하고, 파일 이름을 snowflake.pyde로 저장한 뒤 뒤집어진 정삼각형을 그리는 다음 코드를 추가해보자.

snowflake.pyde

```python
def setup():
    size(600,600)

def draw():
    background(255)
    translate(100,200)
    snowflake(400,1)

def snowflake(sz,level):
    for i in range(3):
        line(0,0,sz,0)
        translate(sz,0)
        rotate(radians(120))
```

draw() 함수에서 sz(초기 삼각형의 크기)와 level(프랙탈 단계) 두 개의 매개 변수를 사용하는 snowflake() 함수를 호출한다. snowflake() 함수는 코드를 세 번 반복하도록 하는 루프를 사용해 정삼각형을 그린다. 루프 안에서는 삼각형의 한 변의 길이인 sz를 사용해 한 변을 그리고, 선을 따라 삼각형의 꼭짓점으로 이동한 뒤, 120도 회전한다. 그런 다음 삼각형의 다른 변을 그린다.

코드를 실행하면 그림 10-9와 같이 나타난다.

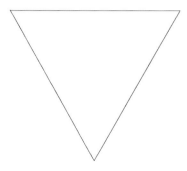

그림 10-9 1단계 코흐곡선: 정삼각형

segment() 함수 만들기

이제 각 변을 다른 level을 갖는 세그먼트로 변경해야 한다. 0단계에서는 아무 혹도 없는 일직선을 그리지만 다음 단계부터는 각 변에 **혹**bump를 그려야 한다. 즉, 각 세그먼트를 세 개의 세그먼트로 나누고 중간 세그먼트를 복제해 작은 정삼각형으로 만들어야 한다. 따라서 snowflake() 함수에서 세그먼트를 그리는 segment() 함수를 호출하도록 변경해보자. segment() 함수는 재귀 함수이며, 그림 10-10과 같이 단계가 올라갈수록 각 세그먼트가 더 작은 복사본이 되도록 해야 한다.

그림 10-10 세그먼트를 3등분하고 중간 세그먼트에 혹을 추가한다.

각 변을 세그먼트라고 칭한다. level이 0이면 세그먼트는 단순히 직선, 즉 삼각형의 한 변을 의미한다. 다음 단계에서는 한 변의 중간에 혹이 추가된다. 그림 10-10의 모든 세그 먼트는 길이가 같으며, 전체 길이의 1/3이다. 이렇게 세그먼트를 나누고 혹을 추가하는 데에는 다음 11단계의 과정이 필요하다.

1. 한 변의 1/3 길이의 선을 그린다.
2. 해당 세그먼트의 끝으로 이동한다.
3. 왼쪽으로 60도(-60) 회전한다.
4. 다른 세그먼트를 그린다.
5. 해당 세그먼트의 끝으로 이동한다.
6. 오른쪽으로 120도 회전한다.
7. 세 번째 세그먼트를 그린다.
8. 해당 세그먼트의 끝으로 이동한다.
9. 다시 왼쪽으로 60도(-60) 회전한다.
10. 마지막 세그먼트를 그린다.
11. 해당 세그먼트의 끝으로 이동한다.

이제 snowflake() 함수에서 직접 선을 그리는 대신 segment() 함수를 호출해 그림을 그리고 이동시킨다. snowflake.pyde에 다음과 같이 segment() 함수를 추가해보자.

snowflake.pyde

```
def snowflake(sz,level):
    for i in range(3):
        segment(sz,level)
        rotate(radians(120))


def segment(sz,level):
    if level == 0:
        line(0,0,sz,0)
        translate(sz,0)
    else:
        line(0,0,sz/3.0,0)
        translate(sz/3.0,0)
        rotate(radians(-60))
        line(0,0,sz/3.0,0)
        translate(sz/3.0,0)
        rotate(radians(120))
        line(0,0,sz/3.0,0)
        translate(sz/3.0,0)
        rotate(radians(-60))
        line(0,0,sz/3.0,0)
        translate(sz/3.0,0)
```

segment() 함수에서 level이 0이면 직선을 그리고 직선의 끝으로 이동하며, level이 0이 아니면 혹을 만드는 11줄(앞서 살펴본 11단계의 과정)의 코드를 진행한다. 먼저 한 변의 길이의 1/3 길이로 선을 그린 다음, 그 선의 끝으로 이동하고 두 번째 세그먼트를 그리기 위해 왼쪽으로 60도(−60) 회전한다. 두 번째 세그먼트 역시 삼각형 한 변의 1/3 길이로 그리고, 해당 세그먼트의 끝으로 이동한 다음 오른쪽으로 120도 회전한다. 그런 다음 세 번째 세그먼트를 그리고 왼쪽으로 60도(−60) 회전해 네 번째 선(세그먼트)을 그린 뒤 해당 세그먼트의 끝으로 이동한다.

level이 0인 경우 삼각형을 그리고 레벨이 0이 아닌 경우 각 변에 혹을 가지게 된다. 그림 10-8에서 볼 수 있듯이 모든 단계에서 이전 단계의 모든 세그먼트에 혹이 생기게 된다. 이때 재귀법을 사용하지 않는다면 매우 골치 아픈 코드가 될 것이다. 하지만 여기서는 line() 함수를 segment() 함수로 변경하고 level을 한 단계 낮춰 재귀법을 사용할 것이다.

다음으로 sz를 3으로 나눈 길이와 level을 1만큼 감소시킨 segment() 함수로 line() 함수를 변경한다. 다음과 같이 segment() 함수를 업데이트해보자.

snowflake.pyde

```
def segment(sz,level):
    if level == 0:
        line(0,0,sz,0)
        translate(sz,0)
    else:
        segment(sz/3.0,level-1)
        rotate(radians(-60))
        segment(sz/3.0,level-1)
        rotate(radians(120))
        segment(sz/3.0,level-1)
        rotate(radians(-60))
        segment(sz/3.0,level-1)
```

level이 0보다 큰 각 인스턴스를 segment() 함수로 대체했다. 무한 루프에 걸리는 것을 원치 않으므로 세그먼트는 이전 단계보다 한 단계 아래(level – 1)로 설정해야 한다. 이제 draw() 함수에서 코흐 곡선의 단계를 변경해보고 그림 10-11과 같은 다양한 디자인을 만들어보자.

```
def draw():
    background(255)
    translate(100,height-400)
    snowflake(400,3)
```

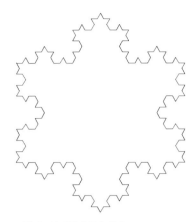

그림 10-11 3단계 코흐 곡선

이제 마우스의 x값을 level 변수에 매핑해 마우스의 위치에 따라 변화하도록 만들어 보자. 마우스의 x값은 0에서부터 화면의 너비 사이 어디에나 위치할 수 있으므로, 다음과 같이 map() 함수를 사용해 0에서 7 사이의 값으로 변환해보자.

```
level = map(mouseX,0,width,0,7)
```

하지만 level은 정수이므로 매핑한 값의 정수부만 취하기 위해 int() 함수를 사용해 값을 정수로 변환한다.

```
level = int(map(mouseX,0,width,0,7))
```

위의 코드를 draw() 함수에 추가하고 level 변수를 snowflake() 함수에서 사용한다. 다음 은 코흐 곡선을 만드는 완전한 코드다.

snowflake.pyde

```
def setup():
    size(600,600)

def draw():
    background(255)
    translate(100,200)
```

```
    level = int(map(mouseX,0,width,0,7))
    #y(100,level)
    snowflake(400,level)

def snowflake(sz,level):
    for i in range(3):
        segment(sz,level)
        rotate(radians(120))

def segment(sz,level):
    if level == 0:
        line(0,0,sz,0)
        translate(sz,0)
    else:
        segment(sz/3.0,level-1)
        rotate(radians(-60))
        segment(sz/3.0,level-1)
        rotate(radians(120))
        segment(sz/3.0,level-1)
        rotate(radians(-60))
        segment(sz/3.0,level-1)
```

이제 프로그램을 실행하고 마우스를 좌우로 움직이면 그림 10-12와 같이 각 세그먼트에 더 많은 혹이 생기는 것을 볼 수 있다.

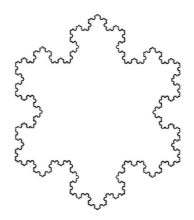

그림 10-12 7단계 코흐 곡선

해안선 역설을 이해하는 데 도움이 됐는가? 그림 10-3을 다시 살펴보고 선의 길이(삼각형의 한 변)를 1단위로(예를 들어, 1 마일) 가정하자. 여기서 선을 1/3로 나누고 가운데 세 그먼트를 제거한 뒤 혹을 추가하면 선은 1 1/3이 된다. 즉, 길이가 1/3만큼 늘어난다. 다시 말해 해안선의 길이는 매 단계마다 1/3만큼 길어진다. 따라서 n번째 단계에서는 해안선의 길이가 원래 삼각형의 둘레 길이의 $(4/3)^n$배가 된다. 이러한 변화는 눈으로 보기 힘들 수도 있지만 같은 과정을 20번 거치면 해안선은 매우 울퉁불퉁하게 되고 전체 길이가 원래 측정값의 300배를 넘게 된다.

시에르핀스키 삼각형

시에르핀스키 삼각형은 1915년 폴란드의 수학자 바츠와프 시에르핀스키$^{Waclaw Sierpinski}$가 처음으로 묘사한 유명한 프랙탈이지만, 사실 11세기부터 이탈리아의 교회 바닥에 이미 시에르핀스키 삼각형을 사용한 디자인이 있다. 시에르핀스키 삼각형은 설명하기 쉬운 기하학적 패턴이지만 디자인은 매우 복잡하다. 그림 10-13과 같이 첫 번째 단계에서 삼각형을 그리고 다음 단계에서 각 삼각형의 모서리에 세 개의 작은 삼각형으로 변환하는 재귀적 아이디어를 사용한다.

그림 10-13 0, 1, 2단계 시에르핀스키 삼각형

첫 번째 단계는 삼각형을 그리기만 하면 된다. 새로운 스케치를 열고, 파일 이름을 sierpinski.pyde로 저장하고 다음 코드를 입력해보자. setup() 함수를 사용해 화면 크기를 600×600 픽셀로 설정하고, draw() 함수를 사용해 배경색을 흰색으로 설정한 뒤, 화면의 왼쪽 아래 지점인 (50,450)으로 이동해 삼각형을 그리도록 한다. 그런 다음 앞서 작성한 tree() 함수와 비슷하게 level이 0이면 삼각형을 그리는 sierpinski() 함수를 만든다.

sierpinski.pyde

```
def setup():
    size(600,600)

def draw():
    background(255)
    translate(50,450)
    sierpinski(400,0)

def sierpinski(sz, level):
    if level == 0: #검정색 삼각형 그리기
        fill(0)
        triangle(0,0,sz,0,sz/2.0,-sz*sqrt(3)/2.0)
```

sierpinski() 함수는 삼각형의 크기(sz)와 level 두 개의 매개 변수를 사용한다. 여기서는 fill(0)를 사용해 검정색으로 삼각형을 그렸지만 RGB 값을 이용해 원하는 색으로 변경할 수 있다. triangle() 함수는 변의 길이 sz를 사용해 만들어진 삼각형의 세 꼭짓점의 x와 y 좌표를 사용한다.

그림 10-13에서 볼 수 있듯이, 1단계는 원래 삼각형의 각 꼭짓점에 세 개의 삼각형을 추가했다.

추가된 삼각형은 이전 단계 삼각형 크기의 절반 크기다. 이제 sierpinski() 함수에 다음 코드를 추가해 더 작고 낮은 level의 시에르핀스키 삼각형을 만들고 꼭짓점으로 이동한 다음, 120도 회전하도록 만들어보자.

```
def draw():
    background(255)
    translate(50,450)
    sierpinski(400,8)

def sierpinski(sz, level):
    if level == 0: #검정색 삼각형 그리기
        fill(0)
        triangle(0,0,sz,0,sz/2.0,-sz*sqrt(3)/2.0)
    else: #각 꼭짓점에 시에르핀스키 삼각형 그리기
        for i in range(3):
```

```
sierpinski(sz/2.0,level-1)
translate(sz/2.0,-sz*sqrt(3)/2.0)
rotate(radians(120))
```

level이 0이 아닌 경우 level을 한 단계 낮게 해서 이전 단계 삼각형의 절반 크기인 시에르핀스키 삼각형을 그리고, 삼각형의 중간을 가로질러 반 정도 위로 이동한 뒤, 오른쪽으로 120도 회전한다. sierpinski(sz/2.0,level-1) 함수가 sierpinski() 함수 자체 내부에서 실행된다는 것에 유의하자. 즉, sierpinski() 함수는 재귀 함수다. 이제 draw() 함수에 다음 코드를 추가한 후 실행하면 그림 10-14와 같이 8단계 시에르핀스키 삼각형이 그려진다.

```
sierpinski(400,8)
```

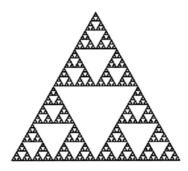

그림 10-14 8단계 시에르핀스키 삼각형

시에르핀스키 삼각형이 흥미로운 이유는 삼각형으로 시작하지 않는 다른 프랙탈에서도 동일하게 적용된다는 것이다.

사각 프랙탈

시에르핀스키 삼각형과 같은 프랙탈을 삼각형이 아닌 도형으로도 만들 수 있다. 예를 들어, 사각형을 만들고, 오른쪽 아래 사분면을 제거한 다음, 나머지 사분면의 모양을 변형시킬 수 있다. 동일한 과정을 반복하면 그림 10-15와 같은 도형이 나타난다.

| 0단계 | 1단계 | 2단계 | 3단계 |

그림 10-15 0, 1, 2, 3단계 사각 프랙탈

　그림 10-15와 같은 사각 프랙탈을 만들려면 세 개의 작은 사각형을 각각 전체 사각형의 복사본으로 만들어야 한다. 새로운 프로세싱 스케치를 시작하고, 파일 이름을 squareFractal.pyde로 저장한 뒤 다음 코드를 입력해보자.

squareFractal.pyde

```
def setup():
    size(600,600)
    fill(150,0,150) #보라색
    noStroke()

def draw():
    background(255)
    translate(50,50)
    squareFractal(500,0)

def squareFractal(sz,level):
    if level == 0:
        rect(0,0,sz,sz)
```

　다른 곳에서 fill() 함수를 다시 사용하지 않기 때문에 setup() 함수에서 RGB 값을 이용해 사각형을 보라색으로 만든다. 그런 다음 noStroke()를 사용해 사각형에 검정색 윤곽선이 표시되지 않도록 한다. draw() 함수에서는 squareFractal() 함수를 호출해 사각형의 한 변의 크기를 500 픽셀로, level은 0으로 지정한다. squareFractal() 함수에서는 level이 0인 경우 단순하게 사각형만을 그리도록 한다. 따라서 프로그램을 실행하면 그림 10-16과 같이 큰 보라색 정사각형이 나타난다.

그림 10-16 보라색 정사각형(0단계)

다음 단계에서는 초기 사각형의 절반 크기인 사각형을 만든다. 하나는 그림 10-16의 왼쪽 상단에 위치하게 하고, 왼쪽 하단과 오른쪽 상단에 다른 두 개의 사각형을 위치시킨다. 다음 코드를 추가해 큰 사각형의 오른쪽 하단의 작은 사각형을 삭제하고 나머지 세 개의 작은 사각형을 그려보자.

squareFractal.pyde

```
def squareFractal(sz,level):
    if level == 0:
        rect(0,0,sz,sz)
    else:
        rect(0,0,sz/2.0,sz/2.0)
        translate(sz/2.0,0)
        rect(0,0,sz/2.0,sz/2.0)
        translate(-sz/2.0,sz/2.0)
        rect(0,0,sz/2.0,sz/2.0)
```

level이 0이면 큰 사각형을 그리고, level이 0이 아니면 화면 왼쪽 상단에 작은 사각형을 추가하고 오른쪽으로 이동한 뒤, 오른쪽 상단에 다른 작은 사각형을 추가한다. 그런 다음 왼쪽 아래로 이동(음의 x 방향, 양의 y 방향으로 이동)한 뒤 화면 왼쪽 하단에 또 다른 작은 사각형을 추가한다.

이제 draw() 함수의 squareFractal(500,0)을 squareFractal(500,1)로 업데이트하면 1단계가 되며 그림 10-17과 같이 오른쪽 하단의 작은 사각형이 제외된 도형이 나타난다

그림 10-17 1단계 사각 프랙탈

이제 다음 코드와 같이 각 사각형을 프랙탈로 더 세분화하도록 rect() 함수를 squareFractal()로 대체하고, sz의 값을 2로 나눈 다음 level을 한 단계 낮추도록 만들어보자.

squareFractal.pyde

```
def squareFractal(sz,level):
    if level == 0:
        rect(0,0,sz,sz)
    else:
        squareFractal(sz/2.0,level-1)
        translate(sz/2.0,0)
        squareFractal(sz/2.0,level-1)
        translate(-sz/2.0,sz/2.0)
        squareFractal(sz/2.0,level-1)
```

level이 0이 아닌 경우 rect() 함수 부분을 squareFractal() 함수로 대체했다. 하지만 draw() 함수에서 squareFractal(500,2)을 호출하면 원하는 도형이 아닌 그림 10-18과 같은 이상한 도형이 만들어지는 것을 볼 수 있다.

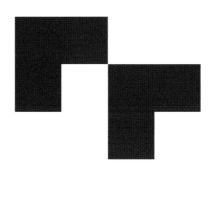

그림 10-18 기대했던 도형이 아니다.

이상한 도형이 만들어지는 이유는 앞서 Y 프랙탈을 만들 때처럼 시작점으로 되돌아가지 않았기 때문이다.

얼마나 이동할 지 수동으로 쉽게 계산할 수 있지만, 5단원에서 배웠던 프로세싱의 pushMatrix()와 popMatrix() 함수를 사용해보자.

pushMatrix() 함수를 사용하면 화면의 현재 방향, 즉 원점(0,0)이 있는 위치와 그리드가 회전하는 정도를 저장한다. 그런 다음 원하는 만큼 화면을 이동하고 회전한 후 popMatrix() 함수를 사용해 아무 계산 없이 저장된 방향으로 화면을 되돌릴 수 있다.

이제 다음과 같이 squareFractal() 함수의 시작 부분에 pushMatrix()를 추가하고 마지막 부분에 popMatrix()를 추가해보자.

squareFractal.pyde

```
def squareFractal(sz,level):
    if level == 0:
        rect(0,0,sz,sz)
    else:
        pushMatrix()
        squareFractal(sz/2.0,level-1)
        translate(sz/2.0,0)
        squareFractal(sz/2.0,level-1)
        translate(-sz/2.0,sz/2.0)
        squareFractal(sz/2.0,level-1)
```

```
    popMatrix()
```

이제 level이 2인 경우 그림 10-19와 같이 오른쪽 아래 정사각형이 제거된 프랙탈이
만들어진다.

그림 10-19 2단계 사각 프랙탈

이제 squareFractal(500,2)을 다음과 같이 변경해 마우스의 위치에 따라 level이 변화
하도록 만들어보자.

squareFractal.pyde

```
def draw():
    background(255)
    translate(50,50)
    level = int(map(mouseX,0,width,0,7))
    squareFractal(500,level)
```

그림 10-20과 같이 더 높은 단계의 사각 프랙탈은 시에르핀스키 삼각형과 매우 비슷
하다.

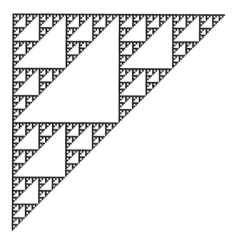

그림 10-20 시에르핀스키 삼각형과 비슷한 모양을 가진 높은 단계의 사각 프랙탈

드래곤 곡선

마지막으로 만들 프랙탈은 지금까지 만든 프랙탈과는 다르게 단계가 올라감에 따라 모양
이 작아지는 것이 아니라 커진다. 그림 10-21은 0단계에서 3단계까지의 드래곤 곡선의
예를 보여준다.

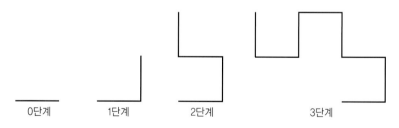

그림 10-21 드래곤 곡선의 처음 4단계

　수학 관련 엔터테이너 바이 하트[Vi Hart]가 유튜브 동영상에서 종이 조각을 접고 펼치
면서 모델을 만들어 드래곤 곡선의 후반부는 전반부의 완벽한 사본임을 보여줬다. 그림
10-21의 세 번째 단계(2단계)는 두 차례 좌회전한 후 한 차례 우회전 한 것처럼 보이며,
접은 지점은 각 드래곤 곡선의 중간 지점에 위치한다. 드래곤 곡선에서 접은 지점을 확인

해보자. 뒤에서 다음 단계의 곡선과 일치하도록 곡선의 일부를 동적으로 회전시킬 것이다.

새로운 프로세싱 스케치를 열고, 파일 이름을 dragonCurve.pyde로 저장하자. 드래곤 곡선 프랙탈을 만들기 위해 다음과 같이 왼쪽 드래곤을 위한 함수를 먼저 생성한다.

dragonCurve.pyde

```
def setup():
    size(600,600)
    strokeWeight(2) #약간 얇은 선

def draw():
    background(255)
    translate(width/2,height/2)
    leftDragon(5,11)

def leftDragon(sz,level):
    if level == 0:
        line(0,0,sz,0)
        translate(sz,0)
    else:
        leftDragon(sz,level-1)
        rotate(radians(-90))
        rightDragon(sz,level-1)
```

지금까지 사용했던 setup() 및 draw() 함수 다음에 leftDragon() 함수를 정의한다. level 이 0이면 단순히 선을 그리고, 그 선을 따라 이동한다. 앞서 1단원에서 거북이가 걸어가 면서 선을 그린 것과 비슷하다. level이 0보다 크면 level-1 단계의 왼쪽 드래곤을 만들고, 왼쪽으로 90도 회전한 뒤, level-1 단계의 오른쪽 드래곤을 만든다.

이제 오른쪽 드래곤을 만드는 rightDragon() 함수를 만들어보자. rightDragon() 함수는 leftDragon() 함수와 매우 유사하다. level이 0이면 단순히 선을 그리고, 그 선을 따라 이 동한다. 그렇지 않은 경우 왼쪽 드래곤을 만들고, 오른쪽으로 90도 회전한 뒤 오른쪽 드 래곤을 만든다.

dragonCurve.pyde

```
def rightDragon(sz,level):
```

```
if level == 0:
    line(0,0,sz,0)
    translate(sz,0)
else:
    leftDragon(sz,level-1)
    rotate(radians(90))
    rightDragon(sz,level-1)
```

여기서 흥미로운 점은 재귀 함수가 하나의 함수에만 있는 것이 아니라 leftDragon() 함수에서 rightDragon() 함수로, 그리고 rightDragon() 함수에서 leftDragon() 함수로 이동한다는 것이다. 위의 코드를 실행하면 11단계의 드래곤 곡선은 그림 10-22와 같이 나타난다.

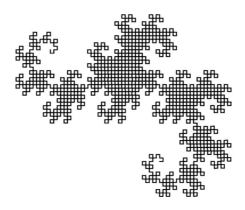

그림 10-22 11단계 드래곤 곡선

드래곤 곡선은 각도가 변화하면서 이상한 도형이 되기는커녕, 충분한 단계가 지나면 용과 같이 보이기 시작한다. 앞서 드래곤 곡선이 가운데가 접혀 있다고 말했던 것을 기억하는가? 다음 코드에서는 level과 size를 변경하는 몇 가지 변수를 추가했으며, 마우스의 x 좌표를 기반으로 angle 변수가 변경되도록 만들었다. 이 경우 드래곤 곡선이 다음 단계의 드래곤 곡선의 중간에 접히는 부분을 중심으로 회전할 것이다. 이제 곡선을 간단히 회전시켜 다음 단계의 곡선의 중간을 구하는 방법을 살펴보자.

```
❶ RED = color(255,0,0)
  BLACK = color(0)

  def setup():
❷     global thelevel,size1
      size(600,600)
❸     thelevel = 1
      size1 = 40

  def draw():
      global thelevel
      background(255)
      translate(width/2,height/2)
❹     angle = map(mouseX,0,width,0,2*PI)
      stroke(RED)
      strokeWeight(3)
      pushMatrix()
      leftDragon(size1,thelevel)
      popMatrix()
      leftDragon(size1,thelevel-1)
❺     rotate(angle)
      stroke(BLACK)
      rightDragon(size1,thelevel-1)

  def leftDragon(sz,level):
      if level == 0:
          line(0,0,sz,0)
          translate(sz,0)
      else:
          leftDragon(sz,level-1)
          rotate(radians(-90))
          rightDragon(sz,level-1)

  def rightDragon(sz,level):
      if level == 0:
          line(0,0,sz,0)
          translate(sz,0)
      else:
          leftDragon(sz,level-1)
          rotate(radians(90))
```

```
        rightDragon(sz,level-1)

def keyPressed():
    global thelevel,size1
❻  if key == CODED:
        if keyCode == UP:
            thelevel += 1
        if keyCode == DOWN:
            thelevel -= 1
        if keyCode == LEFT:
            size1 -= 5
        if keyCode == RIGHT:
            size1 += 5
```

드래곤 곡선에 사용할 새로운 색 두 개를 추가한다 ❶. setup() 함수에서는 thelevel과 size1 두 개의 전역 변수를 선언하고 ❷ 초기화한 뒤 ❸, 코드 마지막의 keyPressed() 함수에서 화살표 키로 thelevel 값과 size 값을 바꾼다.

draw() 함수에서는 angle 변수를 마우스의 x값에 매핑시켜 ❹, 선의 색을 빨간색으로 설정하고 선의 두께를 약간 더 두껍게 만든 다음, thelevel과 size1의 초기값을 사용해 왼쪽 드래곤을 그린다. pushMatrix()와 popMatrix() 함수를 이용해 시작점을 원래 위치로 되돌려 놓고, angle 변수에 해당하는 라디안만큼 그리드를 회전시키고 ❺ 드래곤 곡선을 검은색으로 그린다. leftDragon()과 rightDragon() 함수는 이전과 완전히 동일하다.

프로세싱의 내장 함수 keyPressed()는 스케치에서 변수를 변경하는데 유용하다. 키보드의 왼쪽, 오른쪽, 위, 아래 화살표 키를 사용해 변경하려는 전역 변수를 선언하기만 하면 된다. 여기서 CODED ❻는 문자 또는 문자 키가 아니라는 것을 의미한다. 마지막으로 어느 화살표 키가 눌러져 있는지 확인하고 thelevel 변수를 위 또는 아래로 변화시키거나(위 또는 아래 화살표 키를 누른 경우), size 변수를 위 또는 아래로 변화시킨다(왼쪽 또는 오른쪽 화살표 키를 누른 경우).

이제 dragonCurve.pyde를 실행하면 5단계의 빨간색 드래곤 곡선이 그려지고, 그림 10-23과 같이 4단계 곡선 두 개로 이루어진 5단계 곡선의 중간 지점에서 회전하는 검정색의 동적인 4단계 곡선이 그려진다.

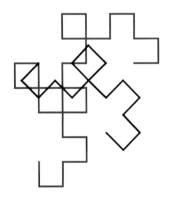

그림 10-23 5단계 드래곤 곡선과 역동적인 대화형 4단계 곡선

마우스를 움직이면 검은색 드래곤 곡선은 회전하게 되고, 회전하면서 빨간색 곡선의 반쪽 부분에 어떻게 일치하는지를 볼 수 있다. 위쪽 및 아래쪽 화살표 키는 곡선의 thelevel을 제어한다. 따라서 위쪽 화살표 키를 누르면 곡선이 길어진다. 곡선이 화면 밖으로 나가게 되면 왼쪽 화살표 키를 사용해 각 세그먼트를 축소시켜 화면 안에 들어오도록 만들어보자. 반대로 오른쪽 화살표 키는 각 세그먼트를 확장시킨다.

leftDragon() 함수가 먼저 오고, 왼쪽으로 회전한 뒤, 오른쪽 드래곤 곡선을 만들기 때문에 가능하다. rightDragon() 함수는 leftDragon()과 반대 방향으로만 회전하기 때문에 왼쪽 대신 가운데에서 오른쪽으로 회전하게 된다. 따라서 각 드래곤 곡선은 완벽한 복사본이 되는 것이다.

요약

지금까지 프랙탈을 겉핥기 식으로만 살펴봤지만 프랙탈이 얼마나 아름다운지 그리고 자연의 복잡함을 모델링하는데 얼마나 유용하게 쓰이는지 깨달았을 것이다. 또한 프랙탈과 재귀법은 논리와 측정에 관한 아이디어를 재평가하는데 도움을 줄 수 있다. 이제 문제는 더 이상 "해안선의 길이가 얼마나 되는가?"가 아니라 "얼마나 들쭉날쭉한가?"이다.

해안선이나 구불구불한 강 같은 프랙탈 라인의 경우에 일반적인 특성은 자체 유사성의 척도, 또는 같은 것을 다른 척도로 보기 이전에 어느 정도 확장해야 하는가에 있다. 이것은 사실상 0.8*sz, sz/2.0 또는 sz/3.0를 다음 단계로 보낸 것과 같다.

11단원에서는 스스로 태어나고, 성장하고, 주변 환경에 반응하는 작은 사각형인 셀룰러 오토마타^{CA}를 만들 것이다. 9단원에서 살펴본 잔디 먹는 양과 마찬가지로 CA를 만들어 직접 활동하게 할 것이며, 10단원에서 지금까지 살펴본 프랙탈처럼 단순한 규칙으로 만들어지는 놀랍고 아름다운 패턴을 살펴볼 것이다.

11

셀룰러 오토마타

수학 방정식은 측정 가능한 것을 모델링 하는 데 매우 강력한 도구이다. 한 예로 방정식을 이용해 지구인이 달에 도달할 수 있게 됐다. 하지만 방정식은 유기체가 성장하는 것을 표현할 수 없기 때문에 생물학과 사회 과학에서는 제한적으로 사용된다.

유기체는 다른 유기체가 존재하는 환경 속에서 자라며 무수히 많은 상호작용을 수행하면서 하루를 보낸다. 상호작용의 형태는 유기체가 어떻게 성장하게 될 것인지를 결정하며, 방정식으로는 이런 복잡한 관계를 표현하기 어렵다. 방정식은 단일 상호 작용이나 반응으로 변환된 에너지 또는 질량을 계산하는 데 도움이 되지만, 생물학적 시스템과 같은 것을 모델링하려면 수백 또는 수천 번 계산을 반복해야 한다.

다행히 세포, 유기체 및 기타 살아있는 생명체가 환경에 따라 어떻게 성장하고 변화하는지 모델링하는 도구가 있다. 이런 모델은 독립적인 생물학적 유기체와 유사하기 때문에 셀룰러 오토마타(CA)라고 부른다. 오토마톤^{automaton}이라는 용어는 자체적으로 동작할 수 있는 것을 뜻한다. 그림 11-1은 컴퓨터를 사용해 생성된 셀룰러 오토마타의 두 가지 예다.

그림 11-1 초급 셀룰러 오토마타와 가상 유기체의 예

11단원에서 만들어볼 CA는 셀로 구성된 그리드이며, CA의 각 셀은 예를 들어, 켜짐^{on}/ 꺼짐^{off}, 삶^{alive}/죽음^{dead}, 색칠된^{colored}/공백^{blank} 등 여러 상태를 갖는다. 각 셀은 이웃하는 셀의 상태에 따라 달라지며 살아있는 것처럼 성장하고 변화할 수 있다.

CA는 1940년대부터 종종 연구 주제로 쓰였지만 컴퓨터가 보급되면서 더 활발해졌다. 사실 CA는 "유기체가 충분한 이웃이 없으면 죽는다"와 같은 매우 간단한 규칙을 따르기는 하지만 수백 또는 수천 개의 유기체가 수 세대 또는 수천 세대 동안 만들어져야 유용한 결과를 낳기 때문에 컴퓨터를 사용해야만 제대로 된 연구 결과에 도달할 수 있다.

수학은 패턴에 대한 연구이기 때문에, 셀룰러 오토마타의 수학적인 주제는 흥미로운 아이디어, 프로그래밍 도전 및 아름다운 아웃풋을 위한 끝없는 가능성으로 가득하다.

셀룰러 오토마톤 생성하기

새로운 프로세싱 스케치를 열고, 파일 이름을 cellularAutomata.pyde로 저장하자. 일단 다음 코드를 통해 각 셀이 서식할 크기 20의 사각형으로 된 10×10 그리드부터 만들어 보자.

cellularAutomata.pyde

```
def setup():
    size(600,600)

def draw():
    for x in range(10):
        for y in range(10):
            rect(20*x,20*y,20,20)
```

위의 코드를 실행하면 그림 11-2와 같은 그리드가 나타난다.

그림 11-2 10×10 그리드

하지만 위 코드의 경우, 더 큰 셀이나 다른 차원을 가진 그리드를 원할 때마다 많은
숫자를 변경해야 한다. 따라서 변수를 사용하면 추후에 변경하는 것이 훨씬 간편해진다.
키워드 height, width, size는 이미 존재하므로, 다른 이름을 사용해 변수 이름을 만들어보
자. 다음은 변수를 사용해 그리드와 셀의 값을 쉽게 변경할 수 있도록 만든 것이다.

cellularAutomata.pyde

```
GRID_W = 15
GRID_H = 15
```

```
#셀의 크기
SZ = 18
def setup():
    size(600,600)

def draw():
    for c in range(GRID_W): #열
        for r in range(GRID_H): #행
            rect(SZ*c,SZ*r,SZ,SZ)
```

대문자를 사용해 그리드의 높이(GRID_H)와 너비(GRID_W)를 나타내는 변수를 만들어 상수 값이 변경되지 않는다는 것을 나타낸다. 아직까지는 셀의 크기 역시 상수이므로 초기값을 선언할 때 대문자로 표기(SZ)한다. 이제 코드를 실행하면 그림 11-3과 같이 조금 더 큰 그리드가 만들어진다.

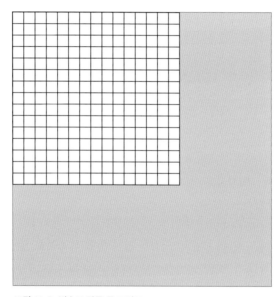

그림 11-3 변수로 만든 큰 그리드

Cell 클래스 만들기

각각의 셀은 자신의 위치, 상태(켜짐[on] 또는 꺼짐[off]), 이웃(옆에 위치한 셀) 등이 필요하기 때문에 클래스로 생성하는 것이 좋다. 다음 코드를 추가해 Cell 클래스를 만들어보자.

cellularAutomata.pyde

```
#셀의 크기
SZ = 18

class Cell:
    def __init__(self,c,r,state=0):
        self.c = c
        self.r = r
        self.state = state

    def display(self):
        if self.state == 1:
            fill(0) #검정색
        else:
            fill(255) #흰색
        rect(SZ*self.r,SZ*self.c,SZ,SZ)
```

셀의 초기 상태 속성은 0 또는 꺼짐[off]이다. __init__ 메소드의 매개 변수에서 state = 0 은 별도의 상태를 지정하지 않으면 state가 0으로 설정된다는 것을 의미한다. display() 메소드는 화면에 Cell 객체를 표시하는 방법을 알려준다. 상태가 **켜짐**[on]인 경우 셀은 검정색이고 아닌 경우 흰색이다. 또한 각 셀은 정사각형이므로 셀의 열과 행의 수에 크기 (self.SZ)를 곱해 셀을 분산시킨다.

draw() 함수 다음에는 다음과 같이 Cell 객체를 저장할 빈 리스트를 만들고 중첩 루프를 사용해 셀 객체를 목록에 추가한다.

cellularAutomata.pyde

```
def createCellList():
    '''꺼짐 상태의 셀과 가운데 위치한 켜짐 상태의 셀을 저장할 리스트 만들기'''
❶  newList=[]#셀을 저장할 빈 리스트
    #초기 셀 리스트 저장
```

```
    for j in range(GRID_H):
    ❷ newList.append([]) #빈 행 추가
        for i in range(GRID_W):
        ❸ newList [j].append(Cell(i,j,0)) #꺼짐 상태(0)의 셀 추가
    #가운데 위치한 셀을 켜짐 상태로 변환
❹ newList [GRID_H//2][GRID_W//2].state = 1
    return newList
```

먼저 newList라는 빈 리스트를 만들고 ❶, Cell 객체로 채울 ❸ 빈 리스트 행을 추가한
다 ❷. 그런 다음 행과 열의 수를 2로 나눠(이중 슬래시(//)는 정수 나눗셈을 의미함) 가운데
위치한 사각형의 인덱스를 얻어 셀의 state 속성을 1(또는 켜짐)로 설정한다 ❹.

setup() 함수에서는 createCellList() 함수를 사용하고 cellList를 전역 변수로 선언해
draw() 함수에서 사용할 수 있도록 한다. 마지막으로 draw() 함수에서 cellList의 각 행을
반복해 업데이트한다. 새로운 setup()과 draw() 함수는 다음과 같다.

```
def setup():
    global cellList
    size(600,600)
    cellList = createCellList()

def draw():
    for row in cellList:
        for cell in row:
            cell.display()
```

이제 코드를 실행하면 그림 11-4와 같이 중앙에 검정색 셀이 있는 화면 왼쪽에 치우
친 그리드가 나타난다.

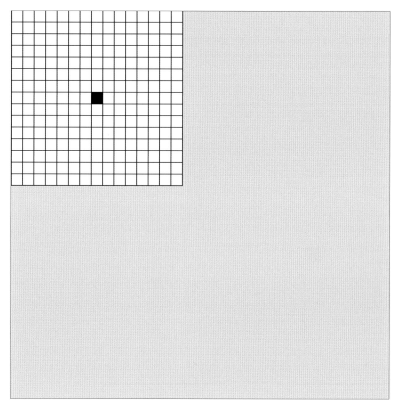

그림 11-4 아직 가운데에 위치하지 않은 셀 그리드

각 셀의 크기 조정하기

셀의 크기를 조정하기 위해 SZ를 화면의 너비에 따라 자동으로 변하게 만들어보자. 지금은 화면의 너비가 600이므로 setup() 함수를 다음과 같이 변경해보자.

cellularAutomata.pyde

```
def setup():
    global SZ,cellList
    size(600,600)
    SZ = width // GRID_W + 1
    cellList = createCellList()
```

이중 슬래시(//)는 몫의 정수 부분만 반환하는 정수 나눗셈을 의미한다. 이제 프로그램을 실행하면 그림 11-5와 같이 화면 중앙에 색칠된 하나의 셀을 제외하고는 모두 비어 있는 그리드가 만들어진다.

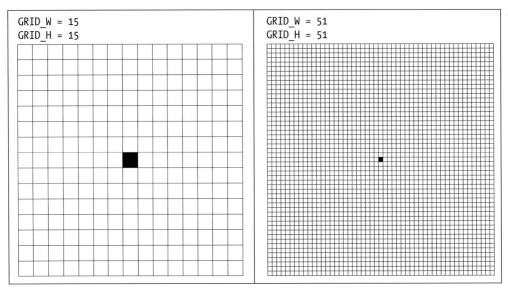

그림 11-5 중앙 셀이 켜짐 상태인 그리드

위의 코드와 같이 Cell의 크기인 SZ에 1을 더해야 그리드가 전체 창에 꽉 차게 잘 만들어진다는 점을 기억하자. 하지만 꼭 필요한 것은 아니니 제거해도 좋다.

CA가 성장하게 만들기

이제 **켜짐** 상태에 있는 이웃의 수에 따라 셀을 변경해 볼 것이다. 이번 절은 스티븐 울프럼 Stephen Wolfram의 New Kind of Science에 나온 2차원 CA에서 영감을 얻었다. 그림 11-6을 통해 CA가 어떻게 성장하는지를 살펴보자.

그림 11-6 셀룰러 오토마타의 성장 단계

그림 11-6의 디자인에서 하나 또는 네 개의 이웃 셀의 상태가 **켜짐**인 경우 셀의 상태를 **켜짐**으로 변환한다.

행렬에 셀 넣기

리스트에서 특정 셀의 바로 앞과 뒤, 즉 왼쪽과 오른쪽에 이웃한 셀을 쉽게 찾을 수 있다. 하지만 어떻게 셀의 위와 아래에 있는 이웃을 찾을 수 있을까? 따라서 위와 아래에 위치한 셀을 더 쉽게 찾기 위해 셀을 행에 대해 리스트를 포함한 리스트, 즉 2차원 배열 또는 행렬에 넣는다. 예를 들어, 셀이 다섯 번째 열에 있으면 그 위와 아래의 이웃도 다섯 번째 열에 위치한다는 것을 알 수 있다.

Cell 클래스에 checkNeighbors()라는 메소드를 추가해 특정 셀의 이웃 셀 중 몇 개가 **켜짐** 상태인지 세고, 그 개수가 1 또는 4이면 **켜짐** 상태를 의미하는 1을 반환한다. 그렇지 않으면 **꺼짐** 상태를 의미하는 0을 반환한다. 우선 위쪽에 위치한 이웃을 확인하는 것부터 시작해보자.

```python
def checkNeighbors(self):
    if self.state == 1: return 1 #"켜진" 셀은 "1" 상태를 유지
```

```
neighbs = 0
#위쪽의 이웃을 확인
if cellList[self.r-1][self.c].state == 1:
    neighbs += 1
```

위 코드는 동일한 열(self.c)에 위치하지만 이전 행(self.r - 1)에 있는 cellList의 항목을 확인한다. 이때 그 항목의 state 속성이 1이면 켜져 있고, neighbs 변수를 1씩 증가시킨다. 그런 다음 아래쪽, 왼쪽, 오른쪽에 위치한 이웃에게 동일한 작업을 수행해야 한다. 매우 간단한 패턴을 알아차렸는가?

```
cellList[self.r - 1][self.c + 0] #위쪽
cellList[self.r + 1][self.c + 0] #아래쪽
cellList[self.r + 0][self.c - 1] #왼쪽
cellList[self.r + 0][self.c + 1] #오른쪽
```

행과 열 번호의 변화만 추적하면 된다. 즉 **왼쪽 이웃, 오른쪽 이웃** 등 [-1,0], [1,0], [0,-1] 및 [0,1] 네 가지 방향만 확인하면 된다. 이 때 다음과 같이 dr과 dc(*d* 또는 그리스 문자 델타는 변화를 의미하는 수학 기호)를 사용해 동일한 작업을 계속 반복하게 한다.

cellularAutomata.pyde

```
def checkNeighbors(self):
    if self.state == 1: return 1 #"켜진" 셀은 "1" 상태를 유지
    neighbs = 0 #이웃 확인
    for dr,dc in [[-1,0],[1,0],[0,-1],[0,1]]:
        if cellList[self.r + dr][self.c + dc].state == 1:
            neighbs += 1
    if neighbs in [1,4]:
        return 1
    else:
        return 0
```

마지막으로 이웃의 수가 1 또는 4인 경우, state 속성은 1로 설정된다. 참고로 파이썬에서 if neighbs in [1,4]는 if neighbs == 1 or neighbs == 4와 동일한 의미다.

CellList 만들기

지금까지 setup()에서 createCellList() 함수를 실행해 그 아웃풋을 cellList에 할당하고, cellList의 모든 행을 살펴보며 각 행의 각 셀을 업데이트했다. 이제 코드가 제대로 작동하는지 확인해 보려면 중앙에 위치한 셀을 둘러싼 네 개의 셀은 다음 단계에서 상태를 변경시켜야 한다. 즉 checkNeighbors() 메소드를 실행한 다음, 결과를 화면에 보여줘야 한다는 의미다. 다음과 같이 draw() 함수를 업데이트해보자.

```
def draw():
    for row in cellList:
        for cell in row:
        ❶ cell.state = cell.checkNeighbors()
            cell.display()
```

새롭게 추가된 코드 ❶는 모든 checkNeighbors() 코드를 실행하고 결과에 따라 셀의 상태를 **켜짐**이나 **꺼짐**으로 설정한다. 하지만 코드를 실행하면 다음과 같은 오류가 발생한다.

```
IndexError: index out of range: 15
```

오류는 오른쪽 이웃을 확인하는 코드에서 발생한다. 즉, 한 행에 15개의 셀만 존재하기 때문에 당연히 15번째 셀에는 오른쪽 이웃이 존재하지 않게 되는 것이다.

따라서 셀의 오른쪽 이웃이 존재하지 않으면(열 번호가 GRID_W - 1임을 의미) 오른쪽 이웃을 확인할 필요가 없으므로 다음 셀로 이동해도 된다. 마찬가지로 0행은 위쪽 이웃이 존재하지 않기 때문에 동일한 방법이 적용되며, 0열과 14열(GRID_W - 1) 또한 왼쪽과 오른쪽 이웃이 존재하지 않으므로 동일하게 적용된다. 또한 14행 셀은 아래쪽 이웃이 존재하지 않으므로 마찬가지 방법으로 적용한다. 이제 try 및 except 키워드를 사용해 checkNeighbors() 메소드에 예외 처리를 해보자.

cellularAutomata.pyde

```
def checkNeighbors(self):
    if self.state == 1: return 1 #"켜진" 셀은 "1" 상태를 유지
    neighbs =0
```

```
#이웃 확인
for dr,dc in [[-1,0],[1,0],[0,-1],[0,1]]:
  ❶ try:
        if cellList[self.r + dr][self.c + dc].state == 1:
            neighbs += 1
  ❷ except IndexError:
        continue
if neighbs in [1,4]:
    return 1
else:
    return 0
```

try 키워드 ❶는 문자 그대로 "다음 코드를 실행하십시오"라는 의미이며, except 키워드 ❷는 "이 오류가 발생하면 다음 코드를 실행하십시오"라는 의미다. 따라서 except 코드를 살펴보면 IndexError와 continue 키워드를 사용했으므로, IndexError가 발생하면 다음 루프를 계속 진행한다. 이제 코드를 실행하면 그림 11-7과 같이 매우 흥미로운 디자인이 나타나지만 그림 11-6에서 확인한 디자인과는 매우 다르다.

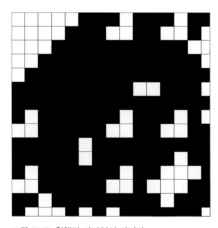

그림 11-7 원했던 디자인이 아니다.

그림 11-7과 같은 디자인이 나온 이유는 이웃을 확인한 다음 현재 셀의 상태를 변경했기 때문이다. 그런 다음 그 셀의 이웃이 이웃의 상태를 확인하지만 변경된 상태를 확인하게 된다. 그러나 모든 셀이 이웃을 한번에 확인하고 상태를 새로운 리스트에 저장한

330

뒤, 모든 셀의 상태를 파악하는 것이 완료되면 그리드를 한번에 변경시키도록 만들어야 한다. 다음과 같이 루프 끝에서 cellList를 대체할 새로운 셀 리스트 newList를 사용해보자.

하지만 다음과 같이 newList가 cellList와 같다고만 선언하면 될까?

```
cellList = newList #?
```

문맥상 newList와 cellList가 같다고만 선언하면 될 것 같지만, 파이썬은 newList의 내용을 cellList에 복사하지 못한다. 기술적으로 cellList는 newList를 참조하지만 newList를 변경하면 cellList도 변경된다.

파이썬의 리스트는 이상하다

파이썬의 리스트 자료형은 이상한 행동을 한다. 먼저 한 개의 리스트를 선언하고 다른 리스트를 그것과 동일하게 만든 다음, 첫 번째 리스트를 변경한다고 가정해보자. 이때 두 번째 리스트의 내용은 변하지 않을 것이라고 생각하겠지만 다음과 같이 두 번째 리스트도 첫 번째 리스트를 따라 변경된다.

```
>>> a = [1,2,3]
>>> b = a
>>> b
[1, 2, 3]
>>> a.append(4)
>>> a
[1, 2, 3, 4]
>>> b
[1, 2, 3, 4]
```

리스트 a를 만들고 값을 할당한 다음, 리스트 a와 리스트 b가 같다고 선언했다. 이때 리스트 b는 업데이트하지 않은 채 리스트 a만을 변경하면 리스트 b도 함께 변경되는 것을 볼 수 있다.

리스트의 인덱스 표기법

하나의 리스트를 업데이트할 때, 예기치 않게 다른 리스트가 업데이트되는 것을 방지하기 위한 한 가지 방법은 인덱스 표기법을 사용하는 것이다. 리스트 b에 리스트 a의 모든 구성 요소를 저장하면 다음과 같이 리스트 b는 업데이트되지 않는다.

```
>>> a = [1,2,3]
>>> b = a[::]
>>> b
[1, 2, 3]
>>> a.append(4)
>>> a
[1, 2, 3, 4]
>>> b
[1, 2, 3]
```

단순히 리스트 a와 리스트 b가 동일하다고 선언하는 대신 b = a[::]를 사용해 **리스트 a의 모든 구성 요소를 변수 b에 할당**한다. 이렇게 하면 리스트 b가 항상 리스트 a를 참조하지 않는다.

SZ를 선언한 후에는 다음 코드를 추가해 현재 CA가 몇 세대인지 추적하기 위한 변수 generation에 초기값을 할당한다.

```
generation = 0
```

이제 코드의 마지막 부분에 인덱스 표기법을 사용해 리스트 참조 문제를 해결할 것이다. draw() 함수 뒤에 모든 업데이트가 수행되도록 하는 새로운 update() 함수를 만든다. 다음과 같이 setup()과 draw() 함수를 수정해보자.

cellularAutomata.pyde

```
def setup():
    global SZ, cellList
    size(600,600)
    SZ = width // GRID_W + 1
    cellList = createCellList()
```

```
def draw():
    global generation,cellList
    cellList = update(cellList)
    for row in cellList:
        for cell in row:
            cell.display()
    generation += 1
    if generation == 3:
        noLoop()

def update(cellList):
    newList = []
    for r,row in enumerate(cellList):
        newList.append([])
        for c,cell in enumerate(row):
            newList[r].append(Cell(c,r,cell.checkNeighbors()))
    return newList[::]
```

setup() 함수에서 처음으로 cellList를 생성하고 전역 변수로 선언해 다른 함수에서 사용할 수 있도록 한다. draw() 함수에서는 확인하고자 하는 세대(이 경우 3세대)를 나타내는 generation 변수를 사용하고 cellList를 업데이트하기 위해 update() 함수를 호출한다. 그런 다음 이전과 동일하게 display() 메소드를 사용해 셀을 그린 후, generation을 증가시켜 원하는 세대에 도달했는지 확인한다. 원하는 세대에 도달한 경우, 프로세싱의 내장 함수 noLoop()가 루프를 정지시킨다.

원하는 세대 수만큼만 셀을 그릴 것이기 때문에 원하는 세대에 도달하면 noLoop()를 사용해 무한 루프를 중지시킨다. 해당 부분을 주석 처리하면 프로그램은 무한히 반복된다. 그림 11-8은 CA의 3세대 이후의 모습을 보여준다.

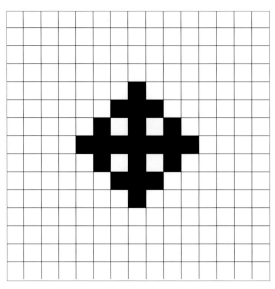

그림 11-8 활동하는 CA

그리드 크기를 나타내기 위해 변수를 사용한 것의 좋은 점은 다음과 같이 간단히 GRID_W 와 GRID_H 변수를 변경해 CA를 변경할 수 있다는 것이다.

```
GRID_W = 41
GRID_H = 41
```

이제 세대 수를 13(if generation == 3 코드를 변경)으로 늘리면 아웃풋은 그림 11-9와 같다.

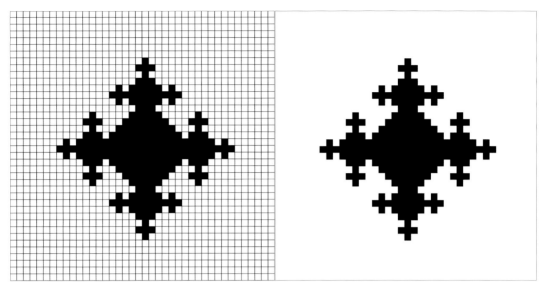

그림 11-9 그리드가 있는(왼쪽) 높은 세대의 CA와 그리드가 없는(오른쪽) CA

CA의 빈 셀 주위에 있는 그리드를 제거하려면 setup() 함수에 다음 코드를 추가하자.

```
noStroke()
```

위의 코드를 추가하면 그림 11-9의 오른쪽 그림과 같이 CA 주변의 윤곽선이 사라지고 CA는 검정색으로 유지된다.

지금까지 많은 일을 했다. 일단 2차원 리스트를 만들고, 리스트를 셀로 채운 뒤 간단한 규칙에 따라 특정 셀의 상태를 **켜짐**으로 변경했다. 그런 다음 셀을 업데이트하고 표시했다. 이제 CA가 계속 성장하게 된다.

예제 11-1 수동으로 CA 성장시키기

10단원에서 살펴본 keyPressed( ) 함수를 사용해 수동으로 CA를 성장시키는 코드를 만들어보자.

자동으로 CA 성장시키기

CA가 0단계에서 최대 세대 수(화면에 맞게 적합한 숫자 선택)까지 반복하도록 하려면 다음과 같이 draw() 함수를 업데이트해보자.

cellularAutomata.pyde

```
def draw():
    global generation,cellList
❶   frameRate(10)
    cellList = update(cellList)
    for row in cellList:
        for cell in row:
            cell.display()
    generation += 1
❷   if generation == 30:
        generation = 1
        cellList = createCellList()
```

애니메이션 속도를 늦추려면 프로세싱의 내장 함수인 frameRate() 함수를 사용한다 ❶. 기본값은 초당 60 프레임이므로 여기서는 속도를 초당 10 프레임으로 늦춘다. 그런 다음 generation 변수가 30(다른 숫자로 변경할 수 있음)에 도달하면 ❷ generation을 다시 1로 재설정하고 새로운 cellList를 만든다. 이제 CA를 원하는 만큼 빠르거나 느리게 성장하도록 만들 수 있다. 물론 CA의 색도 변경할 수 있으므로 시도해보자.

지금까지 셀의 1개 또는 4개의 이웃 상태가 **켜짐**인지 확인하는 간단한 규칙을 사용해 수천 개의 셀에 동시에 적용하는 프로그램을 만들었다. 따라서 CA가 살아있으면서 성장하는 유기체처럼 보인다.

이제부터 가상의 유기체가 움직이고 성장하며 죽을 수도 있는 유명한 CA를 만들어보자.

라이프 게임하기

1970년 사이언티픽 아메리칸Scientific American지에서 수학을 대중화시키는 사람인 마틴 가드너Martin Gardner는 셀이 얼마나 많은 이웃을 가지고 있는지에 따라 살거나 죽는 이상하고 멋진 게임에 관심을 기울였다. 또한 영국의 수학자 존 콘웨이John Conway의 발명품인 이 게임에서는 다음과 같은 세 가지 간단한 규칙이 있다.

1. 하나의 살아있는 셀에 대해 살아있는 이웃 셀이 두 개 미만인 경우, 해당 셀은 죽는다.
2. 하나의 살아있는 셀에 대해 살아있는 이웃 셀이 세 개 보다 많은 경우, 해당 셀은 죽는다.
3. 죽은 셀 주위에 살아있는 이웃 셀이 정확히 세 개인 경우, 해당 셀은 살아난다.

이렇게 간단한 규칙을 이용했는데도 불구하고 이 게임이 얼마나 복잡한지 알면 놀랄 것이다. 1970년에는 대부분의 사람들이 판자에 체커checker를 사용해 게임을 했으며, 한 게임을 끝내는 데 꽤 많은 시간이 걸렸다. 다행히도 현재는 컴퓨터가 있으며, 앞서 작성한 cellularAutomata.pyde에 이 게임을 만드는 데 필요한 많은 코드가 들어있으므로 쉽게 만들 수 있을 것이다. 지금까지 작성한 CA 코드를 모두 포함한 상태에서, 파일 이름을 GameOfLife.pyde로 다시 저장하자.

이 게임에서는 셀이 대각선 이웃도 가지고 있다. 즉 dr, dc가 있는 줄에 4개의 값을 더 추가해야 한다는 의미다. 다음과 같이 checkNeighbors() 함수를 업데이트해보자.

GameOfLife.pyde

```
def checkNeighbors(self):
    neighbs = 0 #이웃 확인

❶ for dr,dc in [[-1,-1],[-1,0],[-1,1],[1,0],[1,-1],[1,1],[0,-1],[0,1]]:
        try:
            if cellList[self.r + dr][self.c + dc].state == 1:
                neighbs += 1
        except IndexError:
            continue
❷ if self.state == 1:
        if neighbs in [2,3]:
            return 1
        return 0
    if neighbs == 3:
        return 1
    return 0
```

먼저 왼쪽 위 대각선에 있는 이웃을 위해 [-1,-1], 오른쪽 아래쪽 대각선에 있는 이웃을 위해 [1,1] 등의 네 개의 값을 추가해 ❶ 대각선에 있는 이웃을 확인한다. 그런 다음 둘 또는 세 개의 이웃이 **켜짐**인 것을 조사해서 상태가 **켜짐** ❷이면 1을 반환하도록 지시하고, 그렇지 않은 경우 0을 반환한다. 셀의 상태가 **꺼짐**인 경우 주변에 세 개의 **켜짐** 상태의 이웃이 있는지 확인하고 있으면 1을 반환, 없으면 0을 반환한다.

그런 다음 살아있는 셀을 그리드 주변에 무작위로 배치하고자 파이썬의 random 모듈에서 choice() 함수를 불러온다. 다음 코드를 프로그램의 맨 위에 추가해보자.

```
from random import choice
```

그런 다음 choice() 함수를 사용해 새로운 Cell 객체가 무작위로 **켜짐** 또는 **꺼짐** 상태가 되게 한다. 따라서, createCellList() 함수에서 for i in range(GRID_W) 안의 append 코드를 다음과 같이 업데이트해야 한다.

```
newList [j].append(Cell(i,j,choice([0,1])))
```

이제 더 이상 앞에서 사용했던 generation 관련 코드가 필요 없으므로 draw() 함수를 다음과 같이 업데이트해보자.

```
def draw():
    global cellList
    frameRate(10)
    cellList = update(cellList)
    for row in cellList:
        for cell in row:
            cell.display()
```

이제 코드를 실행하면 그림 11-10과 같이 유기체가 움직이고, 변형되고, 쪼개지고, 다른 유기체와 상호 작용하는 역동적인 게임을 볼 수 있다.

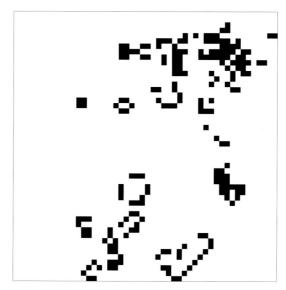

그림 11-10 라이프 게임 실행

셀의 무리가 다른 무리와 함께 변형하고, 움직이고, 충돌하는 것은 매우 흥미롭다. 어떤 유기체는 그리드가 일종의 평형 상태에 이르기까지 화면 주위를 돌아다닌다. 그림 11-11은 평형 상태의 예를 보여준다.

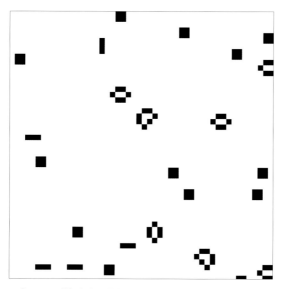

그림 11-11 평형 상태로 접어든 라이프 게임의 예

시간이 지나면서 평형 상태에 접어든 셀의 무리는 그림 11-11과 같이 어떤 무리는 안정되고 움직이지 않는 것처럼 보이는 반면, 다른 무리는 계속 반복적인 형태의 움직임을 보인다.

초급 셀룰러 오토마톤

마지막으로 만들어본 CA는 지금까지 다룬 다른 CA보다 조금 더 많은 수학을 필요로 하지만 여전히 1차원의 단순한 패턴(이것이 초급 CA라고 불리는 이유임)이다. 일단 그림 11-12와 같이 한 행의 셀을 만들고 가운데 위치한 셀의 상태를 **켜짐** 상태로 설정한다.

그림 11-12 초급 CA의 첫 번째 행

여기까지는 코딩하기 매우 쉽다. 새로운 프로세싱 스케치를 시작하고, 파일 이름을 elementaryCA.pyde로 저장한 뒤 초급 CA의 첫 번째 행을 그리기 위한 코드를 입력해보자.

elementaryCA.pyde

```
❶ #CA 변수
  w = 50
  rows = 1
  cols = 11

  def setup():
      global cells
      size(600,600)
      #첫 번째 행:
❷     cells = []
      for r in range(rows):
          cells.append([])
          for c in range(cols):
              cells[r].append(0)
❸     cells[0][cols//2] = 1

  def draw():
```

```
background(255) #흰색
#CA 그리기.
for i, cell in enumerate(cells): #행
    for j, v in enumerate(cell): #열
    ❹ if v == 1:
            fill(0)
        else: fill(255)
    ❺ rect(j*w-(cols*w-width)/2,w*i,w,w)
```

먼저 각 셀의 크기와 CA의 행과 열의 개수를 나타내는 몇 가지 중요한 변수를 선언한
다 ❶. 그런 다음 cells 리스트를 생성하고 ❷, rows에 할당된 숫자만큼 행을 만들고 각 행
에 대해 cols 개수만큼 0인 셀을 만든다. 그리고 행의 중간에 위치한 셀을 1(또는 켜짐)로
설정한다 ❸. draw() 함수에서는 enumerate() 함수를 사용해 각각의 행(곧 여러 개의 행을 만
들 것이다)과 열을 반복한다. 그 중 셀의 상태가 1인 경우 검정색으로 칠하고 ❹, 아니면
흰색으로 칠한다. 마지막으로 셀을 사각형으로 그린다 ❺. 이때 x값이 약간 복잡해 보이
지만 CA가 항상 중앙에 위치하게 하기 위함이다.

코드를 실행하면 그림 11-12와 같이 **켜짐** 상태의 셀이 가운데에 하나 있는 한 행의
CA가 화면에 나타난다. 이제 CA의 다음 행에 있는 셀의 상태는 해당 셀과 두 개의 이웃
에 대해 설정한 규칙에 따라 결정된다. 얼마나 많은 경우의 수가 존재하는가? 하나의 셀
은 두 개의 상태(1 또는 0, 즉 켜짐 또는 꺼짐)를 가질 수 있고, 왼쪽, 가운데, 오른쪽에 위치
한 모든 셀에 동일하게 적용된다. 따라서 $2 \times 2 \times 2 = 8$개의 경우의 수가 나온다. 모든 경
우의 수를 그림으로 나타내면 그림 11-13과 같다.

그림 11-13 셀과 이웃한 두 셀의 모든 경우의 수

첫 번째 경우의 수는 가운데 셀과 이웃한 두 셀이 모두 **켜짐** 상태에 있는 것이다. 다음
경우의 수는 가운데 셀과 왼쪽 이웃 셀이 **켜짐** 상태에 있고 오른쪽 이웃은 **꺼짐** 상태에 있
는 것이다. 이러한 순서는 매우 중요하며 여기에는 일정한 패턴이 존재한다. 과연 어떻게
컴퓨터 프로그램에 이런 규칙을 적용할 수 있을까? 다음과 같이 가능한 경우의 수를 8가

지 조건문으로 나타낼 수 있다.

```
if left == 1 and me == 1 and right == 1:
```

하지만 더 간단한 방법이 있다. A New Kind of Science에서 스티븐 울프럼^{Stephen} ^{Wolfram}은 세 개의 셀이 나타내는 이진수에 따라 숫자를 할당했다. 예를 들어 1은 켜짐 상태, 0은 꺼짐 상태임을 상기하면서 살펴보면 7은 이진수로 111을, 6은 110을 나타낸다는 것을 알 수 있다.

그림 11-14 8가지 경우의 수에 대한 번호 매기기

이제 각 경우의 수에 번호를 매겼으므로 다음 세대에서 각 경우의 수에 따라 어떠한 작업을 수행할 지에 관한 규칙 집합을 포함하는 리스트를 만들어보자. 리스트의 인덱스와 매우 비슷하지만 숫자가 역순으로 되어있다는 점에서 다르다. 하지만 이러한 문제는 결과를 각 셀에 무작위로 할당함으로써 쉽게 해결할 수 있다. 그림 11-15는 가능한 하나의 결과를 보여준다.

그림 11-15 한 세대 후 CA의 각 경우의 수에 따라 나타난 결과

각 경우의 수 아래의 셀은 CA의 다음 세대에 있는 셀의 상태 또는 결과를 나타낸다. 예를 들어, 가장 왼쪽에 위치하는 **경우의 수 7** 밑의 흰색 셀은 "하나의 셀과 양쪽 이웃 모두가 **켜짐** 상태인 경우 다음 세대에는 **꺼짐** 상태이다"를 나타내며, 다음 두 개의 경우의 수 (현재의 CA에는 존재하지 않는) 또한 동일하게 결과는 **꺼짐** 상태이다. 앞에서 설명한 그림 11-12에서 **꺼짐** 상태로 둘러싸인 **꺼짐** 상태의 셀을 볼 수 있는 것처럼, 그림 11-14에서 가장 오른쪽 경우의 수에서도 세 개의 흰색 셀(꺼짐 상태)을 볼 수 있다. 이 경우 가운데 셀

은 다음 세대에서도 **꺼짐** 상태가 될 것이다. 마지막으로 가운데 위치한 셀은 **켜짐** 상태이며, 두 이웃한 셀 모두 **꺼짐** 상태(경우의 수 5)인 경우, 다음 세대의 셀은 **켜짐** 상태가 된다. 이제 그림 11-16에 나타난 것처럼 규칙에 0과 1을 사용해서 나타낸다.

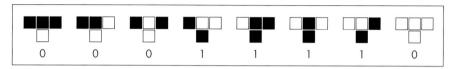

그림 11-16 리스트에 다음 세대의 셀을 생성하기 위한 규칙 적용하기

이제 setup() 함수 바로 앞에 ruleset이라는 리스트를 만들고 이 숫자들을 저장한다.

```
ruleset = [0,0,0,1,1,1,1,0]
```

규칙 30은 00011110(이진수로 30)으로 적용되기 때문에 경우의 수의 순서는 매우 중요하다. 이제 규칙에 따라 다음 행을 만들 것이다. 따라서 다음 코드를 추가해 첫 번째 행을 통해 두 번째 행을 생성하고, 두 번째 행을 통해 세 번째 행을 생성하는 등의 generate() 함수를 만들어보자.

elementaryCA.pyde

```
#CA 변수
w = 50
❶ rows = 10
cols = 100
-(생략)-
ruleset = [0,0,0,1,1,1,1,0] #규칙 30

❷ def rules(a,b,c):
    return ruleset[7 - (4*a + 2*b + c)]

def generate():
    for i, row in enumerate(cells): #첫 번째 행 참조
        for j in range(1,len(row)-1):
            left = row[j-1]
            me = row[j]
```

```
        right = row[j+1]
        if i < len(cells) - 1:
            cells[i+1][j] = rules(left,me,right)
return cells
```

먼저 행과 열의 개수를 업데이트해 ❶ CA를 더 크게 만든다. 그런 다음 왼쪽 이웃 번호, 현재 셀 번호, 오른쪽 이웃 번호를 매개 변수로 하는 rules() 함수를 만든다 ❷. rules() 함수는 규칙(ruleset)을 확인하고 다음 세대의 셀의 상태(1 또는 0)를 반환한다. 이때 이진수를 사용하며, 4*a + 2*b + c는 1,1,1을 7로 1,1,0을 6 등으로 변환한다. 하지만 그림 11-15에서 살펴본 것처럼 인덱스가 역순으로 되어 있으므로, 7에서 계산한 값을 빼야 ruleset 리스트에 적합한 인덱스가 된다.

이제 setup() 함수의 끝에 다음을 추가하자.

```
cells = generate()
```

코드를 실행하면 그림 11-17과 같이 **규칙 30**을 사용해 만든 10개 행의 CA가 만들어진다.

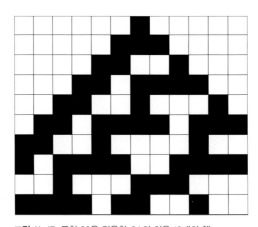

그림 11-17 규칙 30을 적용한 CA의 처음 10개의 행

프로그램은 가장 첫 번째 행에서부터 시작해 ruleset에 지정한 규칙을 따라 다음 행을 생성한다. 그렇다면 프로그램을 계속 돌리면 어떻게 될까? 이제 행과 열의 개수를 1000으로 변경하고 각 셀의 너비(w)를 3으로 변경해보자. 그런 다음 setup() 함수에 noStroke()를 추가해 각 셀의 윤곽선을 제거하고 프로그램을 실행하면 그림 11-18과 같이 나타난다.

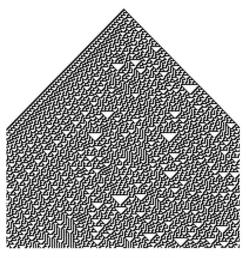

그림 11-18 규칙 30을 더 많이 적용한 결과

규칙 30은 완전히 무작위적이지는 않지만 완전히 규칙적이지도 않기 때문에 매우 매력적인 디자인이다. 파비엔느 세리에르Fabienne Serriere라는 여성이 셀룰러 오토마타 디자인을 스카프 만드는 뜨개질 기계에 프로그래밍한 그림 11-19의 **규칙 73** 또한 매우 매력적이다. 이러한 패턴의 스카프에 관심이 있다면 https://knityak.com/에서 **규칙 73**을 적용한 스카프를 주문할 수 있다.

그림 11-19 규칙 73을 적용한 셀룰러 오토마타 디자인의 스카프

예제 11-2 다른 규칙 적용하기

숫자 90의 이진 형식으로 규칙을 변경해보자. 결과로 생성되는 CA는 어떻게 생겼는가? [힌트: 프랙탈]

예제 11-3 크기 확대 및 축소

10단원에서 살펴본 keyPressed( ) 함수를 사용해 위쪽 및 아래쪽 화살표 키로 너비 변수 w 값을 변경해보자. 즉, 화살표 키를 사용해 CA를 확대하거나 축소해보자.

요약

11단원에시는 파이썬을 사용해 특정 규칙에 따라 독립적으로 상태를 변화시키는 셀룰러 오토마타 또는 셀을 만들어 봤다. 또한 특정한 규칙을 따라 세대를 거듭하며 스스로를 업데이트하는 셀로 이루어진 거대한 그리드를 형성하고, 매우 아름다운 디자인과 생명체와 같은 행동을 하는 프로그램을 만들었다.

12단원에서는 문제를 해결해주는 가상의 유기체를 만들 것이다. 가상의 유기체는 비밀 단계를 추측할 수 있을 뿐 아니라 더 나은 해결책을 강구함으로써 수많은 도시를 통과하는 최단 경로를 찾을 것이다.

12

유전자 알고리즘을 사용해 문제 해결하기

많은 사람들은 수학을 생각할 때 방정식과 사칙연산을 떠올리며, 정답은 항상 맞다와 틀리다 중 하나라고 생각한다. 하지만 지금까지 이 책의 대수학 탐험을 통해 얼마나 많은 추측과 확인을 했는지 알면 매우 놀랄 것이다.

12단원에서는 암호와 숨겨진 메시지를 간접적으로 찾아내는 방법을 배운다. 4단원에서 살펴본 여러 개의 정수를 방정식에 대입하고 방정식을 참으로 만드는 값을 찾은 후 그 값을 출력하는 **추측-점검 방법**과 비슷한 방법을 사용할 것이다. 이번에는 한 가지 값만 추측하는 것이 아니라 여러 가지 값을 동시에 추측해볼 것이다. 이러한 방법은 문제를 해결하는 우아한 방법은 아니지만 컴퓨터를 사용하면 때로는 무작위 대입 방법이 가장 잘 동작하기도 한다

비밀 구문을 파악하고자 추측값을 생성한 다음, 정답과 얼마나 일치하는지 확인한다. 하지만 최적의 추측값을 가지고 그 값을 계속적으로 변경하면서 메시지를 찾아낸다는 점에서 이전의 **추측-점검 방법**과는 사뭇 다르다. 프로그램은 어떤 글자가 맞고 틀리는지 알지 못하지만 가장 비슷한 추측값을 조금씩 변경하면서 점점 더 정답에 가까워진다. 지금은 이러한 방법이 매우 무식해 보일지도 모르지만 얼마나 빠른 시간 내에 비밀 구문을 찾아내는지 곧 확인할 수 있을 것이다. 이러한 방법을 유전자 알고리즘이라고 하며, 컴퓨터 과학자들은 자연 선택과 진화 생물학의 이론을 바탕으로 문제의 해결책을 찾는데 사용한다. 유전자 알고리즘은 9단원의 클래스를 적용한 Sheep 모델에서 살펴봤듯이 적응, 변

이 및 진화론적 장점에 의해 만들어지는 생물학적 유기체에서 영감을 받았다.

하지만 더 복잡한 문제일 경우 랜덤으로 값을 변경하는 것으로는 문제를 해결하기에 충분하지 않다. 따라서 복잡한 문제인 경우 정답을 찾을 가능성을 높이기 위해, 마치 가장 적합한 유기체가 유전 물질의 조합을 통과할 가능성이 더 높은 것처럼 가장 좋은 유기체(또는 가장 적합한 추측값)를 사용하는 크로스오버^{crossover}를 추가한다. 추측값의 정답률을 매기는 것 외의 모든 활동이 랜덤으로 이뤄지기 때문에 유전자 알고리즘이 제대로 작동한다는 것이 놀랍다.

유전자 알고리즘 사용해 비밀 구문 추측하기

IDLE을 열고 새로운 파일 이름을 geneticQuote.py로 저장하자. 4단원의 숫자 추측 프로그램과는 다르게 geneticQuote.py는 비밀 구문을 추측하는 데 사용할 것이다. 여기서는 정확하게 추측한 문자의 개수만 프로그램에 알려주면 된다.

geneticQuote.py는 짧은 암호를 추측하는 것보다 훨씬 더 많은 일을 하게 될 것이다.

makelist() 함수 만들기

먼저 정답 구문^{target}을 만들어보자. 다음은 만화책 **나루토**^{Naruto}에 나오는 문장이다.

```
target = "I never go back on my word, because that is my Ninja way."
```

영어에는 다음과 같이 소문자, 대문자, 공백, 그리고 구두점 등 선택할 수 있는 여러 가지 문자열이 있다.

```
characters = " abcdefghijklmnopqrstuvwxyzABCDEFGHIJKLMNOPQRSTUVWXYZ.',?!"
```

이제 target과 같은 길이의 랜덤 문자열 리스트를 만드는 makeList()라는 함수를 만들어보자. 나중에는 target 구문을 추측할 때 추측값과 target 구문을 한 글자씩 비교해 점수를 매길 것이다. 이 때 점수가 높을수록 추측값이 정답 구문에 가깝다는 것을 의미한다. 그런 다음 랜덤으로 추측값의 문자를 한 글자씩 변경해 점수가 올랐는지 확인한다.

이렇게 랜덤으로 값을 변경하는 방법을 통해 정답 구문을 찾아낼 수 있을지 의문이겠지만 가능하다.

먼저 random 모듈을 불러오고 다음과 같이 makeList() 함수를 만들어보자.

geneticQuote.py

```python
import random

target = "I never go back on my word, because that is my Ninja way."
characters = " abcdefghijklmnopqrstuvwxyzABCDEFGHIJKLMNOPQRSTUVWXYZ.',?!"

def makeList():
    '''target과 같은 길이의 문자열 리스트를 반환 '''
    charList = [] #임의의 문자열을 저장할 빈 리스트
    for i in range(len(target)):
        charList.append(random.choice(characters))
    return charList
```

일단 charList라는 빈 리스트를 만들고 target의 문자 개수만큼 루프를 반복해 리스트에 추가한다. 각 루프는 characters에 있는 임의의 문자를 charList에 추가하고, 루프가 완료되면 charList를 반환한다. 이제 제대로 동작하는지 테스트해보자.

makeList() 함수 테스트하기

먼저 target의 길이를 알아보고 랜덤으로 생성한 charList가 같은 길이인지 확인해보자.

```python
>>> len(target)
57
>>> newList = makeList()
>>> newList
['p', 'H', 'Z', '!', 'R', 'i', 'e', 'j', 'c', 'F', 'a', 'u', 'F', 'y', '.','w', 'u', '.', 'H',
'W', 'w', 'P', 'Z', 'D', 'D', 'E', 'H', 'N', 'f', ' ','W', 'S', 'A', 'B', ',', 'w', '?', 'K',
'b', 'N', 'f', 'k', 'g', 'Q', 'T', 'n', 'Q', 'H', 'o', 'r', 'G', 'h', 'w', 'l', 'l', 'W', 'd']
>>> len(newList)
57
```

일단 리스트 target의 길이는 57이며, 새로운 리스트 newList의 길이도 57이다. 여기서 문자열 대신 리스트를 만드는 이유는 무엇일까? 왜냐하면 문자열보다 리스트가 때로는 사용하기 더 쉽기 때문이다. 예를 들어, 다음과 같이 문자열을 사용하면 문자열의 특정 문자를 다른 문자로 바꿀 수 없지만 리스트를 사용하면 가능하다.

```
>>> a = "Hello"
>>> a[0] = "J"
Traceback (most recent call last):
  File "<pyshell#16>", line 1, in <module>
    a[0] = "J"
TypeError: 'str' object does not support item assignment
>>> b = ["H","e","l","l","o"]
>>> b[0] = "J"
>>> b
['J', 'e', 'l', 'l', 'o']
```

파이썬에서 "Hello" 문자열의 첫 번째 문자를 "J"로 바꾸는 것은 불가능하며, 오류가 발생한다. 하지만 리스트를 사용하면 간단하게 해결된다.

geneticQuote.py 프로그램의 경우, 읽기 쉽게 하기 위해 랜덤으로 만든 구문을 문자열로 취급하려고 한다. 이제 다음과 같이 join() 함수를 사용해 리스트를 문자열로 출력해보자.

```
>>> print(''.join(newList))
pHZ!RiejcFauFy.wu.HWwPZDDEHNf WSAB,w?KbNfkgQTnQHorGhwllWd
```

위의 값은 모두 newList에 저장된 개별 문자지만 문자열 형식으로 출력했다. 하지만 아직까진 쓸모가 없어 보인다.

score() 함수 만들기

이제 다음과 같이 추측값의 각 문자를 target의 문자와 한 글자씩 비교해서 점수를 매기는 score() 함수를 만들어보자.

```
def score(mylist):
    '''target과 같은 길이의 문자열 리스트를 반환 '''
    matches = 0
    for i in range(len(target)):
        if mylist[i] == target[i]:
            matches += 1
    return matches
```

    score() 함수는 mylist의 첫 번째 문자를 가져와 target 리스트의 첫 번째 문자와 일치하는지 확인한 후, 계속해서 두 번째, 세 번째 문자가 일치하는지를 확인한다. 같은 위치의 글자가 일치하는 경우 matches 변수를 1씩 증가시킨다. 마지막으로 몇 개의 문자가 일치했는지를 나타내는 숫자를 반환하므로 실제로 어떤 문자가 일치했는지 확인하지 못한다.

    몇 개나 일치했을까?

```
>>> newList = makeList()
>>> score(newList)
0
```

    첫 번째 추측은 일치하는 게 하나도 없다(항상 결과가 다름).

mutate() 함수 만들기

이제 한 문자씩 변경해 리스트를 변형하는 mutate() 함수를 만들어보자. mutate() 함수는 target 구문에 더 가까워질 때까지 추측하게 만든다. 다음 코드를 추가해보자.

geneticQuote.py

```
def mutate(mylist):
    '''한 문자를 변경해 mylist 반환'''
    newlist = list(mylist)
    new_letter = random.choice(characters)
    index = random.randint(0,len(target)-1)
    newlist[index] = new_letter
```

```
    return newlist
```

먼저 리스트에 저장된 값을 newlist라는 변수에 복사한다. 그런 다음 mylist에 존재하는 한 문자를 대체할 새로운 문자를 characters에서 랜덤으로 선택하고, 0과 target 문자열의 길이 -1 사이의 숫자를 랜덤으로 선택해 대체하는 문자의 인덱스로 사용한다. 그리고 newlist에서 해당 색인에 있는 문자를 새로운 문자로 대체한다. 이러한 과정은 루프를 통해 계속 반복되며, 새로운 리스트의 점수가 높으면 해당 리스트는 최상의 리스트가 되고 해당 리스트는 더 높은 점수를 받기 위해 같은 과정을 반복한다.

난수 생성하기

모든 함수를 정의한 후에 random.seed()를 호출해 항상 임의의 난수가 생성되도록 만든다. random.seed()를 호출하면 난수 생성기가 현재 시간에 맞게 재설정된다. 그런 다음 임의의 문자열 리스트를 만들고, 현재까지는 첫 번째로 만든 리스트가 최상의 리스트이므로 해당 리스트를 bestList라고 정의한 뒤, 점수를 매겨 bestScore에 저장한다.

geneticQuote.py

```
random.seed()
bestList = makeList()
bestScore = score(bestList)
```

guesses 변수를 추가해 몇 번이나 추측을 했는지 추적해보자.

```
guesses = 0
```

이제 새로운 추측값을 만들고자 bestList를 변경하는 무한 루프를 만들고, 점수를 계산할 때마다 guesses 변수를 1씩 증가시킨다.

```
while True:
    guess = mutate(bestList)
    guessScore = score(guess)
```

```
    guesses += 1
```

그리고 다음과 같이 만약 새로운 추측값의 점수가 지금까지의 최고 점수보다 작거나 같으면 프로그램을 계속 진행하도록 만든다. 즉, 이런 경우 좋은 추측값이 아니므로 루프의 시작으로 돌아가는 것을 의미하며 아무런 동작도 할 필요가 없다는 것을 의미한다.

```
    if guessScore <= bestScore:
        continue
```

여전히 루프 안에 있다면 추측값을 출력하기에 충분하다는 것을 의미하므로, 추측값과 점수를 출력한다. 즉 리스트(문자열), 점수 및 추측 개수를 출력하고, 새로운 추측값의 점수가 target의 길이와 같으면 비밀 구문을 찾아낸 것이므로 루프를 빠져 나온다.

```
    print(''.join(guess),guessScore,guesses)
    if guessScore == len(target):
        break
```

그렇지 않으면 새로운 추측값이 지금까지의 최상의 리스트보다 좋지만 정확한 값은 아니므로, 값은 bestList에 저장하고 점수를 bestScore로 업데이트한다.

```
    bestList = list(guess)
    bestScore = guessScore
```

다음은 geneticQuote.py의 완전한 코드다.

geneticQuote.py

```
import random

target = "I never go back on my word, because that is my Ninja way."
characters = " abcdefghijklmnopqrstuvwxyzABCDEFGHIJKLMNOPQRSTUVWXYZ.',?!"
guesses = 0
```

```python
#target과 같은 길이의 추측값을 만드는 함수
def makeList():
    '''target과 같은 길이의 문자열 리스트를 반환 '''
    charList = [] #임의의 문자열을 저장할 빈 리스트
    for i in range(len(target)):
        charList.append(random.choice(characters))
    return charList


#target과 비교해 추측값의 점수를 매기는 함수
def score(mylist):
    '''target과 일치하는 글자 수를 반환'''
    matches = 0
    for i in range(len(target)):
        if mylist[i] == target[i]:
            matches += 1
    return matches


#리스트의 문자를 한 문자씩 랜덤으로 변경하는 함수
def mutate(mylist):
    '''한 문자를 변경해 mylist 반환'''
    newlist = list(mylist)
    new_letter = random.choice(characters)
    index = random.randint(0,len(target)-1)
    newlist[index] = new_letter
    return newlist


#bestList 리스트를 생성
#bestList의 점수를 bestScore에 저장
random.seed()
bestList = makeList()
bestScore = score(bestList)


guesses = 0


#bestList를 변경하고 점수를 매기는 무한 루프
while True:
    guess = mutate(bestList)
    guessScore = score(guess)
    guesses += 1


#newlist의 점수가 bestlist의 점수보다 작거나 같으면 루프 반복
```

```
    if guessScore <= bestScore:
        continue
```

#newlist의 점수가 적합하면 리스트를 출력하고 루프를 빠져나온다.
```
    print(''.join(guess),guessScore,guesses)
    if guessScore == len(target):
        break
```

#그렇지 않으면 newList를 bestList에 넣고 bestScore에 newList의 점수를 넣는다.
```
    bestList = list(guess)
    bestScore = guessScore
```

이제 프로그램을 실행하면 점수를 높인 추측값이 출력되면서 빠른 속도로 비밀 구문을 찾을 수 있다.

```
i.fpzgPG.'kHT!NW WXxM?rCcdsRCiRGe.LWVZzhJe zSzuWKV.FfaCAV 1 178
i.fpzgPG.'kHT!N WXxM?rCcdsRCiRGe.LWVZzhJe zSzuWKV.FfaCAV 2 237
i.fpzgPG.'kHT!N WXxM?rCcdsRCiRGe.LWVZzhJe zSzuWKV.FfwCAV 3 266
i fpzgPG.'kHT!N WXxM?rCcdsRCiRGe.LWVZzhJe zSzuWKV.FfwCAV 4 324
--(생략)--
I nevgP go back on my word, because that is my Ninja way. 55 8936
I neveP go back on my word, because that is my Ninja way. 56 10019
I never go back on my word, because that is my Ninja way. 57 16028
```

출력된 아웃풋은 최종 점수가 57임을 보여주며, 구문을 맞추기 위해 총 16,028번의 추측을 했다는 것을 보여준다. 첫 번째 출력값에서 점수 1을 얻기 위해 178번의 추측을 했다는 것에 주목하자. 구문을 추측하는 더 효율적인 방법이 있지만 여기서는 간단한 예제를 사용해 유전자 알고리즘의 개념을 설명하고자 한다. 중요한 것은 추측값에 점수를 매기고 랜덤으로 문자를 변경하는 방법으로 짧은 시간 내에 정확한 산출물을 얻게 하는 것이다.

이제 다른 문제를 해결하는 데 수천 개의 랜덤 추측값의 점수를 매기고 값을 변경시키는 개념을 사용해보자.

여행하는 영업 사원 문제 해결하기(TSP)

구문 추측 프로그램에서는 비밀 구문을 이미 알고 있기 때문에 흥미를 갖지 못했다면, 유전자 알고리즘을 사용해 결괏값을 알지 못하는 문제를 풀어보자. 여행하는 영업 사원 문제(줄여서 TSP)는 쉽게 이해할 수 있지만 해결하기 어려운 오래된 난제다. 영업 사원은 주어진 수의 도시를 여행해야 하며, 목표는 최단 거리의 경로를 찾는 것이다. 쉽게 느껴지는가? 컴퓨터를 사용하면 가능한 모든 경로를 구하고 거리를 측정할 수 있으므로 매우 간단하다고 생각할 수도 있다.

하지만 도시가 특정 숫자 이상에 도달하면 오늘날의 슈퍼 컴퓨터로도 계산하기 매우 어려워진다. 그림 12-1을 통해 여섯 개의 도시가 있을 때 가능한 경로가 몇 개인지 살펴보자.

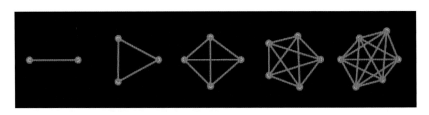

그림 12-1 2와 6 사이의 도시에 대해 가능한 도시 간 경로 개수

두 개 또는 세 개의 도시가 있을 때 가능한 경로는 한 개뿐이다. 네 번째 도시를 추가하면 이전 세 개의 도시 중에서 어느 도시든 방문할 수 있으므로 이전 노선의 개수에 3을 곱한다. 따라서 네 도시 사이에는 세 가지 경로가 존재한다. 다섯 번째 도시를 추가하면 이전 네 개의 도시 중에서 어느 도시든 방문할 수 있으므로 이전 노선의 개수의 4배, 즉 12개의 경로가 존재하게 된다. 규칙이 보이는가? n개의 도시가 존재하면 경로의 수는 다음과 같다.

$$\frac{(n-1)!}{2}$$

따라서 10개의 도시 사이에는 181,440개의 가능한 경로가 존재하며, 20개 도시 사이에는 60,822,550,204,416,000개의 경로가 존재한다. 1조 개의 도시 사이에는 얼마나 많은 경로가 존재하겠는가? 컴퓨터가 초당 백만 개의 경로를 확인할 수 있다고 해도 1조 개의 도시 사이의 경로를 계산하려면 약 2,000년이 걸릴 것이다. 따라서 더 빠르고 좋은 방법을 생각해보자.

유전자 알고리즘 사용하기

구문 추측 프로그램과 비슷하게 경로를 가진 객체를 만든 다음 그 경로가 얼마나 짧은지를 계산해 점수를 매긴다. 그런 다음 최상의 경로를 랜덤으로 변경하고 변경된 값의 점수를 매긴다. 그리고 **최상의 경로**를 묶어 리스트로 만들고 점수를 매긴다. 여기서 중요한 것은 정답을 알지 못하므로, 프로그램에서 도시 선정 및 도시 위치 설정을 할 수 있고 랜덤으로 도시를 그려 최적화된 경로를 찾을 수 있다는 것이다.

새로운 프로세싱 스케치를 열고, 파일 이름을 travelingSalesperson.pyde로 저장하자. 가장 먼저 City 객체를 만들고 각 City에 x좌표 및 y좌표와 식별을 위한 번호를 할당한다. 도시의 식별 번호 리스트는 경로를 나타내는 데 사용된다. 예를 들어, [5,3,0,2,4,1]은 도시 5에서 시작해 도시 3으로 이동한 다음 도시 0으로 이동한다는 것을 의미한다. 여기서 중요한 규칙은 영업 사원이 최종적으로 처음 출발한 도시로 다시 돌아와야 한다는 것이다. 다음 코드로 City 클래스를 만든다.

travelingSalesperson.pyde

```
class City:
    def __init__(self,x,y,num):
        self.x = x
        self.y = y
        self.number = num #식별 번호

    def display(self):
        fill(0,255,255) #하늘색
        ellipse(self.x,self.y,10,10)
        noFill()
```

City를 초기화할 때 x좌표와 y좌표를 가져와 각 City 객체에 자체 x값과 y값 및 도시 식별 번호를 할당한다. display() 메소드에서는 색(여기서는 하늘색)을 선택하고 해당 위치에 원을 그린다. 도시를 그린 이후에는 도형에 색을 칠할 필요가 없으므로 noFill() 함수를 사용해 도형에 색을 칠하지 않도록 한다.

먼저 제대로 City 객체가 만들어졌는지 확인해보기 위해 setup() 함수를 만들어 화면의 크기를 선언하고 City 클래스의 인스턴스를 생성해보자. 인스턴스를 만들 때 다음과 같이 2개의 좌표와 식별 번호를 지정해야 한다는 것을 명심하자.

```
def setup():
    size(600,600)
    background(0)
    city0 = City(100,200,0)
    city0.display()
```

코드를 실행하면 그림 12-2와 같이 첫 번째 도시가 그려진다.

그림 12-2 첫 번째 도시

도시를 나타내는 원 위에 도시 번호를 표시하도록 다음 코드를 display() 메소드의 noFill() 함수 전에 추가해보자.

```
    textSize(20)
    text(self.number,self.x-10,self.y-10)
```

프로세싱의 내장 함수인 textSize() 함수를 사용해 텍스트의 크기를 선언하고 text() 함수를 사용해 출력할 내용(도시 번호)과 출력할 위치(도시에서 왼쪽과 위로 10 픽셀 이동한 지점)를 지정한다. 이제 cities 리스트를 만들고 임의의 위치에 몇 개의 도시를 더 추가해 보자. random 모듈의 메소드를 사용하려면 파일의 맨 위에 다음 코드를 추가해 random 모듈을 불러와야 한다.

```
import random
```

이제 다음과 같이 setup() 함수를 업데이트해보자.

travelingSalesperson.pyde

```
cities = []

def setup():
    size(600,600)
    background(0)
    for i in range(6):
        cities.append(City(random.randint(50,width-50),
                           random.randint(50,height-50),i))

    for city in cities:
        city.display()
```

setup() 함수에 6번 반복하게 루프를 만들어 6개의 City 객체를 화면 모서리에서 50 픽셀 떨어진 임의의 위치에 나타낸다. 다음 루프는 cities 리스트에 있는 모든 요소에 대해 각 요소를 화면에 반복해서 그리게 한다. 이제 코드를 실행하면 그림 12-3과 같이 임의의 위치에 6개의 도시와 도시 번호가 표시되는 것을 볼 수 있다.

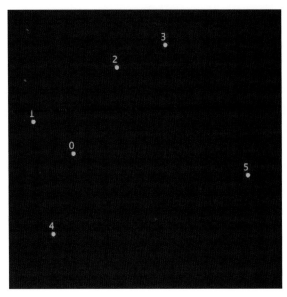

그림 12-3 번호가 매겨진 6개의 도시

이제 도시 간 경로를 따져보자. City 객체(위치와 도시 번호를 가짐)를 cities 리스트에 넣고, 결국에는 일정한 순서로 이뤄진 숫자로 구성된 리스트를 만든다. 따라서 Route 객체 역시 모든 도시 번호를 랜덤으로 배치시킨 값을 저장하는 리스트를 필요로 한다. 물론 숫자는 0과 (도시의 개수 - 1) 사이의 숫자다. 이제 도시의 개수를 변경할 때마다 코드 내에서 숫자를 변경하지 않으려면 도시 수를 나타내는 변수를 만든다. 파일의 앞 부분에 다음 코드를 추가해보자.

```
N_CITIES = 10
```

N_CITIES는 변수가 아닌 상수임을 나타내고자 모두 대문자로 나타낸다. 파이썬에서는 상수 이름을 대문자를 사용해 변수와 구분하는 것이 일반적이다. 하지만 대문자로 된 변수도 여전히 값이 변경될 수 있으므로 주의해야 한다.

이제 전체 도시의 개수를 사용하는 곳에서는 N_CITIES를 사용할 것이며, 값을 변경시키고 싶은 경우 한 번만 바꾸면 된다. 다음 코드를 City 클래스 뒤에 추가해보자.

```
class Route:
    def __init__(self):
        self.distance = 0
        #도시를 순서대로 리스트에 넣기:
        self.cityNums = random.sample(list(range(N_CITIES)),N_CITIES)
```

Route 클래스는 먼저 거리를 나타내는 distance(length는 프로세싱의 키워드이므로)를 0
으로 설정한 다음, 해당 경로의 도시 번호를 임의의 순서로 배열한 cityNums 리스트를 만
든다. random 모듈의 sample() 함수를 사용해 리스트와 랜덤으로 선택할 항목 수를 알려준
후 지정한 리스트에서 지정한 수만큼 항목을 추출해 보자. choice() 함수와 비슷하지만
sample() 함수는 동일한 항목을 한 번 이상 선택하지 않는다. 확률에서는 이를 **비복원 표본
추출**이라고 한다. 비복원 표본 추출의 동작 방식을 확인하려면 다음 코드를 IDLE에 입력
해보자.

```
>>> n = list(range(10))
>>> n
[0, 1, 2, 3, 4, 5, 6, 7, 8, 9]
>>> import random
>>> x = random.sample(n,5)
>>> x
[2, 0, 5, 3, 8]
```

위의 예제에서는 리스트 n을 만들고, range(10)을 호출해 0과 9 사이의 숫자를 리스트
로 변환한다. 그런 다음 random 모듈을 불러오고 sample() 함수를 사용해 리스트 n에서
5개 항목의 표본을 추출해 리스트 x에 저장한다.

동일한 방법으로 Route 클래스에서는 도시 수를 나타내는 변수 N_CITIES가 10이기 때
문에 range(10), 즉 0에서 9 사이의 임의의 숫자 10개를 선택하고 Route의 cityNums 속성에
할당한다.

그러면 어떻게 될까? 이제 도시 사이에 보라색 선을 그려보자. 이 때 색은 아무 색이
나 써도 무관하다.

도시 사이의 선을 긋는 방법은 앞의 대수 또는 삼각함수 설명에서 그래프의 점들 사

이에 선을 그린 방법과 비슷하다. 유일한 차이점은 마지막 점에 도달했을 때 마지막 점과 첫 번째 점을 이어야 한다는 것이다. 6단원에서 beginShape(), vertex() 및 endShape()를 사용한 것을 기억해보자. 선을 사용해 도형을 그린 것처럼 Route 객체를 도형의 외곽선으로 생각할 것이다. 단 여기서는 도형에 색을 칠하지 않는다. endshape(CLOSE)를 사용하면 자동으로 루프가 종료된다. Route 클래스에 다음 코드를 추가해보자.

```python
def display(self):
    strokeWeight(3)
    stroke(255,0,255) #보라색
    beginShape()
    for i in self.cityNums:
        vertex(cities[i].x,cities[i].y)
        #도시와 각 도시 번호를 표시
        cities[i].display()
    endShape(CLOSE)
```

루프는 Route 클래스의 cityNums 리스트에 있는 모든 도시를 다각형의 꼭짓점으로 만들며, 경로는 다각형의 외곽선이다. Route 클래스의 display() 메소드에서 각 City 객체에 display() 메소드를 호출하는 것에 주목하자. 이렇게 하면 별도로 도시를 만들도록 코드를 추가할 필요가 없다.

setup() 함수에서 Route 객체를 만들고, 화면에 나타낸다. 다음과 같이 코드를 업데이트해보자.

```python
def setup():
    size(600,600)
    background(0)
    for i in range(N_CITIES):
        cities.append(City(random.randint(50,width-50),
                           random.randint(50,height-50),i))
    route1 = Route()
    route1.display()
```

이제 코드를 실행하면 그림 12-4과 같이 임의의 순서로 이뤄진 도시 간의 경로가 표시된다.

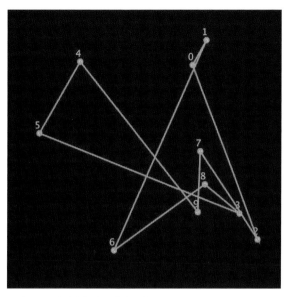

그림 12-4 임의의 순서로 이뤄진 경로

도시의 개수를 변경하려면 N_CITIES를 선언한 코드의 첫 번째 줄을 다른 수로 변경한 다음, 프로그램을 실행하면 된다. 그림 12-5는 N_CITIES = 7로 변경한 경우의 아웃풋이다.

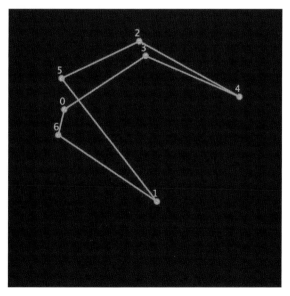

그림 12-5 7개 도시의 도시 간 경로

이제 경로를 만들고 화면에 표시할 수 있으므로 각 경로의 거리를 측정하는 함수를 만들어보자.

calclength() 메소드 만들기

Route 객체는 0으로 설정되는 distance 속성을 가지고 생성되며, 각 Route 객체는 cityNums 라고 하는 도시의 순서를 저장한 리스트 또한 가지고 있다. 각 경로의 거리를 측정하기 위해서는 cityNums 리스트를 반복해 각 도시들 사이의 거리 합계를 구하면 된다. 하지만 5개의 도시가 존재하는 경우 도시 0에서 도시 4까지의 거리를 구하는 데는 문제가 없지만 마지막 도시에서 첫 번째 도시까지의 거리를 다시 계산해야 한다는 점에 주의해야 한다.

이제 Route 클래스에 calcLength() 메소드를 추가해보자.

```
def calcLength(self):
    self.distance = 0
    for i,num in enumerate(self.cityNums):
    # 현재 도시와 이전 도시 사이의 거리 계산
        self.distance += dist(cities[num].x,
                              cities[num].y,
                              cities[self.cityNums[i-1]].x,
                              cities[self.cityNums[i-1]].y)
    return self.distance
```

먼저 Route의 distance 속성을 0으로 지정해 calcLength() 메소드를 호출할 때마다 0부터 시작하게 한다. enumerate() 함수를 사용해 cityNums 리스트에 저장된 숫자뿐 아니라 해당 숫자의 인덱스도 가져와야 한다. 그런 다음 distance 속성을 현재 도시(num)에서 이전 도시(self.cityNums[i-1])까지의 거리만큼 증가시킨다. 이제 다음 코드를 setup() 함수의 끝에 추가하자.

```
println(route1.calcLength())
```

그림 12-6과 같이 콘솔에 영업 사원이 이동한 총 거리가 출력된다.

그림 12-6 총 거리를 계산한 것 같은데…

정확하게 계산한 것일까? 한번 확인해보자.

calclength() 메소드 테스트하기

프로그램에 한 변의 길이가 200인 사각형으로 그려지는 쉬운 경로를 만들고 거리를 확인해보자. 먼저 도시 개수를 의미하는 상수 N_CITIES를 4로 변경한다.

```
N_CITIES = 4
```

그런 다음 setup() 함수를 다음과 같이 변경한다.

```
cities = [City(100,100,0), City(300,100,1),
          City(300,300,2), City(100,300,3)]

def setup():
    size(600,600)
    background(0)
    '''for i in range(N_CITIES):
       cities.append(City(random.randint(0,width),
                         random.randint(0,height),i))'''
    route1 = Route()
    route1.cityNums = [0,1,2,3]
    route1.display()
    println(route1.calcLength())
```

calcLength() 메소드를 테스트한 후 다시 사용할 것이므로 임의의 도시를 만드는 루프를 주석 처리한다. 그런 다음 한 변의 길이를 200으로 하고 정사각형의 꼭짓점을 포함하는 리스트로 새로운 리스트 cities를 만든다. 또한 도시의 순서를 임의로 섞지 않도록 route1에 대한 cityNums를 지정 한다. 이 경우, Route의 길이는 800을 출력해야 한다.

코드를 실행하면 그림 12-7과 같이 나타나는 것을 볼 수 있다.

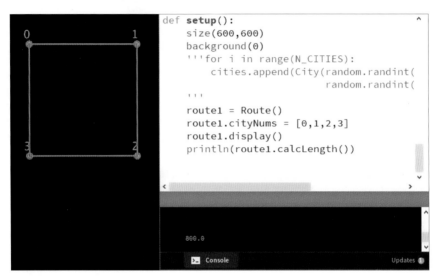

그림 12-7 calcLength() 메소드가 제대로 작동한다.

예상대로 거리가 800이 나왔다. 더 확인해보기 위해 다른 직사각형이나 검증하기 쉬운 경로를 테스트해봐도 좋다.

랜덤 경로

목적지까지의 최단 경로를 찾으려면 가능한 모든 경로를 찾아야 한다. 모든 경로를 찾기 위해서는 무한 루프와 프로세싱의 내장 함수인 draw() 함수가 필요하다. 먼저 route 관련 코드를 setup() 함수에서 draw() 함수로 옮긴다. 그런 다음 여러 개의 랜덤 경로를 만들고 거리를 출력할 것이다. 전체 코드는 다음과 같다.

travelingSalesperson.pyde
***

```
import random

N_CITIES = 10
```

```
class City:
    def __init__(self,x,y,num):
        self.x = x
        self.y = y
        self.number = num #식별 번호

    def display(self):
        fill(0,255,255) #하늘색
        ellipse(self.x,self.y,10,10)
        textSize(20)
        text(self.number,self.x-10,self.y-10)
        noFill()

class Route:
    def __init__(self):
        self.distance = 0
        #도시를 순서대로 리스트에 넣기:
        self.cityNums = random.sample(list(range(N_CITIES)),N_CITIES)

    def display(self):
        strokeWeight(3)
        stroke(255,0,255) #보라색
        beginShape()
        for i in self.cityNums:
            vertex(cities[i].x,cities[i].y)
            #도시와 각 도시 번호를 표시
            cities[i].display()
        endShape(CLOSE)

    def calcLength(self):
        self.distance = 0
        for i,num in enumerate(self.cityNums):
        # 현재 도시와 이전 도시 사이의 거리 계산
            self.distance += dist(cities[num].x,
                                  cities[num].y,
                                  cities[self.cityNums[i-1]].x,
                                  cities[self.cityNums[i-1]].y)
        return self.distance

cities = []
```

```
def setup():
    size(600,600)
    for i in range(N_CITIES):
        cities.append(City(random.randint(50,width-50),
                          random.randint(50,height-50),i))


def draw():
    background(0)
    route1 = Route()
    route1.display()
    println(route1.calcLength())
```

코드를 실행하면 여러 경로가 화면에 표시되고 콘솔에 해당 경로의 거리가 계속 출력되는 것을 볼 것이다.

하지만 최단 경로를 찾는 것이 목표이므로 bestRoute를 저장하고 새로운 랜덤 경로를 확인하는 코드를 추가할 것이다. 다음과 같이 setup()과 draw() 함수를 변경해보자.

```
cities = []
random_improvements = 0
mutated_improvements = 0


def setup():
    global best, record_distance
    size(600,600)
    for i in range(N_CITIES):
        cities.append(City(random.randint(50,width-50),
                          random.randint(50,height-50),i))
    best = Route()
    record_distance = best.calcLength()


def draw():
    global best, record_distance, random_improvements
    background(0)
    best.display()
    println(record_distance)
    println("random: "+str(random_improvements))
    route1 = Route()
    length1 = route1.calcLength()
```

```
if length1 < record_distance:
    record_distance = length1
    best = route1

random_improvements += 1
```

setup() 함수 앞에 최적의 경로가 몇 번이나 변경됐는지 저장하는 변수 random_
improvements와 추후에 사용할 변수 mutated_improvements를 생성한다.

setup() 함수에서는 route1을 첫 번째 Route로 만들고 해당 경로를 **최상의 경로**로 지정
한 뒤, 경로 거리를 record_distance에 저장한다. record_distance를 다른 함수에서 사용하
기 위해 함수의 시작 부분에서 해당 변수를 전역 변수로 선언한다.

draw() 함수에서는 무한 루프를 통해 새로운 랜덤 경로를 생성하고 현재 최상의 경로
라고 생각되는 것보다 더 짧은 경로인지 확인한다. 아직까지는 10개의 도시만을 사용하
고 있기 때문에 일정 시간 동안 프로그램을 돌리면 최적의 경로를 찾아낸다. 아마도 약
12번의 변경 후에는 최적의 경로를 찾아낼 것이다. 하지만 10개의 도시인 경우 181,440
개의 경로밖에는 존재하지 않는다는 것을 기억해야 한다. 그림 12-8은 10개의 도시를 이
동하는 최단 경로를 나타내는 한 예다.

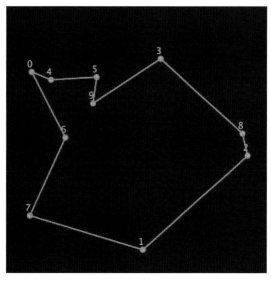

그림 12-8 랜덤으로 최적의 경로 찾기—몇 분을 기다릴 수 있는 경우

하지만 도시의 개수를 20개로 변경하면 프로그램을 며칠 동안 계속 실행해도 최적의 값 근처에도 도달하지 못할 것이다. 이제 구문 추측 프로그램에서 사용한 추측값에 대한 점수를 매기고 가장 높은 점수를 가진 값을 변경시키는 아이디어를 사용할 필요가 있다. 이전과는 달리 최상의 경로로 **메이팅 풀**^mating pool^을 만들고 유전자처럼 숫자 리스트를 결합시킬 것이다.

구문 추측 프로그램의 변형 아이디어 적용하기

영업 사원이 방문할 도시를 순서대로 저장한 번호 리스트는 Route의 구성 요소가 된다. 먼저 랜덤으로 변하는 경로를 이용해 여행하는 영업 사원 문제를 얼마나 잘 해결하는지(구문 추측 프로그램처럼) 살펴본 뒤, 경로를 계속적으로 변경하면서 최적의 경로를 만들어보자.

리스트에서 두 개의 숫자 교환하기

Route 객체의 cityNums 리스트에 있는 두 개의 숫자를 임의로 변경하는 메소드를 만들어보자. 즉, 임의로 두 개의 숫자를 선택해서 두 숫자를 인덱스로 하는 리스트의 요소 값을 서로 바꾸는 것이다.

파이썬에는 임시 변수를 만들지 않고도 두 개의 숫자 값을 교환하는 방법이 있다. 예를 들어, IDLE에 다음과 같이 입력하면 원하는 대로 작동하지 않는다.

```
>>> x = 2
>>> y = 3
>>> x = y
>>> y = x
>>> x
3
>>> y
3
```

x = y를 입력해 x의 값을 y와 같게 변경하려 했으나 둘 다 3이 된다. 그런 다음 y를 x와 같게 하려면 y가 x의 원래 값인 2가 되지 않고, 현재의 x값인 3이 된다. 따라서 두 변수 모두 3이 된다.

하지만 다음과 같은 방법을 사용하면 두 값을 교환할 수 있다.

```
>>> x = 2
>>> y = 3
>>> x,y = y,x
>>> x
3
>>> y
2
```

두 변수에 저장된 값을 교환하는 방법은 리스트에 저장된 두 개의 숫자를 교환하는 데 유용하게 쓰인다. 교환하는 숫자를 두 개로 제한하지 않고 더 많은 도시를 변경할 수도 있다. 숫자 교환하는 코드를 루프에 넣어 임의의 도시 번호를 선택해 앞부터 두 개씩 짝을 지어 교환하는 과정을 계속한다. 다음과 같이 mutateN() 메소드를 만들어보자.

```
def mutateN(self,num):
    indices = random.sample(list(range(N_CITIES)),num)
    child = Route()
    child.cityNums = self.cityNums[::]
    for i in range(num-1):
        child.cityNums[indices[i]],child.cityNums[indices[(i+1)%num]] = \
        child.cityNums[indices[(i+1)%num]],child.cityNums[indices[i]]
    return child
```

mutateN() 메소드에 교환할 도시 개수 num을 지정한다. 그런 다음 도시 번호의 범위에서 랜덤으로 표본을 추출해 교환할 인덱스 리스트를 만든다. 그리고 child 경로를 만들어 자신의 경로를 child에 저장한다. 마지막으로 교환하는 과정을 num − 1번 실행한다. num만큼 실행하지 않는 이유는 num만큼 실행하면 첫 번째 경로의 모든 인덱스가 서로 교환돼 결국 첫 번째 경로로 다시 되돌아오기 때문이다.

지금까지 살펴본 긴 코드가 앞서 살펴본 a,b = b,a 구문과 동일하게 두 개의 cityNum을 교환하는 경우다. 모드 연산자(%)는 인덱스가 도시 개수인 num을 초과하지 않도록 하는 역할을 한다. 예를 들어 i가 4로 네 개의 도시를 교환하는 경우, i + 1이 5이므로 5 % 4 즉, 1개를 교환한다.

다음으로 draw() 함수의 마지막 부분에 다음의 코드를 추가해 최상의 경로에 대한 cityNums를 변경하고 경로의 길이를 테스트해보자.

```
def draw():
    global best,record_distance,random_improvements
    global mutated_improvements
    background(0)
    best.display()
    println(record_distance)
    println("random: "+str(random_improvements))
    println("mutated: "+str(mutated_improvements))
    route1 = Route()
    length1 = route1.calcLength()
    if length1 < record_distance:
        record_distance = length1
        best = route1
        random_improvements += 1

    for i in range(2,6):
        #새로운 Route 생성
        mutated = Route()
        #새로운 Route의 경로를 최상의 경로로 지정
        mutated.cityNums = best.cityNums[::]
        mutated = mutated.mutateN(i) #변경
        length2 = mutated.calcLength()
        if length2 < record_distance:
            record_distance = length2
            best = mutated
            mutated_improvements += 1
```

for i in range(2,6) 루프를 사용해 번호 리스트에서 2, 3, 4, 5 숫자를 변경하고 결과를 확인한다. 이제 20개 도시 사이의 최상의 경로를 그림 12-9에서와 같이 몇 초 만에 찾아낼 수 있다.

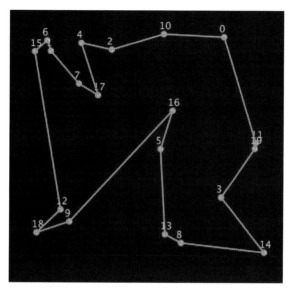

그림 12-9 20개 도시 사이의 최단 경로

지금까지 랜덤으로 값을 변형한 것보다 규칙적으로 몇 개의 값을 변형하는 방법이 훨씬 더 빠르게 거리를 구할 수 있음을 살펴봤다. 그림 12-10은 20개 도시 사이의 최단 경로를 구할 때 콘솔에 출력되는 값이다.

```
random: 1
mutated: 29
```

그림 12-10 랜덤보다 규칙적인 변형이 훨씬 더 효율적이다.

그림 12-10은 값을 변형한 형태를 분류하고 있다. 이 중 29는 best 값을 이용해 값을 변형한 횟수이며, 1은 랜덤으로 리스트를 만든 횟수다. 이를 통해 랜덤으로 리스트를 만드는 것보다 규칙을 통해 최적의 경로를 찾는 것이 더 나은 방법이라는 것을 알 수 있다. 이제 다음 코드를 변경해 2~10개의 도시를 교환하도록 만들어보자.

```
for i in range(2,11):
```

하지만 여전히 문제가 존재한다. 지금까지 만든 프로그램은 20개 및 30개 도시 사이의 최단 경로를 구하기에 충분하지만 때로는 그림 12-11과 같이 최적의 상태가 아닌 상태로 고착되기도 한다.

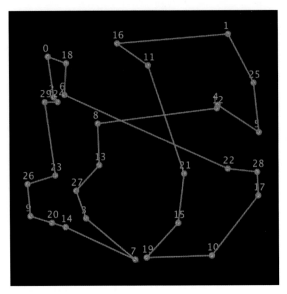

그림 12-11 최적이 아닌 경로에 고착된 30개의 도시 문제

이제 마지막 단계만 완성하면 완전한 유전자 알고리즘이 완성된다. 지금부터는 최상의 경로로 값을 제한하지 않고, 선택할 수 있는 만큼의 큰 모집단을 만들 것이다.

원하는 만큼의 경로 수에 맞게 리스트 population을 만들고 **최고의** 경로를 선택한 뒤, 번호 리스트를 교차해가며 더 나은 경로를 만들 것이다. cities 리스트 선언과 setup() 함수 사이에 다음의 population 리스트와 경로 수에 대한 상수를 추가하자.

```
cities = []
random_improvements = 0
mutated_improvements = 0
population = []
POP_N = 1000 #경로 수
```

모든 경로를 저장할 빈 리스트 population을 만들고 총 경로 수를 저장할 변수 POP_N을 만든다. 그런 다음 setup() 함수에서 POP_N개의 경로로 population 리스트를 채운다.

```
def setup():
    global best,record_distance,first,population
    size(600,600)
    for i in range(N_CITIES):
        cities.append(City(random.randint(50,width-50),
                           random.randint(50,height-50),i))
    #population 리스트에 경로 저장
    for i in range(POP_N):
        population.append(Route())
    best = random.choice(population)
    record_distance = best.calcLength()
    first = record_distance
```

population 리스트를 전역 변수로 선언해야 한다는 것을 명심하자. for i in range(POP_N)을 사용해 POP_N개의 경로를 population 리스트에 저장한 후에, 그 중에서 랜덤으로 선택한 경로를 best로 저장한다.

교차를 통해 경로 개선하기

이제 draw() 함수에서 최단 길이의 Route 객체가 시작점에 위치하도록 population 리스트를 정렬할 것이다. 먼저 crossover()라는 메소드를 만들고 cityNums 리스트를 무작위로 분할할 것이다. 다음을 살펴보자.

```
a: [6, 0, 7, 8, 2, 1, 3, 9, 4, 5]
b: [1, 0, 4, 9, 6, 2, 5, 8, 7, 3]
index: 3
c: [6, 0, 7, 1, 4, 9, 2, 5, 8, 3]
```

부모 리스트는 a와 b이며 인덱스는 랜덤으로 선택(여기서는 3)된다. 그런 다음 인덱스 2(7)와 인덱스 3(8) 사이에서 리스트를 분할해 리스트 [6, 0, 7]을 만든다. 그런 다음 리스트 b로부터 분할된 자식 리스트에 없는 값 [1,4,9,2,5,8,3]을 순서대로 이어 붙이면 자식 리스트 c가 된다. 다음의 crossover() 메소드를 추가해보자.

```
def crossover(self,partner):
    '''유전자를 파트너 유전자와 함께 분할 '''
    child = Route()
    #랜덤으로 분할 지점 선택
    index = random.randint(1,N_CITIES - 2)
    #분할된 지점까지의 숫자 추가하기
    child.cityNums = self.cityNums[:index]
    if random.random()<0.5:
        child.cityNums = child.cityNums[::-1]
    #분할된 리스트에 없는 값
    notinslice = [x for x in partner.cityNums if x not in child.cityNums]
    #분할된 리스트에 없는 값 추가하기
    child.cityNums += notinslice
    return child
```

crossover() 메소드를 사용하려면 또 다른 부모인 partner를 지정해야 한다. 그런 다음 자식 경로 child를 만들고 분할이 발생할 지점의 인덱스를 랜덤으로 선택한다. 자식 리스트는 분할된 첫 번째 부분의 숫자를 저장하고 그 다음 절반은 숫자를 거꾸로 뒤집는다. 그리고 나서 첫 번째 부분에 없는 숫자를 저장할 리스트를 만들어 partner 리스트에 있는 순서대로 숫자를 추가한다. 마지막으로 두 개의 분할된 리스트의 숫자를 이어 붙인 뒤 child 경로를 반환한다.

draw() 함수에서 최단 경로를 찾기 위해 population 리스트에 있는 경로를 확인해야 한다. 이전과 같이 하나씩 확인할 것인가? 다행히도 파이썬의 내장 함수인 sort() 함수를 사용하면 편리하게 population 리스트를 calcLength() 별로 정렬할 수 있으며, 이 때 첫 번째 경로가 가장 짧은 경로가 된다. draw() 함수를 다음과 같이 업데이트해보자.

```
def draw():
    global best,record_distance,population
    background(0)
    best.display()
    println(record_distance)
    #println(best.cityNums) # 도시를 통과하는 정확한 경로가 필요한 경우
❶  population.sort(key=Route.calcLength)
    population = population[:POP_N] #모집단의 수 제한
    length1 = population[0].calcLength()
```

```
    if length1 < record_distance:
        record_distance = length1
        best = population[0]

    #모집단 교차
❷ for i in range(POP_N):
        parentA,parentB = random.sample(population,2)
        #새로운 리스트 생성:
        child = parentA.crossover(parentB)
        population.append(child)

    #population에서 best 찾기
❸ for i in range(3,25):
        if i < N_CITIES:
            new = best.mutateN(i)
            population.append(new)

    #population에서 랜덤 경로 찾기
❹ for i in range(3,25):
        if i < N_CITIES:
            new = random.choice(population)
            new = new.mutateN(i)
            population.append(new)
```

sort() 함수를 사용하고 ❶, POP_N 경로만큼의 길이로 population 리스트(가장 긴 경로)의 끝을 잘라낸다. 그런 다음 population 리스트의 첫 번째 항목을 확인해 최적의 경로(best)보다 짧은지 확인한다. 첫 번째 항목이 최적의 경로보다 짧은 경우, 이전과 동일하게 첫 번째 항목을 best로 만든다. 그리고 population에서 랜덤으로 두 경로를 추출해 cityNums 리스트에서 교차를 수행해 만들어진 자식 경로(child)를 population에 추가한다 ❷. ❸에서는 3~24개의 숫자(도시의 개수보다 적은 경우)를 교환하며 최단 경로(best)를 찾는다. 마지막으로 popluation으로부터 경로를 랜덤으로 선택해 최단 거리를 찾는다 ❹.

이제 위의 프로그램으로 경로 10,000개의 모집단을 사용해 100개 도시 사이의 최단 경로 근사치를 찾을 수 있다. 그림 12-12는 모집단을 26,000 단위부터 4,000 단위 미만까지 설정해 최단 경로를 찾는 것을 보여준다.

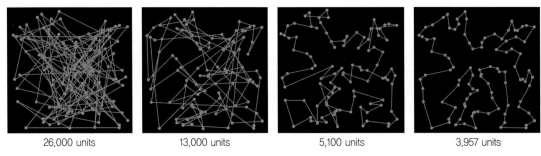

| 26,000 units | 13,000 units | 5,100 units | 3,957 units |

그림 12-12 100개 도시 사이의 최단 경로 찾기

이러한 작업을 완료하는 데 30분 정도밖에 걸리지 않는다.

요약

12단원에서는 일반적인 수학에서처럼 이미 해답이 정해진 문제를 해결하는 데 파이썬을 사용하지 않았다. 대신 답 없이 질문에 대한 해결책을 찾고자 간접적인 방법(문자열이나 여러 도시를 통과하는 경로에 점수를 매김으로써)을 사용했다.

처음에 살펴본 비밀 구문 추측하기 프로그램에서는 정답 구문을 이미 알고 있었지만, 여행하는 영업 사원 문제에서는 최종 경로가 최적 경로인지 여부를 파악하기 위해 도시 위치를 저장하고 프로그램을 몇 번 더 실행해야 했다.

하지만 이러한 간접적인 방법은 놀라울 정도로 효과적이며, 머신러닝과 산업 프로세스에 광범위하게 사용된다. 방정식은 매우 간단한 관계를 표현하는데 적합하지만, 실제 상황이 항상 그렇게 단순하지는 않다. 지금까지 양과 잔디 모델, 프랙탈, 셀룰러 오토마타 그리고 유전자 알고리즘까지 매우 복잡한 시스템을 연구하고 모델링하는 많은 유용한 도구를 살펴봤다.

찾아보기

파이썬과 함께 하는 수학 어드벤처
파이썬과 프로세싱으로 수학 개념 이해하기

발 행 | 2020년 1월 15일

지은이 | 피터 파렐
옮긴이 | 윤 정 미 · 김 지 연

펴낸이 | 권 성 준
편집장 | 황 영 주
편 집 | 이 지 은
         김 무 항
디자인 | 박 주 란

에이콘출판주식회사
서울특별시 양천구 국회대로 287 (목동)
전화 02-2653-7600, 팩스 02-2653-0433
www.acornpub.co.kr / editor@acornpub.co.kr

한국어판 © 에이콘출판주식회사, 2020, Printed in Korea.
ISBN 979-11-6175-377-5
http://www.acornpub.co.kr/book/math-adventures

이 도서의 국립중앙도서관 출판시도서목록(CIP)은 서지정보유통지원시스템 홈페이지(http://seoji.nl.go.kr)와
국가자료공동목록시스템(http://www.nl.go.kr/kolisnet)에서 이용하실 수 있습니다.(CIP제어번호: CIP2020000714)

책값은 뒤표지에 있습니다.